T0302385

I Grandi Teatri Italiani | The Great Italian Theatres

Teatro *Comunale di* Bologna

The Comunale Theatre in Bologna

I Grandi Teatri Italiani | The Great Italian Theatres

Teatro Comunale di Bologna

The Comunale Theatre in Bologna

Testi / *Text*
Piero Mioli

Introduzioni / *Introductions*
Virginio Merola, Fulvio Macciardi, Raina Kabaivanska, Daniel Oren, Rolando Panerai, Cesare Sughi

Direttore editoriale / *Editorial director*
Federico Ferrari

Coordinamento campagna fotografica e responsabile di produzione / *Photographic shoot coordination and production manager*
Gianni Grandi

Impaginazione / *Layout*
Gianni Grandi, Claudio Natale

Supporto di redazione / *Editing support*
Laura Lopardo

Traduzione inglese / *English translation*
NTL, Firenze

Crediti fotografici / *Photographic credits*
© 2019 Scripta Maneant Group

Campagna fotografica del Teatro Comunale, manifesti storici, costumi, bozzetti, disegni e figurini / *Photographic campaign of the Teatro Comunale, historical posters, costumes, sketches, drawings and fashion-plates*
Carlo Vannini

Altre immagini / *Other photos*
Archivio Storico Teatro Comunale di Bologna
Maurizio Buscarino: *189, 193, 194, 258-259* / Bepi Caroli: *200-201, 206, 207* / Lorenzo Capellini: *16, 284, 287* / Rocco Casaluci: *226-227, 279* / Giuseppe Damiani: *146* / Fayer: *287* / Fotesa: *152* / Giacomelli: *22* / Magic Vision/ Primo Gnani/F.lli Gnani: *19, 169, 173, 174, 177, 178-179, 180-181, 183, 184-185, 187, 190, 202-203, 204-205, 266, 271, 275, 276, 287* / Antonio Masotti: *269* / Foto Wall – Walter Breveglieri: *149* / Franco Tiralongo: *161, 162* / Foto Villani: *145, 287.*

Lorenzo Gaudenzi: *208-209, 210-211, 212-213, 214-215, 216-217, 218-219, 220-221, 222-223, 224-225.*

Collezioni Comunali d'Arte, Bologna
Carlo Vannini: *108-109.*

SCRIPTA MANEVNT® Group

ScriptaManeant • Impronta d'Artista • Magnus Edizioni

Via dell'Arcoveggio, 74/2
40129 - Bologna - Italy
Tel. +39 051 223535
Numero verde / *Toll-free Number* 800 144 944
www.scriptamaneant.it
segreteria@scriptamaneant.it

ISBN: 978-88-95847-56-6

con il patrocinio di / *under the patronage of*

Comune di Bologna

Cultura
è Bologna

l'editore ringrazia / *the publisher thanks*

TEATRO COMUNALE di BOLOGNA fondazione

bologna MUSEI
museo internazionale e biblioteca della musica di bologna

I Grandi Teatri Italiani | The Great Italian Theatres

Teatro *Comunale di* Bologna

The Comunale Theatre in Bologna

Introduzioni di / Introductions by
Virginio Merola
Fulvio Macciardi
Raina Kabaivanska
Daniel Oren
Rolando Panerai
Cesare Sughi

Testi di / Text by
Piero Mioli

Fotografie di / Photographs by
Carlo Vannini

SM
SCRIPTA MANEVNT

Introduzioni

9 Nota dell'editore
11 Virginio Merola
13 Fulvio Macciardi
17 Raina Kabaivanska
21 Daniel Oren
23 Rolando Panerai
25 Con Diego, Arthur e *Carmen*

Intrada

31 *Colpo d'occhio*
40 *Le maschere di un teatro*
49 *Notula*

A volo sui tempi

115 *Dal Guasto al Trionfo*
116 *Tutte prime*
120 *Mezzo secolo dopo*
126 *Rossinisti*
129 *Nuova repubblica*
133 *Diarchia*
136 *Dal Sud*
141 *Lungamente breve*
147 *Fallì l'impresa?*
148 *Strano repertorio e orchestra stabile*
155 *Un Comunale esponenziale*
160 *Per chiudere il ventesimo*
167 *Volti nuovi*
172 *Due in uno*
191 *Quinario con rimalmezzo*
196 *Diciotto*
201 Il nuovo secolo

Maîtres et Premières

229 Gluck e *Il trionfo di Clelia*
235 Verdi e *Don Carlo*
240 Rossini e la *Petite Messe solennelle*
243 Wagner e *Lohengrin*
245 Gobatti e *I goti*
248 Respighi e *Re Enzo*
252 Mancinelli e *Paolo e Francesca*
254 Puccini e *La rondine*
256 Manzoni e *Per Massimiliano Robespierre*
260 Guarnieri e *Il trionfo della notte*
262 Vacchi e *Il viaggio*
263 Ferrero e *Risorgimento!*

Divi e Personaggi

267 *Testa e mano*
270 *Primo quartetto di bacchette*
274 *Secondo quartetto sul podio*
277 *Poche voci d'Otto*
281 *Fra le troppe voci di Nove*

Introductions

9 Editor's note
11 Virginio Merola
13 Fulvio Macciardi
17 Raina Kabaivanska
21 Daniel Oren
23 Rolando Panerai
25 With Diego, Arthur, and *Carmen*

Intrada

31 *At a Glance*
40 *A Theatre's Masks*
49 *Note*

A Flight Across Time

115 *From Guasto to Triumph*
116 *All Premieres*
120 *A Half Century Later*
126 *Rossinisti*
129 *New Republic*
133 *Diarchy*
136 *From the South*
139 *Brief at Length*
144 *Fallì l'impresa?*
147 *A Strange Repertoire and Permanent Orchestra*
155 *An Exponential Comunale*
160 *Bringing the Twentieth Century to a Close*
167 *New Faces*
172 *Two in One*
191 *Pentasyllabic Line with Internal Rhyme*
196 *Eighteen*
201 The New Century

Maîtres et Premières

229 Gluck and *Il trionfo di Clelia*
235 Verdi and *Don Carlo*
240 Rossini and the *Petite Messe solennelle*
243 Wagner and *Lohengrin*
245 Gobatti and *I goti*
248 Respighi and *Re Enzo*
252 Mancinelli and *Paolo e Francesca*
254 Puccini and *La rondine*
256 Manzoni and *Per Massimiliano Robespierre*
260 Guarnieri and *Il trionfo della notte*
262 Vacchi and *Il viaggio*
263 Ferrero and *Risorgimento!*

Leads and Luminaries

267 *Head and Hand*
270 *First Quartet of Batons*
274 *Second Quartet at the Podium*
277 *Few Nineteenth-Century Voices*
281 *Among the Abundance of Twentieth-Century Voices*

IN OCCASIONE CHE SI APRE IL SONTUOSO MAGNIFICO

NUOVO PUBBLICO TEATRO

FATTO ERIGERE

DALL' ECCELSO SENATO DI BOLOGNA

COL DISEGNO, E DIPINTURA

DEL FAMOSO CELEBRATISSIMO SIGNOR CAVALIERE

ANTONIO GALLI BIBIENA

PRIMARIO ARCHITETTO, ED INGEGNERO TEATRALE DELLE LL. MM. II. RR.

BREVE DIALOGISMO

Di due Pastori del Picciol Reno Aminta, e Fileno espresso nel seguente,

Amin. QUal gioja in Pindo? in Felsina qual mai
Di Cittadine, e di Straniere Genti
Folla, che scevra de comuni guai,
In traccia và di Musici Concenti?

Fil. Che meraviglia! Aminta, anco nol sai,
Che s'apre il gran Teatro? e come intenti
Tutti sono al piacer? Apollo, i Rai,
Le Muse in Carmi espongonvi gli accenti?

Amin. E tutto esalta del BIBIENA il Merto
Insigne Dipintor, dell' alta Mole,
Che l' Asilo, al Piacer vi tiene aperto;

Fil. Com' EI Teatri al Mondo espor già suole,
Oggi trionfa, di tal arte esperto,
Dall' Indo, al Mauro, onde SUA FAMA vole.

In BOLOGNA per il Sassi Successore del Benacci.)(MDCCLXIII.)(*Con licenza de' Superiori.*

pp. 6-7 | Vista del teatro dall'angolo tra piazza Verdi e largo Respighi.

p. 8 | 1763. Manifesto celebrativo con sonetto per l'apertura del "Nuovo Magnifico Teatro". Collezione Andrea Gennai - Anna Armaroli.

pp. 6-7 | View of the theatre from the corner of Piazza Verdi and Largo Respighi.

p. 8 | 1763. Celebratory poster with a sonnet for the opening of the 'Nuovo Magnifico Teatro' ('New Magnificent Theatre'). Andrea Gennai and Anna Armaroli collection.

Nota dell'editore

Editor's note

Come musei e pinacoteche custodiscono tesori e capolavori delle più elevate arti pittoriche e figurative, i grandi teatri storici italiani proteggono e divulgano patrimoni di conoscenza ed eterna bellezza.

È una dimensione che si esalta con lo scorrere del tempo, trasformando il senso della propria presenza nel tessuto urbano mentre le scelte artistiche e di cartellone ne definiscono la specifica unicità.

Queste pagine vogliono celebrare la ricchezza storica e artistica del Teatro Comunale di Bologna attraverso le parole dell'autore Piero Mioli, le immagini dell'Archivio Storico e grazie alla nuova campagna fotografica prodotta e realizzata da Scripta Maneant, che consente un accesso al Teatro con modalità inedite e suggestive.

Le nuove immagini, oltre a possedere un'utilità per fini scientifici, di conservazione e di restauro, vogliono trasferire al lettore la magia di un luogo divenuto negli anni una sorta di cassa armonica che serba e diffonde grandi melodie e profonde emozioni.

Scripta Maneant vuole così unirsi al pubblico del Comunale nell'applauso più sentito verso questo scrigno d'arte e di bellezza, che vive il presente e si proietta nel futuro con conquistata e riconosciuta autorevolezza.

Federico Ferrari
Direttore editoriale

The great Italian theatres protect and disseminate an heritage of knowledge and eternal beauty, just as museums and art galleries hold treasures and masterpieces of the highest pictorical and figurative arts.

They are a dimension that is enhanced with the passing of time by transforming the sense of their presence into the urban context and defining their specific uniqueness thanks to their artistic and program selections.

This volume aims to celebrate the historical and artistic richness of the Teatro Comunale of Bologna through the words of the author, Piero Mioli, and the images from the Archivio Storico, and thanks to the new photographic campaign, produced and made by Scripta Maneant, that allows a suggestive and original access to the Theatre.

Besides having a significant usefulness for scientific, preservation and restoration purposes, the new images aim to give away to the reader the magic of a place that over the years has became a kind of soundbox which holds and spreads great melodies and deep emotions.

Scripta Maneant would like to join the audience of the Comunale into the warmest applause for this chest of art and beauty, that lives in the present and projects itself in the future with a conquered and recognized authority.

Federico Ferrari
Editorial director

LIBERTAS
LIBERTAS

Virginio Merola

Presidente Fondazione Teatro Comunale e Sindaco di Bologna / President of the Fondazione Teatro Comunale and Mayor of Bologna

Il Comunale di Bologna è stato il primo teatro italiano realizzato interamente con fondi pubblici e gestito da un'amministrazione pubblica. Un vero teatro per la città, progettato nel XVIII secolo dal celebre architetto e scenografo Antonio Galli Bibiena, il quale ne disegnò i profili che ancora oggi arricchiscono Piazza Verdi. Il Teatro è infatti situato nel cuore culturale della nostra Città della Musica UNESCO tra l'Alma Mater Studiorum - Università di Bologna, la più antica d'Europa, e lo storico e rinomato Conservatorio di Musica "G.B. Martini". La straordinaria e singolare sala a forma di campana del Comunale, ideata dal Bibiena e a lui intitolata, è famosa in tutto il mondo per la perfetta resa acustica, che rende questo luogo un ambiente privilegiato per ascoltare l'opera lirica. Molti sono, inoltre, gli affascinanti spazi del Teatro che si possono scoprire grazie alle visite guidate, come ad esempio il "sottoplatea", dove si può ammirare l'imponente meccanismo di legno ottocentesco che consentiva di sollevare la platea a livello del palcoscenico.

Per l'inaugurazione del Teatro, avvenuta con successo il 14 maggio del 1763, fu commissionata al compositore tedesco Christoph Willibald Gluck una nuova opera, *Il trionfo di Clelia*, indice dell'attitudine "europea" del Comunale che nel 2018 - a 255 anni dalla prima alzata di sipario – conferma la sua rilevanza internazionale nella produzione e nella

The Comunale in Bologna was the first Italian theatre entirely constructed with public funds and managed by a public administration. A true theatre for the city designed, in the nineteenth century, by the famous architect and set designer Antonio Galli Bibiena who drew its profiles that still enrich Piazza Verdi. The Theatre is situated at the cultural heart of our UNESCO City of the Music between the Alma Mater Studiorum – University of Bologna, the most ancient of Europe, and the historic and famous Music Conservatory 'G.B. Martini'. The extraordinary and unusual bell-shaped auditorium of the Comunale, conceived by Bibiena and named after him, is famous all over the world for its perfect acoustics that makes it a privileged place to listen to opera. There are also many fascinating places in the Theatre that can be discovered thanks to guided tours, such as the 'under-parterre' where you can admire the imposing wooden mechanism of the nineteenth-century that allowed to raise the parterre to the stage level.

The inauguration successfully took place on 14 May, 1763, and for the occasion the Theatre commissioned to the German compositor Christoph Willibald Gluck a new opera, *Il trionfo di Clelia*. This artistic choise was a clear indication of the 'European' propensy of the Comunale, which in the 2018 – 255 years after the first raising of its curtain – confirms

p. 10 | Decorazione con lo stemma della città di Bologna sopra alla porta di uscita della platea.

p. 10 | Decoration with the city coat of arms of Bologna above the exit door of the parterre.

divulgazione della musica colta. Tanti sono stati i musicisti ospitati dal Teatro che hanno reso grande la storia della musica di Bologna: Wolfgang Amadeus Mozart, Giuseppe Verdi, Gioachino Rossini e Richard Wagner, per citarne alcuni. La Fondazione Teatro Comunale, che come Sindaco ho l'onore di presiedere, è la cornice in cui operano eccellenze musicali di prim'ordine, come l'Orchestra, il Coro e il Coro di Voci Bianche, con cui l'Istituzione realizza a Bologna circa 80 recite d'opera e balletto e 30 concerti sinfonici all'anno, e una compagine tecnico-amministrativa efficiente e rinnovata. È inoltre protagonista di importanti *tournées* internazionali che danno lustro al nostro Paese.

Il Teatro Comunale è una grande "fabbrica della cultura", in ascolto e in collaborazione con le Istituzioni e con le associazioni culturali del territorio, ed è un ente di formazione a cui molti giovani talenti si rivolgono iscrivendosi alla Scuola dell'Opera del Comunale: un centro di educazione artistica e musicale che propone ogni anno corsi di perfezionamento e avviamento professionale, oltre a numerose attività dedicate alla formazione e destinate al pubblico dei giovani.

Siamo orgogliosi di questo monumento cittadino e della vitalità che riesce a sprigionare dentro e fuori dalle sue mura: per questo vogliamo che il Teatro sia sempre e ancora di più della città e per la città. Il crescente successo delle tante iniziative organizzate nei due Foyer intitolati ai compositori Ottorino Respighi e Gioachino Rossini e nella Terrazza recentemente rinnovata, che integrano la ricca Stagione d'Opera, Danza e Concerti del Comunale, ci dimostra che siamo sulla strada giusta e ora il nuovo progetto di rilancio degli spazi ubicati su via del Guasto - che si inaugureranno prossimamente - consegnerà a Bologna un centro musicale davvero in piena osmosi con la nostra Città.

Virginio Merola

its importance in the production and dissemination of cultured music. The Theatre has hosted many musicians who made the history of the Music in Bologna great, including Wolfgang Amadeus Mozart, Giuseppe Verdi, Gioachino Rossini and Richard Wagner, to name a few. As Mayor I have the honour of chairing the Fondazione Teatro Comunale where an efficient and renewed technical-administrative team works and top-notch musical excellences operate, such as the Orchestra, the Choir and the Choir of White Voices with which the Institution puts on in Bologna about 80 operas and ballet perfomances and 30 symphonic concerts per year. It is also protagonist of important international tours that give prestige of our Country.

The Teatro Comunale is both a great 'culture factory', which collaborates with the Institutions and with the cultural associations of the territory, and a training institute to which many young talents turn to by enrolling to the Scuola dell'Opera of the Comunale. This is an institute of artistic and musical education that every year offers further training as well as many training activities aimed to young people.

We are proud of this city monument and of the vitality that it gives off inside and outside of its walls. This is why we want that the Theatre is always and even more of the city and for the city. Many initiatives, organized in the two Foyer named after the compositors Ottorino Respighi and Gioachino Rossini and in the recently renovated Terrace of the Comunale, integrate the rich Opera, Ballet and Symphony Season of the Comunale. Their growing success clearly shows us we are on the right track, and now the new project of renewal of the spaces situated on Via del Guasto – that will soon be inaugurated – will deliver to Bologna a musical centre in full osmosis with our City.

Virginio Merola

Fulvio Macciardi

Sovrintendente Teatro Comunale di Bologna / Superintendent of Teatro Comunale in Bologna

Il fuoco, che nel 1745 distrusse il ligneo Teatro Malvezzi, dà inizio alla storia del maggiore teatro d'opera bolognese.

La città ne commissionò la costruzione ad Antonio Galli Bibiena e il 14 maggio 1763 il Teatro Comunale aprì le sue porte al pubblico con la prima esecuzione de *Il trionfo di Clelia* di Gluck.

I documenti dell'epoca riportano che ben 1500 persone parteciparono all'inaugurazione, su una popolazione di 70.000 abitanti.

La scelta di Gluck, che proprio l'anno precedente aveva dato il via alla riforma operistica che porta il suo nome, è la prima testimonianza della vocazione internazionale, tratto distintivo del Teatro, unitamente alla qualità degli spettacoli ed alla fama degli artisti ospiti che arrivano da tutto il mondo. È il luogo di rappresentazione dell'Opera, il luogo dove si crea, si sviluppa, si perpetua nel tempo la magia coinvolgente del canto, della musica, della drammaturgia, sede di straordinari eventi, ha ospitato i grandi artisti che l'hanno reso eterno.

La cultura musicale è patrimonio della nostra città: molti compositori, Mozart incluso, hanno studiato a Bologna; Rossini visse qui per anni e vide le sue opere messe in scena al Comunale; Verdi lavorava nella vicina Busseto a Sant'Agata.

Nel 1867 la prima rappresentazione italiana del suo *Don Carlo* ebbe luogo sul palcoscenico del Bibiena a pochi mesi di distanza dalla *prima* parigina.

Poiché fu il primo a mettere in scena *Lohengrin, Tannhäuser, Der Fliegende Holländer,*

The fire, that in 1745 destroyed the wooden Teatro Malvezzi, opened the history of the major theatre of opera in Bologna.

The city commissioned its building to Antonio Galli Bibiena, and on 14 May, 1763 the Teatro Comunale opened its doors to the audience with its first performance, *Il trionfo di Clelia* by Gluck.

The documents of the time report that as many as 1,500 people out of a population of 70,000 inhabitants attended the opening.

Choising Gluck, who the previous year had given the start to the Opera reform bearing his name, is the first evidence of the international vocation of the Theatre, one of its distintive trait together with the quality of its performances and the fame of the featured artists coming from worldwide. It is the representative place of the Opera, where the powerful magic of singing, music, drama is created, developed, and perpetuated over the time, and the home to extraordinary events. It has always hosted great artists who made it eternal.

The musical culture is an inestimable heritage of our city: many compositors, including Mozart, studied in Bologna; Rossini lived here for many years and saw his operas put on scene at the Comunale; Verdi worked in the near Busseto a Sant'Agata. In 1867 the first Italian representation of his *Don Carlo* took place on the stage of the Comunale by Bibiena, few months after its Parisian *premiere*.

Since the Theatre was the first to stage *Lohengrin, Tannhäuser, Der Fliegende Holländer, Tristan und Isolde* and *Parsifal*, Bologna acquired

Tristan und Isolde e *Parsifal*, il Teatro acquisì per Bologna la fama di città *wagneriana*, una scelta mai abbandonata a testimonianza della disponibilità sempre viva nell'accogliere quanto si va profilando nel panorama musicale internazionale.

Durante la prima esecuzione italiana del *Lohengrin*, Verdi era seduto in un palco del Comunale, tra le mani la partitura del suo rivale, ancora conservata con i suoi appunti autografi.

Tra i grandi direttori apparsi sulla scena bolognese ricordiamo: Mariani, Toscanini, Furtwängler, von Karajan, Gavazzeni, Celibidache, Solti, Delman e, più recentemente, Muti, Abbado, Chailly, Oren, Thielemann, Sinopoli, Gatti, Jurowski, Prêtre, Mariotti, Steinberg e Valčuha.

Le grandi voci storiche del XIX e XX secolo quali Stignani, Schipa, Gigli, Di Stefano, Christoff, Tebaldi, Panerai, Del Monaco fino a Pavarotti, Freni, Kabaivanska, Bruson, Horne, Ludwig, Anderson, Dessì, Florez sono tutte passate sul palcoscenico del Comunale.

Oggi continua la tradizione di eccellenza con le produzioni più recenti firmate da Pier Luigi Pizzi, Luca Ronconi, Bob Wilson, Pier'Alli, Werner Herzog e Calixto Bieito, Bob Wilson e Graham Vick, oltre all'impegno nelle *tournées* e alla partecipazione a importanti festival quali il Rossini Opera Festival di Pesaro e il Festival Verdi di Parma e Busseto.

Una fama e un patrimonio da custodire con la passione di chi ci lavora, onorando i mestieri dell'arte insieme ai migliori artisti ospiti del nostro cartellone, per offrire al pubblico stimoli sempre nuovi nella continua ricerca di valori assoluti in cui l'uomo si identifica.

Fulvio Macciardi

the fame of a *Wagnerian* city. This never abandoned choise demonstrates its always alive willingness to welcome what is looming on the international music scene.

During the first Italian performance of *Lohengrin*, Verdi was sitting on a box of the Comunale holding in his hands the score of his rival, still preserved with his autograph notes.

Among the great conductors, who appeared on the Bolognese scene, we must remember: Mariani, Toscanini, Furtwängler, von Karajan, Gavazzeni, Celibidache, Solti, Delman and, more recently, Muti, Abbado, Chailly, Oren, Thielemann, Sinopoli, Gatti, Jurowski, Prêtre, Mariotti, Steinberg, and Valčuha.

All the great historical voices of nineteenth and twentieth century such as Stignani, Schipa, Gigli, Di Stefano, Christoff, Tebaldi, Panerai, Del Monaco up to Pavarotti, Freni, Kabaivanska, Bruson, Horne, Ludwig, Anderson, Dessì, Florez passed on the stage of the Comunale.

Today the tradition of excellence continues with the most recent productions by Pier Luigi Pizzi, Luca Ronconi, Bob Wilson, Pier'Alli, Werner Herzog and Calixto Bieito, Bob Wilson and Graham Vick, in addition to the commitment in tours and to the partecipating to important festivals such as the Rossini Opera Festival in Pesaro and the Festival Verdi in Parma and Busseto.

Fame and heritage must be preserved with passion by those who work there by honoring the crafts of art together with best featured artists of our program, with the aim of providing the audience with always new incentives in the continuos search of absolute values in which men could identify with.

Fulvio Macciardi

p. 14 | Decorazione dei palchetti.

p. 14 | Decoration of the boxes.

Raina Kabaivanska

Soprano / Soprano

ERANO ALTRI TEMPI. ERANO quelli del Soprintendente Carlo Fontana, un vero uomo di teatro che amava la musica e gli artisti. Grazie a Fontana, che conosceva il mio amore per la musica di Strauss, potei vivere un sogno. L'educazione musicale che mi appartiene è quella all'italiana, che ho studiato, specializzandomi nel repertorio, da quando sono arrivata in Italia, nel 1958. Carlo Fontana mi permise di realizzare un sogno, mettendo in scena il *Capriccio* tradotto in italiano dal grande musicologo Lele D'Amico, con la regia di Luca Ronconi e la scenografia della geniale Margherita Palli. Vissi quella esperienza in una atmosfera irreale, circondata da grandi uomini e donne di teatro, mentre venivano reclutati cantanti tedeschi che avrebbero dovuto imparare la loro parte tradotta in italiano! Ronconi innovava l'opera, nel linguaggio visivo prima di tutto, senza mai andare contro la musica, al contrario di quanto avviene oggi. Il *Capriccio* e il dilemma della protagonista, la Contessa, che si consuma tra l'amore per un poeta e per la poesia e quello per un compositore e per la musica si sviluppò nella bellezza assoluta, con scene mai viste e persino pericolose.

Dalla finestrina del palcoscenico, fuori, sulla strada, Ronconi mise un enorme proiettore, illuminandomi come la luna, dall'alto, e mi fece entrare come in un incanto che cominciava sul sentiero di luna.

L'ultimo atto, il palcoscenico divenuto un enorme specchio attorniato da *gobelin* pensato dalla geniale Margherita Palli. Dovevo eseguire una bellissima aria con un'arpa,

THEY WERE OTHER TIMES. Those of the Superintendent Carlo Fontana, a real man of theatre who loved music and artists. Thanks to Fontana, who knew my love for the music by Strauss, I could live a dream. Since I came to Italy, in 1958, I have always studied, specializing in repertory, the Italian music education and it belongs to me. But Carlo Fontana was familiar with my love for Strauss' music and allowed me to realize a dream by staging the *Capriccio,* translated in Italian by the great musicologist Lele D'Amico, directed by Luca Ronconi and with the scenery by the brilliant Margherita Palli. I lived that experience as if I were in an unreal atmosphere, surrounded by great men and women of the theatre while German singers, who should have learned their part translated in Italian, were recruited. Ronconi innovated the opera, in the visual language first of all, without ever going against the music, contrary to what happens today. The *Capriccio*, with the dilemma of a Countess consumed between the love for a poet and the poetry and that one for a compositor and the music, developed in the absolute beauty, with unseen and even dangerous scenes.

From the little window of stage, towards the street, Ronconi put a huge headlamp by brightening me like the moon, from above. It was like being in an enchantment.

The last act; the stage, created by the brilliant Margherita Palli, had became a huge mirror surrounded by *gobelin*. I had to perform a beautiful aria with a harp, wearing a magnificent eighteenth-century costume.

vestita con un magnifico costume settecentesco. Luca Ronconi si rivolse a Margherita Palli: "Facciamo un esperimento, togliamo le scene". Tra lo stupore generale, furono eliminati gli specchi. Mi fece entrare da lontano, arretrando tantissimo sino a partire dal muro che separa il teatro dalla strada. Mi avvicinavo all'arpa, sul palco, portata in volo dalle ali della musica crescente. E mentre tutti guardavano questa prova sbalorditiva, Luca Ronconi affermò sicuro: "Questa scena Raina la regge".

Dopo la prova generale, verso le 2:00 di notte, uscii dal teatro insieme a mio marito. Attraversammo il palcoscenico vuoto e sentimmo una voce dal fondo del teatro; era Luca Ronconi, che guardava la sua scena, ancora lì, solo, a quell'ora e forse per tutta la notte. Era gente che viveva per il teatro.

Un filo invisibile mi ha sempre legato al pubblico bolognese. A Bologna ho cantato tutti quelli che possiamo considerare i miei cavalli di battaglia, con diverse messe in scena durante gli anni. Qui ho cantato anche opere particolari, quando ho cominciato ad allargare il mio repertorio guidata dalla mia curiosità musicale, come l'*Armide* di Gluck, 1984, a firma di Filippo Sanjust, direttore Alan Curtis.

Non potevo cantare senza sentire l'amore intorno a me del pubblico. Una volta dissi ad un grande direttore d'orchestra che davanti al suo volto, perennemente arrabbiato, non avrei potuto aprire bocca. Sul palcoscenico sei spoglio, come un acrobata senza rete; devi sentirti amato per poter esaltare e dare e ricevere amore. A Bologna, ogni volta, sentivo chiaramente questo amore.

Raina Kabaivanska

But Luca Ronconi turned to Margherita Palli: 'Let's do an experiment, remove the scenes'. And to the everyone's surprise, they eliminated the mirrors. Then, he let me in from far away by making me go back so far until I got to the wall that divides the theatre from the street. I approached to the harp, on the stage, brought in flight by the wings of the growing music. And, while everybody was looking this staggering proof, Luca Ronconi stated with certainly: 'Raina stands this scene very well'.

After the general proof, around the 2:00 am, I went out the theatre with my husband. While we were crossing the void stage, we heard a voice from the back of the theatre; this was Luca Ronconi and was looking at his scene, still there, alone, at that time and maybe for all night long. These were people who lived for the theatre.

An invisible thread has always close me to the Bolognese audience. In Bologna I sang all those we can consider my signature songs, with different staging across the years. Here, when I started to expand my repertoire by following my music curiosity, I have also sung particular operas as the *Armide* by Gluck, 1984 signed by Filippo Sanjust and directed by Alan Curtis.

I could not sing without feeling the love of the audience. Once I told a great conductor that in front of his face, perpetually angry, I could not open my mouth. On stage you are bare, like an acrobat without a net; you must feel loved to be able to excite and give and receive love. In Bologna, every time, I clearly felt this love.

Raina Kabaivanska

p. 16 | 29 novembre - 2, 4, 6, 11, 13 dicembre 1984. Raina Kabaivanska, *Armide*. Direttore d'orchestra: Alan Curtis. Regia, scene e costumi: Filippo Sanjust. Coreografie: Shirley Wynne.

p. 19 | 2, 5, 7, 10, 12, 16, 18 maggio 1991. Raina Kabaivanska, *Capriccio*. Direttore d'orchestra: Christian Thielemann. Regia: Luca Ronconi. Scene: Margherita Palli. Costumi: Carlo Diappi. Coreografie: Federico Amato.

p. 16 | 29 November - 2, 4, 6, 11, 13 December, 1984. Raina Kabaivanska, *Armide*. Orchestra's conductor: Alan Curtis. Direction, set and costume designer: Filippo Sanjust. Choreography: Shirley Wynne.

p. 19 | 2, 5, 7, 10, 12, 16, 18 May, 1991. Raina Kabaivanska, *Capriccio*. Orchestra's conductor: Christian Thielemann. Direction: Luca Ronconi. Set designer: Margherita Palli. Costume designer: Carlo Diappi.Choreography: Federico Amato.

Daniel Oren

Direttore d'orchestra / Orchestra's conductor

LE PASSEGGIATE BOLOGNESI VERSO il Teatro sono sempre suggestive. Tutti i portici del centro storico sembrano accompagnarti (e proteggerti, in caso di pioggia) in ogni angolo, e fanno sembrare tutto più raccolto, più a misura d'uomo, proprio come il Teatro stesso. Personalmente ne ho sempre presente la graziosità delle dimensioni, l'acustica perfetta e sorprendente: talmente bella che il palcoscenico, ovvero i cantanti, risultano talvolta troppo forti rispetto all'orchestra, cosa che non succede mai di solito. In alcuni momenti è stato necessario chiedere di non cantare troppo, perché altrimenti l'orchestra sarebbe stata in difficoltà! Non accade tutti i giorni di vedere gli artisti soddisfatti del fatto che la voce acquisti una grandezza e una "rotondità" piuttosto rara da ottenere. Ovviamente anche io, che amo le voci, ne sono sempre stato felice.

Al Teatro Comunale ho avuto l'onore di fare musica con i più grandi cantanti dei nostri tempi, come la grande Raina Kabaivanska, che ho diretto in *Adriana Lecouvreur*, e Mirella Freni, con cui ho debuttato la *Fedora* di Umberto Giordano. È stata senza dubbio fra le più belle produzioni della mia vita, dove Mirella insegnava ai suoi colleghi come fraseggiare, come cantare, come fare teatro dall'alto della sua esperienza, lasciando tutti a bocca aperta. Sono dei momenti bellissimi che porto nel cuore con gioia, così come il calore del pubblico, quasi solo bolognese. La gente del posto ti accoglieva ed invitava ad essere parte della loro realtà; si sentiva un'atmosfera molto emiliana, qualcosa di particolare che non so ben spiegare, e che credo si respiri ancora nell'aria.

Daniel Oren

WALKING IN BOLOGNA TO the Theatre is always suggestive. All the porticos of the old town seem to accompany you (and to protect you, in case it rains) in every corner by making all closier, just like the Theatre. Personally, I remember its pretty sizes and its acoustics so perfect, astonishing and beautiful that the singers on stage have sometimes a voice too strong compared to the orchestra, and it never happens usually. Sometimes it was necessary ask not to sing too much, because otherwise the orchestra would have been in difficulty! It does not happen everyday to meet artists pleased for the greatness and 'fullness', quite rare to get, of their voice. Obviously, being a great admirer of voices, I have always been very happy of that.

At the Teatro Comunale I have been the honour of making music with the greatest singers of our time; I conducted the great Raina Kabaivanska in *Adriana Lecouvreur*, and Mirella Freni with whom I debuted the *Fedora* by Umberto Giordano. Undoubtedly, it has been one of the most beautiful productions of my life; Mirella, in her extensive experience, teached to her colleagues how to phrase, sing and do theatre, and everyone was always amazed. Those are the beautiful moments that I hold to heart, as well as the warmth of audience, almost just Bolognese. The locals welcomed you and invited you to be part of their lives; the atmosphere was very Emiliana, something particular that I do not know how to explain, and I believe you still breathe in the air.

Daniel Oren

Rolando Panerai

Baritono / Baritone

UN GIORNO DI NOVEMBRE del 1956 ricevetti una telefonata, a casa, a mezzogiorno, in cui mi fu chiesto di rendermi disponibile per la recita del *Barbiere di Siviglia* che si sarebbe svolta nella stessa giornata al Teatro Comunale, addirittura in un matinée alle 14:30! Raggiunsi subito Bologna in treno e, prima di recarmi in teatro, decisi di pranzare al ristorante Cantoncino. Mangiai benissimo e... tantissimo! Ero partito in fretta e avevo divorato un pasto succulento e abbondante con altrettanta rapidità. Insomma, di lì a poco mi venne una congestione.

Sul palco, all'inizio della cavatina "Largo al factotum" la mia voce se ne andò. Mi rivolsi a tutti dicendo che non ce la facevo a continuare, anche se ricevevo degli incoraggiamenti. Dora Gatta mi avvicinò, mi allungò una pastiglia garantendomi che con quella in corpo non avrei più avuto problemi. La mia voce tornò, ma ero preoccupato e così mi rivolsi al pubblico: "Canterò tutta l'opera e, alla fine, se la voce mi sosterrà, eseguirò anche la cavatina. La farò alla fine e non al principio". E così feci, davanti ad un pubblico disponibile e comprensivo che, col *Barbiere di Siviglia*, aveva decisamente voglia di divertirsi.

Un altro ricordo è dell'aprile del 1970, quando ero in scena nel *Così fan tutte* e il Direttore era Bruno Maderna. Tutto era andato bene e si stava arrivando verso la fine. Sulla scena c'era un ripiano, un rialzo con intorno quattro o cinque gradini. Sesto Bruscantini, che interpretava Don Alfonso, non vide il primo e inciampò cadendo malamente e rompendosi un piede. In scena vidi la caviglia sotto la sua calza bianca

ONE DAY OF NOVEMBER, 1956 I was at home and I got a phone call, at noon. I was asked if I was available to perform the opera of *Barber of Seville* that would be held in that same day at the Teatro Comunale, in a matinee at 2.30 PM! I rushed to Bologna by train and, before going to the theatre, I lunched at the Cantoncino restaurant. I had a very good and big meal! I had left my home quickly and devoured a succulent and plentiful meal just as quickly. And as a result, a congestion soon came!

On stage, at the beginning of the cavatina 'Largo al Factotum' my voice disappeared. I told everyone that I was not able to continue my performance, even if everyone encouraged me. Dora Gatta came up to me and gave me a pill, making sure I would not have any more problems. My voice came back but I was so worried that I turned to the audience: 'I will sing the entire opera and, at the end, if my voice will support me, I will perform the cavatina too. I will sing it at the end, not at the start'. And so I did, in front of an available and understanding audience who absolutely wanted to have fun with the *Barber of Seville*.

Another memory is from April, 1970. I was on stage while I was performing *Così fan tutte*; the Director was Bruno Maderna. Everything was going well, and the opera was almost ending. On the stage there was a rise with four/five steps all around. Sesto Bruscantini, who was interpreting Don Alfonso, did not see the first step and stumbled falling down and breaking his foot. I saw his ankle swelling up under his white sock,

gonfiarsi enormemente, con lui che, disteso in terra, continuava a cantare. Concluse l'opera stoicamente, sdraiato e dolorante, col piede che continuava a gonfiarsi!

Di Bologna ricordo anche il Direttore Molinari Pradelli. Tra i circa 220 direttori con cui ho lavorato posso garantire che egli era, per valore, tra i primi dieci. Insomma, uno dei più grandi con cui abbia mai lavorato.

A Bologna, dove mi sono esibito 11 volte, si aveva sempre l'impressione di trovarsi di fronte ad un pubblico di veri intenditori. Per questo vi si andava a cantare con una certa cautela. Sapevi che non ti avrebbero fischiato e che c'era disponibilità e comprensione, il pubblico forniva anche il suo aiuto, un atteggiamento che reputo proprio da intenditore, incoraggiando sempre gli esecutori anche nei momenti più delicati.

Rolando Panerai

while he, lying on the floor, continued to sing. He concluded the opera stoically while, lying down and painful, his foot was swelling up more and more!

From my experience in Bologna I also remember the Director Molinari Pradelli. Among the approximately 220 directors I've worked with I can guarantee that he was, by value, among the top ten. In short, one of the biggest I've ever worked with.

In Bologna, where I performed 11 times, I always had the impression of being in front of an audience of real connoisseurs. For this reason, all the singers used to sing with caution. You knew that they would not have booed you and that there was understanding. The audience used to help the performers by always encouraging them even in the most delicate moments.

Rolando Panerai

p. 20 | Daniel Oren.

p. 22 | Rolando Panerai.

p. 20 | Daniel Oren.

p. 22 | Rolando Panerai.

Con Diego, Arthur e *Carmen*

With Diego, Arthur, and *Carmen*

QUANDO IL RICORDO DI un luogo si intreccia con la memoria di uno degli amici più cari, allora è come una magia: si intensifica e si fissa la presenza di entrambi, l'uno tiene vivo l'altro, in una specie di moltiplicazione di affetti e di immagini. Il Comunale me l'ha insegnato Diego, Diego Bertocchi, il biondo figlio del pittore Nino, dalla risata irresistibilmente simpatica, mio compagno dentro e fuori i corsi di estetica di Luciano Anceschi, che lo spinsero nel regno della pittura di Kandinskij, delle teorie di Adorno e della musica di Wagner, Mozart, Schönberg. Diego morì a 34 anni, nel 1977, quando già insegnava al Dams. Il Comunale me l'aveva insegnato prima ancora che cominciassimo a frequentarlo, nei pomeriggi trascorsi nella casa di via Saragozza, accuditi dalle dolci merende della mamma e della zia, a cogliere, sempre grazie al suo acume critico, la differenza fra un *Tannhäuser* diretto, dico per dire, da von Karajan e quello interpretato da Klemperer.

Credo che con Diego siamo andati per la prima volta al Comunale, in un palco laterale, sulla destra guardando il palcoscenico, secondo o terzo settore, per un recital di Rubinstein, ovviamente a sala gremita. Poteva essere il 1970? Del grande pianista io ascoltavo ininterrottamente l'ellepi tutto dedicato alle *Polonaises* di Chopin, uno dei prediletti dal grande pianista. E quando, al momento dei bis, nella sala con le mezze luci, ascoltammo la figura minuta, in piedi, appena appoggiata al pianoforte, annunciare come uno scolaretto "eseguirò una polacca", io e Diego provammo

WHEN THE MEMORY OF a place interlaces with the memory of one of the closest friends, it is a kind of magic: the presence of all parties is fixed, the one keeps lives the other, it is a proliferation of images and fondnesses. Diego Bertocchi taught me the Comunale. He was the blond son of the painter Nino and had an irresistibly nice laugh. He was my partner inside and outside those Aesthetics classes of Luciano Anceschi that made him interested to the Kandinskij's painting, the theories by Adorno and the music by Wagner, Mozart and Schönberg. Diego died at the age of 34, in 1977, when he was already teaching at the Dams. Before we started attending the Comunale he taught to me it during the afternoons spent at his home in via Saragozza by eating the sweet snack made by his mam and aunt. Thanks to his critical acumen he explained to me the difference between a *Tannhäuser* directed by von Karajan and a *Tannhäuser* interpreted by Klemperer.

I think I went for the first time to the Comunale with Diego for seeing a recital by Rubinstein. We were sitting in a side box on the right looking at the stage, second or third gallery, and the theatre was packed. Could it be the 1970? At the time, I used to listen to his Lp dedicated to the *Polonaises* by Chopin, one of the favourite musicians of the great pianist. And when, at the time of the bis, in the hall with mid-lights, we listened to the standing little figure, just leaning on the piano, saying as a scholar 'I am going to perform a Polonaise', Diego and I were happy

un misto di gaiezza e di sorpresa, come se l'annuncio fosse diretto solo a noi e se nascondesse non so che straordinarie promesse. La promessa ci fu, e venne mantenuta: una delizia indimenticabile.

Io e Diego eravamo insieme la sera del 1967 in cui arrivò al Comunale di Carlo Maria Badini la *Carmen* strutturalista, forte della supervisione di Roland Barthes, creata da Alberto Arbasino, con le scene di Vittorio Gregotti e i costumi di Giosetta Fioroni. Le prime file della platea erano gremite da mezzo Gruppo 63, Eco, Sanguineti, Balestrini, e forse sbaglio qualche nome. Ma fu davvero una contrapposizione di schieramenti. Ben presto esplosero i fischi del pubblico. Era scandalo. Come poteva il pubblico dell'opera accettare quell'ambiente da discoteca argentata, quella Micaela coperta appena da un impermeabilino bianco, quel Don José travestito da Uomo Mascherato, accanto a un Escamillo trasformato in Batman? L'ingresso dei contrabbandieri con capelli lunghi fu la goccia che fece definitivamente tracimare il vaso delle proteste: al grido di "fuori i capelloni" la platea cominciò a vuotarsi, restarono i fedelissimi, i tifosi della neoavanguardia, ultima rivoluzione culturale e letteraria di cui si abbia memoria. Ma per capire che cos'era la sperimentazione in quei mesi invernali ormai aperti sul 68, nei giorni successivi la *Carmen* manipolata da Arbasino divenne oggetto di un dibattito cui parteciparono insegnanti irreprensibili come lo stesso Anceschi e l'italianista Ezio Raimondi. In fin dei conti, mi duole dirlo, il rapporto profondo con il Comunale si spegne con la morte di Diego. Il teatro era, allora, la casa completa dello spettacolo a Bologna. L'iniziativa, tra gli altri, di Carlo Alberto Cappelli e Federico Zardi portò nella Sala del Bibiena il Festival Nazionale della Prosa, e fu lì che si videro Gianni Santuccio e Lilla Brignone, Sergio Tofano e Anna Proclemer, Vittorio Gassman, Arnoldo Foà, Tino Buazzelli, Nino Manfredi, il meglio del meglio. L'Arena odierna era di là da venire, nella prosa, e quel festival fu una specie di riaffermazione al massimo

and surprised as though his words were just directed to us and hidden extraordinary promises. There was the promise, and it was fulfilled: an unforgettable delightful.

Diego and I were together the evening of 1967 when, thanks to Carlo Maria Badini, the structuralist *Carmen* was performed at the Comunale. It was supervised by Roland Barthes, created by Alberto Arbasino, with scenery by Vittorio Gregotti and costumes by Giosetta Fioroni. The first rows of the parterre were packed by the Gruppo 63, Eco, Sanguineti, Balestrini, and maybe I may be wrong some names. But it was really a contradiction of groups. And soon, the people started whistling. It was a scandal. How could the audience of the opera accept that silver disco setting, that Micaela covered with just a small white raincoat, that Don José disguised as a Masked Man, next to a Escamillo turned into Batman? The entry of smugglers with long hair was the last straw: under the slogan 'outside the longhairs' the audience started leaving the parterre; only the supporters of the Neo-avantgarde (the last cultural and literary revolution that I remember) remained sit down. To understand what the sperimentation in those months close the '68 was, it is important to remember that during the following days the *Carmen* manipulated by Arbasino became matter of a debate attended by irreproachable teachers as the same Anceshi and the Italianist Ezio Raimondi. After all, I regret to say, my deep relationship with the Comunale stopped following the death of Diego. The theatre was the complete entertainment house in Bologna at that time. The initiative, inter alia, of Carlo Alberto Cappelli and Federico Zardi took into the Sala del Bibiena the Festival Nazionale della Prosa (National Festival of Prose), and it was there that Gianni Santuccio and Lilla Brignone, Sergio Tofano and Anna Proclemer, Vittorio Gassmann, Arnoldo Foà, Tino Buazzelli, Nino Manfredi – in a few words the best of the best – met each other. As regards the prose, the current Arena comes from that period and that festival was a sort of reaffirmation, to the highest level, of the theatre central-

livello della centralità del teatro nella cultura italiana e internazionale. Del resto, i fatti dicevano che da Bologna transitavano i futuri sovrintendenti della Scala, e fu così per Carlo Maria Badini e per Carlo Fontana, che fu al vertice di largo Respighi dal 1984 al 1990. E ci piaceva essere a ruota del prestigioso teatro milanese. Il resto è cronaca recente, cronaca in senso letterale, poiché occorre sempre più occuparsi di budget, di Fus, di questioni del personale. Al punto che qualche volta i ragionamenti sul cast sembrano ubbie da bolsi professori.

Cesare Sughi

ity into the Italian and international culture. After all, the facts confirm that many of the Scala's superintendents have passed from the Comunale of Bologna at that time; so it was for Carlo Maria Badini and for Carlo Fontana who was at the top of largo Respighi from 1984 up to 1990. And we liked to be a hotbed of talents for the prestigious Milanese theatre. The rest is recent news, in a literal sense, since it is increasingly necessary to deal with budget, Fus, and staff issues. To the point that sometimes the reasoning on the cast seems to obey the prejudices of sluggish professors.

Cesare Sughi

PLATEA
MARINO e PAOLA GOLINELLI
2017

PLATEA
MARINO e PAOLA GOLINELLI
2017

Intrada

Intrada

Colpo d'occhio

Come quella dell'*Alceste* di Gluck, opera che il Comunale di Bologna conobbe poco dopo la prima del Burgtheater di Vienna: "intrada", pezzo d'entrata, pezzo d'apertura, *ouverture* si può chiamare un approccio descrittivo al teatro che cominci con il presente e non con il passato, che argomenti come il Guasto e il Bibiena e *Il trionfo di Clelia* li tenga in serbo per un secondo capitolo e il primo lo assegni alla condizione odierna, all'aspetto attuale del teatro. Chi lo osserva dalla piazza antistante e vi accede dalla porta principale, da bravo amatore e spettatore di musica e d'opera, cosa vede dapprima e dappoi, quaggiù e lassù, nell'insieme e nei particolari? Ecco dunque una credibile "intrada", una prima entrata ispirata a un criterio d'osservazione semplice e comune, non certo tecnicamente specialistico (e anche per questo non più che sommaria, con omissione di particolari che renderebbero più difficile il discorso) e accompagnata da un primo avvicinamento.

Anche dal portico e dalla piazza il primo locale visibile del teatro è il foyer del piano terreno, a forma di grande rettangolo: illuminato da finestroni, vi si accede dall'esterno attraverso due portoni; dal lato lungo opposto

At a Glance

'Intrada', like that of Gluck's *Alceste*, an opera presented at the Comunale of Bologna shortly after its premiere at the Burgtheater in Vienna: *entreé,* opening piece, *ouverture* are all words that you could use for a descriptive introduction to the theatre that begins with the present and not the past, saving such topics as Il Guasto and Bibiena and *Il trionfo di Clelia* for a later chapter, reserving the first for the theatre as it is today. Looking at the theatre from the piazza outside and entering through the main door, what does one see, as a good music and opera lover, on first glance and then after, down here and up there, on the whole and focused on the details? A trustworthy 'intrada', therefore, a first look inside based on a simple, ordinary criterion for observation, eschewing the technical and specialised (for this reason, as well, a summary text, omitting details that would complicate the discussion), and accompanied by a first look from outside.

The first visible space, a large foyer on the ground floor, rectangular in plan, can even be seen from the portico and the piazza. Lit by large windows, you enter from the outside through two big doors. From the long side op-

pp. 28-29 | La scalinata che conduce alla platea dopo il foyer Respighi.

p. 30 | Panoramica dell'interno del teatro visto dal palcoscenico: la platea, gli ordini e la balconata, il soffitto con lampadario centrale.

pp. 28-29 | The staircase leading to the parterre after the foyer, named for Respighi.

p. 30 | Overview of the interior of the theatre viewed from the stage: parterre, tiers and balcony, and ceiling with the central chandelier.

si accede all'interno mediante tre porte; ai lati corti, piuttosto in alto, stanno delle statuette, due a sinistra (quella più bassa è il busto di Respighi) e una a destra; fra le porte, due grandi bassorilievi in bronzo ritraggono Wagner a sinistra e Verdi a destra; dalla porta di destra, procedendo verso il fondo, si raggiungono il guardaroba e la rotonda Gluck, luogo per conferenze-stampa e incontri tappezzato da sei grandi manifesti e dotato di una bella specchiera.

Pochi gradini portano dal foyer a un giro attorno alla sala, con accessi alla stessa in ascesa e alcuni ripostigli. L'accesso centrale ha sul pavimento un piccolo mosaico con la scritta *1981*, che allude all'epoca di un imponente restauro. Una scaletta, ed ecco l'interno, la sala, la platea con la vista del palcoscenico e dei palchetti, insomma il teatro vero e proprio: verdi le poltroncine, complessivamente gialli i quattro ordini, abbastanza scuro nel complesso il soffitto, qua e là dorato l'arco della scena, buona luce da parte dell'unico lampadario e delle lampade prossime ai palchi, l'effetto è magnifico, ma d'una bellezza sobria, a dimensione umana, senza rossi, luminosa ma monocroma, e anche in considerazione di una volumetria inferiore a quella di parecchi lustrissimi teatri italiani quasi cameristica (da città importante, certo, ma non capitale di stato e quindi priva di corte autocelebrativa).

La pianta del teatro è a campana, leggermente, come se la tipica pianta a U allargasse un po' gli estremi (se li stringesse, allora sarebbe a ferro di cavallo). Gli ordini dei palchetti sono quattro, sovrastati da una balconata o loggione: il primo presenta arcate a tutto sesto abbastanza alte, il secondo arcate a tutto sesto un po' più basse, il terzo non arcate ma architravi e il quarto architravi più bassi. Le balaustre, fra l'una e l'altra delle quali sporgono piccoli gruppi di lampade, si reggono su colonnine, in genere pressoché attaccate ma a volte separate in modo da lasciar scorgere l'interno. Molto alto e cavo, il soffitto disegna un grande cerchio tangente con un maggiore quadrato esterno, variamente dipinto, dal quale pende l'enorme e sontuoso lampadario

posite, it is accessed through three doors. On the short sides, high up, are some statuettes, two on the left (the lower one is a bust of Respighi) and one on the right. Between the doors there are two large bronze bas-reliefs: Wagner to the left and Verdi to the right. From the door on the right, heading towards the back, you find the cloakroom and the Gluck Rotonda, a space for press conferences and meetings, decorated with six large posters and a beautiful mirror.

A few steps lead from the foyer to a turn around the house, with entrances to the space heading up and a few little cupboards. The floor of the main entrance is decorated with a small mosaic reading *1981*, referring to the year of a major renovation. A short stair and you enter the house, the auditorium with a view of the stage and the box tiers, in short the theatre proper. The seats are green, the four tiers yellow on the whole, the ceiling quite dark overall, golden accents here and there on the arch of the stage, good light from the single chandelier and the lamps flanking the boxes: the effect is magnificent, but of sober beauty, beauty on a human scale, with no reds, luminous but monochrome and, partly in consideration of its small size relative to that a lot of other illustrious Italian theatres, almost intimate (the theatre of a major city, to be sure, but not a state capital and so no self-celebratory court).

The theatre's plan is slightly bell-shaped, as if a typical U-shaped plan were enlarged a bit at the ends (if tightened, it would become a horseshoe). There are four box tiers, with a balcony or gallery above. The first has rather high round arches, the second also has round arches but a bit shorter, the third has architraves instead of arches, and the fourth again architraves but shorter. The balustrades, with small groups of lamps between, are supported by little columns, nearly all almost touching but in some cases separated so that you can glimpse the interior. The high, hollow painted ceiling is a large circle within a larger square; from the centre hangs an enormous, lavish chandelier held up by a kind of metal disc that

retto da una sorta di disco metallico che è parte del soffitto stesso. Sotto la platea sta una robusta macchina a pantografo che servirebbe a sollevare, abbassare e basculare (cioè far oscillare) la platea stessa, memoria di antichi costumi ora rigorosamente bloccata.

Il grande arco scenico, i cui due angoli sono mediati da robusti mensoloni, mantiene il colore giallo della sala ma lo lucida in oro con diversi fregi in rilievo: a sinistra stanno due maschere in basso e in alto il volto di Sofocle con la sua scritta; a destra due maschere in basso e in alto il volto, anch'esso segnalato, di Goldoni; i lati interni dell'arco, che si aprono ai palchetti di proscenio, mostrano e menzionano Aristofane e Pomponio (Torelli) quello di sinistra, Maffei e Metastasio quello di destra (tutti poeti di teatro, nessun musicista; e tutti nomi ben ritraenti il gusto dell'epoca). L'altrettanto grande sipario presenta lo stemma del Comune di Bologna.

I quattro ordini distribuiscono 25 palchetti (un 26° riguarda il palchetto di proscenio a destra), alcuni dei quali, all'interno, furono variamente trattati dai singoli proprietari d'epoca con pareti e soffitti dipinti e istoriati, per esempio parecchi del secondo ordine a sinistra e del terzo ordine a destra. Il secondo ordine dà luogo al palco reale, un palco centrale certo più grande degli altri ma imparagonabile con il fasto di quelli degli altri teatri italiani. Il terzo ordine si apre al foyer "Rossini", il secondo del Comunale: vi si accede da due entrate, fra le quali, all'interno, sta appeso un grande manifesto relativo a un veglione mascherato; ai lati corti del grande rettangolo ovviamente parallelo al foyer terreno stanno due e due porte, sormontate da quattro grandi dipinti di paesaggi ben incorniciati (una cascata d'acqua con una figura umana e una rovina con due figure umane a sinistra, altrettanto a destra); dalle porte di sinistra si passa a un bar ricavato e inaugurato nel giugno del 2018, e dall'altro lato lungo si passa al terrazzo, panoramico di per sé, sulla piazza, e utile agli avventori. Sopra al quarto ordine, simile agli altri e identico al terzo, si leva la balconata, che in diversi minipalchi

is part of the ceiling itself. Beneath the auditorium there is a robust machine for raising, lowering and rocking the auditorium itself, a vestige of old practices now strictly forbidden.

The grand arch framing the stage, with strong corbels in its two corners, continues the yellow hue of the house but with the addition of gold friezes in relief: to the left are two masks below and a portrait of Sophocles, identified by an inscription, above; to the right, again two masks below and, now, a portrait of Goldoni, also named by an inscription, above; the interior of the arch, which host the stage boxes, are decorated with portraits of Aristophanes and Lucius Pomponius (Torelli) on the left, Maffei and Metastasio on the right (all librettists, no musicians, all representative of the taste at the time). The massive theatre curtain bears the crest of the Municipality of Bologna.

The four tiers have twenty-five boxes each (the twenty-sixth a stage box on the right), the interiors of some of which were variably decorated with painted and historiated ceilings and walls by their individual owners in the past, especially on the second tier to the left and the third tier to the right. The second tier hosts the royal box, a central box larger than the others but pale in comparison to the pomp of those in other Italian theatres. The third tier opens onto the theatre's second foyer, named for Rossini. It is accessed by two entrances, the space between which, on the interior, is decorated with a large poster for a masquerade party. On the short sides of the large rectangular space, clearly parallel to the ground floor foyer, are two doors each, topped by four large, nicely framed paintings of landscapes (a cascade of water with a human figure and a ruin with two human figures on the left; the same on the right). The left doors lead to a café, which opened in June 2018. The panoramic terrace over the piazza is accessed on the other long side and open to theatregoers. The fourth tier, similar to the others and identical to the third, is topped by a gallery, with mini-boxes providing seating for a further 137. In all, the theatre's capacity is 1,034.

pp. 34, 35 | Il foyer del piano terra dedicato a Ottorino Respighi il 19 giugno 1936. In questa pagina, particolare del busto eretto in onore del compositore bolognese.

pp. 34, 35 | The foyer on the ground floor, named for Ottorino Respighi on 19 June, 1936. On this page, detail of the bust erected to the Bolognese musician.

p. 36 | Foyer Respighi: busto di Antonio Galli Bibiena.

p. 36 | Foyer, named for Respighi: bust of Antonio Galli Bibiena.

p. 37 | Foyer Respighi: busto di Gioachino Rossini.

p. 37 | Foyer, named for Respighi: bust of Gioachino Rossini.

d'assieme conta 137 posti. E a 1.034 posti, nel complesso, ammonta la capienza del teatro.

All'esterno, il grande edificio si articola variamente secondo le esigenze di tutto quanto stia dietro al palcoscenico, fra scale, uffici, magazzini, servizi, alla maniera consueta dei teatri italiani. Ma come la sala così la facciata del Comunale ha la sua originalità: in apparenza abbastanza bassa e certo molto larga, si compone di due grandi fasce, l'alto porticato di dodici archi (che per un po' continua e volta sugli angoli) e la citata terrazza con dieci finestroni (e due finestre minori ai lati). Più che un massiccio, quadrato, regale teatro d'opera piantato nel centro di una grande città il Comunale sembra insomma un'agile ancorché grande palazzina aristocratica destinata a posare e accomodarsi nel bel verde di un giardino, fra le prime campagne e i primi colli di una città media come Bologna. Invece lo ospita e fronteggia una piazza intitolata a un Verdi maiuscolo, libero segno, per la culla di Gluck e di Wagner, di una vocazione musicale e operistica sia internazionale che intertemporale.

Le maschere di un teatro

Quasi come il *Don Carlos* due secoli dopo: l'opera di Verdi, data in prima italiana al Comunale, ha più versioni; e quello di Bologna è un teatro con più facce, almeno quella progettata, quella effettuata, quella variamente restaurata, quella odierna. O anche una faccia sola, un volto d'attore con più maschere da mettere: se c'erano le *dramatis personae*, ci potranno essere anche le *theatri personae*.

L'Archiginnasio conserva uno spaccato ligneo del teatro, eseguito da Giambattista Martorelli sotto la direzione del Bibiena stesso e con la collaborazione di Antonio Gambarini: il modello, sottoposto al pubblico giudizio nel 1756, rappresenta la prima proposta, poi modificata per ragioni di forza maggiore. Vi si accampa la linearità classicistica della concezione, estranea alla *grandeur*

On the exterior, the large building varies according to the needs of all that happens behind the scenes: stairs, offices, storage rooms, service areas, in the typical manner of Italian theatres. But just as the auditorium has its originality, so, too, the theatre facade. Fairly short and very wide, it is made up of two large bands: a tall portico with twelve arches (which continues for a bit around the corners) and the terrace noted above, with ten large windows (and two small ones at the sides). In short, more than a massive, square regal opera house planted in the centre of a big city, the Comunale seems like an agile if large aristocratic palace meant to be surrounded by green, in the countryside and hills just outside a mid-size city like Bologna. Instead, it is set in a piazza dedicated to Verdi, a clear sign, for the cradle of Gluck and Wagner, of an international vocation for music and opera that spans the ages.

A Theatre's Masks

Almost like *Don Carlos* two centuries later, just as there are multiple versions of Verdi's opera, which had its Italian premiere at the Comunale, Bologna's theatre also has many faces: at the very least, its original design, its definitive design, its appearance after its various renovations and the way it stands today. Or even just one face, the face of an actor who has many different masks: if there were *dramatis personae*, there can also be *theatri personae*.

In the Archiginnasio, there is a wooden cross-section of the theatre that was created by Giambattista Martorelli under Bibiena's direction and with the collaboration of Antonio Gambarini: this model, submitted to the public for consideration in 1756, was the first design for the theatre, later modified for reasons of force majeure. It is distinguished for its classicism, alien to the grandeur of the Baroque and the calligraphic style of Rococo. And a few of its details, while left out of the definitive plan, are nevertheless

del Barocco e al calligrafismo del Rococò. E risultano molto importanti, giacché non poi realizzati, alcuni particolari come questi che seguono: un giro di doppi gradini e piccole balaustre attorno alla platea; le pilastrate con capitelli che suddividono verticalmente le serie dei palchetti due a due; il bugnato rustico del muro attorno al primo ordine di palchi; le logge binate del secondo e terzo ordine; il quarto ordine come unico architravato; il palcoscenico molto avanzato verso la platea; il proscenio grande e articolato su quattro colonne corinzie.

Altrettanto utili tre documenti diversi. Un disegno conservato fra le Collezioni Comunali d'Arte, datato 1758 e destinato a essere spedito a Roma, dà uno spaccato del teatro tutto e comprende portico, atrio, locali superiori in asse con portico e atrio, sala, proscenio, parte posteriore addossata al palcoscenico secondo il progetto bibienesco poi modificato. Un opuscolo anonimo stampato da Longhi nel 1763 per l'inaugurazione, oltre a un altro spaccato limitato dalla strada o piazzetta e dai diversi macchinari, dà una *Descrizione delle parti del Teatro accennate nella Pianta con numeri corrispondenti alli qui sotto notati* che corrisponde alla condizione reale del momento: 15 numeri, dalla platea al «luogo ove si dispensano i biglietti», dal posto per 60 suonatori al «luogo dei lumini». Alcune incisioni di Lorenzo Capponi, stampate nel 1771, raffigurano fra l'altro le due statue in gesso, fra palchi normali e palchi di proscenio, che Antonio Schiassi dedicò a Musica e Danza.

I restauri, inevitabili in una struttura vivente e così vissuta come un teatro, datano agli anni 1818-20, 1853/54, 1931-35, 1980/81. Il primo, dovuto alla concorrenza del più moderno Teatro del Corso (1809) e operato dall'architetto Giuseppe Tubertini, riguardò queste parti: la volta della platea, pericolante, fu ricostruita e poi dipinta da Mauro Berti e Pietro Fancelli con le allegorie di Musica, Poesia, Pittura e Storia; soppressa una cornice che divideva palchi e balconata, tutta la superficie laterale della sala fu appianata, fra parapetti, cornicette, mensole, ornamenti

quite important: a perimeter of double steps and small balustrades around the auditorium; rows of pilasters with capitals that vertically subdivide the series of boxes into pairs; rusticated ashlar masonry around the first box tier; twin loggias on the second and third tiers; the fourth tier the only with an architrave; the stage jutting out prominently towards the auditorium and a large proscenium with four Corinthian columns.

Three documents have been preserved that are just as useful. A drawing at the Collezioni Comunali d'Arte, dated 1758 and destined for Rome, presents a cross-section of the whole theatre and includes the portico, atrium, upper spaces on axis with the portico and atrium, auditorium and proscenium, the back part up against the stage as per the original Bibiena plan. An anonymous leaflet printed by Longhi in 1763 for the opening provides another, limited, cross-section (street or small piazza, various devices), as well as a *Description of the Parts of the Theatre Marked in the Plan with Numbers Corresponding to that Noted Below* that corresponded to the actual disposition of the theatre at the time: fifteen numbers, from the auditorium and the 'place where the tickets are handed out' to the place for sixty musicians and the 'location of the little oil lamps'. A few engravings by Lorenzo Capponi, printed in 1771, depict, among other things, the two plaster statues of *Music* and *Dance* by Antonio Schiassi, located between ordinary boxes and proscenium boxes.

The renovations, inevitable for an active, living building like a theatre, date to 1818-20, 1853/54, 1931-35 and 1980/81. The first, undertaken in competition with the more modern Teatro del Corso (1809) and led by the architect Giuseppe Tubertini, involved reconstructing the precarious auditorium vault and painting it with allegories of Music, Poetry, Painting and History by Mauro Berti and Pietro Fancelli; removing a cornice that divided the boxes and gallery, smoothing over the entire lateral surface of the house, including parapets, cornices, corbels and various ornamentation; constructing a mechanism

FAZIOLI

1895
GIORNO
DUE

vari; si costruì un meccanismo che sollevasse la platea allineandola al palcoscenico e favorendo lo svolgimento di balli e veglioni; Fancelli dipinse sul sipario *Timoteo che suona la lira davanti ad Alessandro* (più tardi, nel 1828, comparve un lampadario prima a 60 e poi 90 fiamme).

Il secondo restauro, affidato a Carlo Parmeggiani, fu piuttosto drastico e tutto sommato doveva resistere fino al tardo Novecento: nel boccascena gli architravi furono assicurati da quattro mensoloni; la volta della sala fu ridipinta, sempre prospetticamente; la balconata ebbe un nuovo cornicione; delle tende vennero appese alle volte dei palchi; i palchi stessi furono lasciati alla libertà e i nuovi colori prevalenti furono quelli tipici dei teatri lirici, il rosso e l'oro; alla decorazione minuta provvidero quattro esperti artigiani, Antonio Tognetti, Giuseppe Pacchioni, Agostino Viallet e Vincenzo Testoni (autore anche dei sei citati medaglioni di drammaturghi); Giuseppe Badiali ridipinse il soffitto e Napoleone Angiolini costruì un nuovo sipario con l'*Apoteosi di Felsina*. Altri interventi toccarono nel 1866/67 il soffitto (quello attuale), grazie a Luigi Busi e Luigi Samoggia, e altro; e nel 1907 entrò al Comunale la luce elettrica. Dopo l'incendio che nel 1931 l'aveva distrutto, un nuovo palcoscenico venne subito ricostruito a cura di Armando Villa; e Umberto Rizzi si occupò della facciata in parte realizzando il progetto

for raising up the auditorium to the level of the stage, making the space better suited to dances and parties and painting the theatre curtain with a scene of *Timotheus playing the lyre for Alexander* by Fancelli (a chandelier was later installed in 1828, first with sixty candles, then ninety).

The second renovation, headed by Carlo Parmeggiani, was quite drastic and on the whole lasted until the late twentieth century: in the proscenium, the architraves were secured with four corbels; the auditorium vault was redecorated, again with perspective paintings; the gallery was given a new cornice; curtains were hung from the box vaults; the boxes themselves were left free and the new dominant hues were those typical of an opera house, red and gold; painstaking decoration by four master craftsmen: Antonio Tognetti, Giuseppe Pacchioni, Agostino Viallet and Vincenzo Testoni (who also created the six above-noted medallions of dramaturges); Giuseppe Badiali repainted the ceiling and Napoleone Angiolini created a new theatre curtain portraying the *Apotheosis of Felsina*. In 1866/67, Luigi Busi and Luigi Samoggia painted the ceiling with frescoes (the ones we see today) and electric lighting was installed in 1907. After the stage was destroyed by a fire in 1931, it was immediately rebuilt by Armando Villa. Umberto Rizzi worked on the facade, partially following the Bibiena plan, removing the tiles above the portico,

pp. 38-39 | Il lampadario della sala teatrale.

pp. 42-43 | Dal foyer Respighi al piano terra, poche scale conducono alla platea. Due bassorilievi ritraggono Giuseppe Verdi (a destra) e Richard Wagner (a sinistra).

p. 44 | Particolare del ritratto di Giuseppe Verdi, foyer Respighi.

p. 45 | Particolare del ritratto di Richard Wagner, foyer Respighi.

pp. 46-47 | Il foyer Rossini con il manifesto della veglia mascherata del 2 marzo 1895.

pp. 38-39 | The chandelier of the theatre hall.

pp. 42-43 | From the foyer, named for Respighi, on the ground floor, few steps lead to the parterre. Two bas-reliefs represent Giuseppe Verdi (on the right) and Richard Wagner (on the left).

p. 44 | Detail of the portrait of Giuseppe Verdi. Foyer, named for Respighi.

p. 45 | Detail of the portrait of Richard Wagner. Foyer, named for Respighi.

pp. 46-47 | The foyer, named for Rossini, with the poster of the masked vigil of the 2nd March, 1895.

bibienesco, sopra il portico togliendo i coppi e ponendo un terrazzo e alzando l'edificio con lo spazio oggi occupato dal secondo foyer.

Ultimo intervento restaurativo è stato quello effettuato da Vincenzo Stupazzoni tra l'estate del 1980 e l'autunno del 1981 (intanto gli spettacoli e i concerti passavano alla Sala Europa, al Teatro Medica e altrove): siccome i tarli avevano guastato i legni sottostanti la balconata, si dovettero controllare e quindi consolidare le strutture portanti e i solai della fabbrica; e si recuperarono certi elementi caratteristici di parecchi palchi dovuti alla fantasia e all'autonomia dei vecchi proprietari, in particolare pareti colorate, affrescate, decorate.

adding a terrace and the space now occupied by the second foyer.

The last renovation was carried out by Vincenzo Stupazzoni between the summer of 1980 and the fall of 1981 (during which period the performances were moved to the Sala Europa, the Teatro Medica and other venues): woodworms having destroyed the wood beneath the gallery, the supporting structures and floors needed to be checked and strengthened. Distinctive elements of many of the boxes added by their old owners, who had been free to indulge their imaginations, were also restored, in particular, colourful, frescoed and otherwise decorated walls.

Notula

Introdotto con sensibilità e competenza da un critico che milita da tempo nei ranghi dell'arte e della cultura cittadina (a sua volta preceduto da un'autorità e tre artisti), da parte dell'autore il volume non poteva meritare altro che una noterella, e relativa soltanto alla sua parte scrittoria (la *nota* o *notula* latina, del resto, era una macchia grande o piccola che, oltre a produrre assai più tardi la nota musicale, potrebbe anche significare nero su bianco). Il testo che fa da cornice alla superba iconografia del volume (e non viceversa, una volta tanto) è stato redatto da una visuale essenzialmente storico-musicale: dei diversi modi permessi alla descrizione e narrazione della vita di un teatro la libera scelta è caduta sulla cronologia e sul repertorio, sugli organizzatori, sugli interpreti, sull'andirivieni di autori, titoli, direttori, responsabili d'ogni ordine e grado. A discapito, ma era inevitabile, della progettazione e della realizzazione architettonica, della diversa fortuna dell'edificio tra deperimenti e restauri, dei contributi e dei condizionamenti della politica, del saliscendi dell'economia fra gli entusiasmi di *boom* e le miserie della crisi.

E la bibliografia? Non è poca, quella sul

Note

Introduced with sensitivity and expertise by a scholar who has long served in the ranks of Bologna art and culture (in his turn preceded by an authority and three artists), this volume needs no more than a short note from its author, and relative solely to his writing (for that matter, the Latin *nota* or *notula* was a small or large mark that, in addition to much later producing the musical note, could also mean black on white). The text that serves as a frame for this book's superb images (and not vice versa, for a change) was written from an essentially historical-musical perspective. Out of the various possible approaches to describing and recounting the life of the theatre, the choice fell to chronology and repertoire, organisers, actors and the hustle and bustle of authors, titles, directors and managers of every type and kind. To the detriment, unavoidably, of architectural planning and construction, the varied fortunes of the building between deterioration and renovation, the contributions and conditioning of politics and economic rises and falls, between the excitement of boom periods to the deprivation of the crisis.

And the bibliography? The literature on the Comunale is considerable and wide-ranging

Comunale, ed è ragguardevole, ma certo nel nuovo discorso non poteva entrare come avrebbe meritato: di fatto è potuta servire solo a scivolare sui tanti avvenimenti lasciandone quelli di forse particolar riguardo. Eccone gli estremi: *Due secoli di vita musicale. Storia del Teatro Comunale di Bologna*, a cura di Lamberto Trezzini, pres. di Carlo Maria Badini, con scritti di Lionello Levi, Wanda Bergamini, Tito Gotti, Renzo Renzi, Piero Santi, Claudio Santini, Lamberto Trezzini, Andrea Della Corte, Filippo Sacchi e repertorio critico degli spettacoli a cura di Sergio Paganelli, 3 voll., Bologna, Alfa, 1967, Nuova Alfa, 1987; *Un'idea dell'Opera. Spettacoli e interpreti al Teatro Comunale di Bologna 1984-1989*, a cura di Pasquale Guadagnolo, pres. di Carlo Fontana, con scritti di Franca Cella, Carlo Maria Cella, Marco Vallora, Adriano Cavicchi e cronologia a cura di Roberto Verti, fotografie di Maurizio Buscarino, Lorenzo Capellini e Primo Gnani a cura di Giorgio Fioravanti, Bologna, Grafis, 1989; Roberto Verti, *Il teatro Comunale di Bologna*, premesse di Felicia Bottino e di Gianni Tangucci, Milano, Electa, 1998; *Cronache Musicali del Teatro Comunale di Bologna. Cronologia degli spettacoli 1984-2014*, a cura di Nicola Pirrone, intr. di Francesco Ernani, Bologna, Pendragon, 2014 (con CD allegato comprendente anche le cronologie di Paganelli e Verti).

Dunque questo nuovo panorama del teatro pubblico e massimo di Bologna è soprattutto un volo, un volo sui tempi di due secoli e mezzo costretto a correr veloce ma senza trascurar troppo, citando parecchio e troppo spesso rassegnandosi a tacere. Durante il volo, alcune pause di sospensione: quel certo numero di *premières* che hanno cadenzato la cronaca del teatro andando anche a cadenzare le biografie degli autori e la storiografia del genere operistico; e quel cospicuo numero di personaggi che, operatori o concertatori e o più spesso cantanti, o sono nati a Bologna

but the scope of the present volume does not permit delving into the current discourse to the merited degree: indeed, it will necessarily pass over a great many episodes, leaving and tracking down only those of perhaps particular consequence. Here are the details: *Due secoli di vita musicale. Storia del Teatro Comunale di Bologna*, edited by Lamberto Trezzini, introduction by Carlo Maria Badini, with texts by Lionello Levi, Wanda Bergamini, Tito Gotti, Renzo Renzi, Piero Santi, Claudio Santini, Lamberto Trezzini, Andrea Della Corte and Filippo Sacchi and a critical repertoire of the performances by Sergio Paganelli, 3 vols. (Bologna: Alfa, 1967; Nuova Alfa, 1987; *Un'idea dell'Opera. Spettacoli e interpreti al Teatro Comunale di Bologna 1984-1989*, edited by Pasquale Guadagnolo, introduction by Carlo Fontana, with texts by Franca Cella, Carlo Maria Cella, Marco Vallora, Adriano Cavicchi, a chronology by Roberto Verti, photographs by Maurizio Buscarino, Lorenzo Capellini and Primo Gnani edited by Giorgio Fioravanti (Bologna: Grafis, 1989); Roberto Verti, *Il teatro Comunale di Bologna*, introductory texts by Felicia Bottino and Gianni Tangucci (Milan: Electa, 1998); *Cronache Musicali del Teatro Comunale di Bologna. Cronologia degli spettacoli 1984-2014*, edited by Nicola Pirrone, introduction by Francesco Ernani (Bologna: Pendragon, 2014), accompanied by a CD that includes the chronologies of Paganelli and Verti.

And so, this new overview of Bologna's public and greatest theatre is above all a kind of flight: a flight over two and a half centuries that needs to move quickly but without skipping too much, citing a lot and too often resigning itself to remaining silent. There will be a few stops along the way, during which we will linger over the premieres that marked not only the history of the theatre but also the biographies of the composers and the historiography of opera as well as a sizeable number of personages who, managers or conductors and/or more often

p. 51 | Il foyer Rossini con visibili il lampadario e due dei quattro dipinti ovali ai lati della stanza.

p. 51 | The foyer, named for Rossini, with the chandelier and two of the four oval paintings on either side of the hall.

pp. 52, 53 | Particolari dei dipinti ovali del foyer Rossini.

pp. 52, 53 | Details of the oval paintings in the foyer, named for Rossini.

o hanno lavorato al Comunale (il numero sarebbe assai maggiore, appunto al condizionale). Lacune anche qui, senza dubbio, ma forse non proprio imperdonabili là dove la trattazione si può vantare di avere un'origine onesta e obbiettiva e uno scopo informativo non settoriale bensì, fin dove possibile, largo e panoramico. Del resto, ad abbracciarlo è un plesso iconografico senza pari, vero bordone a un semplice tenore che, come in un'intavolatura di liuto rinascimentale, deve pur guardare verso l'altitudine artistica del *cantus*.

singers, were either born in Bologna or worked at the Comunale (the actual number would be, note the conditional, quite a bit bigger). There will doubtless be lacunae here as well, but perhaps this can be excused, considering the honest and objective origin of the volume and a scope that is, in so far as possible, broad and panoramic rather than specialized. In any case, it is embraced by a visual apparatus beyond compare, a true aid to a simple tenor who, as in Renaissance lute tablature, also needs to look towards the artistic loftiness of the *cantus*.

p. 55 | La rotonda Gluck.

p. 55 | The Gluck Rotonda .

SOFOCLE

GOLDONI

pp. 56-57 | Il palcoscenico visto dalla platea. Al centro del sipario il grande stemma del Comune di Bologna.

pp. 58-59 | Il soffitto decorato che riprende la forma a campana del teatro.

pp. 60-61, 66-67 | Il lampadario al centro del soffitto.

pp. 62-63 | La platea vista dal palco reale.

pp. 64-65 | Panoramica della platea, degli ordini, della balconata e del soffitto visti dal palcoscenico.

pp. 56-57 | The stage seen from the parterre. At the centre of the curtain the great city coat of arms of Bologna.

pp. 58-59 | The decorated ceiling that reproduces the bell-shape of the theatre.

pp. 60-61, 66-67 | The chandelier at the centre of the ceiling.

pp. 62-63 | The parterre seen from the royal box.

pp. 64-65 | Overview of parterre, tiers, balcony and ceiling seen from the stage.

pp. 68-69, 70, 71 | Le decorazioni pittoriche ai lati del lampadario realizzate nel 1866/67 da Luigi Samoggia e Luigi Busi.

pp. 72, 73, 74-75 | Il lampadario e le lampade che illuminano gli ordini e la platea.

pp. 68-69, 70, 71 | The pictorial decorations on either side of the chandelier made in 1866/67 by Luigi Samoggia and Luigi Busi.

pp. 72, 73, 74-75 | Chandelier and lamps illuminating tiers and parterre.

pp. 76, 77, 78-79, 80-81, 82-83 | Particolari delle decorazioni dei soffitti dei palchi del primo e del secondo ordine.

pp. 76, 77, 78-79, 80-81, 82-83 | Details of the ceiling decorations of the boxes at the first and second tiers.

GIOVE

TONA

MAFFEI
METASTASIO
GOLDONI

pp. 84-85 | Panoramica da un palchetto del terzo ordine.

pp. 86-87 | Panoramica degli ordini e della balconata.

pp. 84-85 | Overview from a box at the third tier.

pp. 86-87 | Overview of tiers and balcony.

MAFFEI

MDCCCXCV

SOFOCLE

GOLDONI

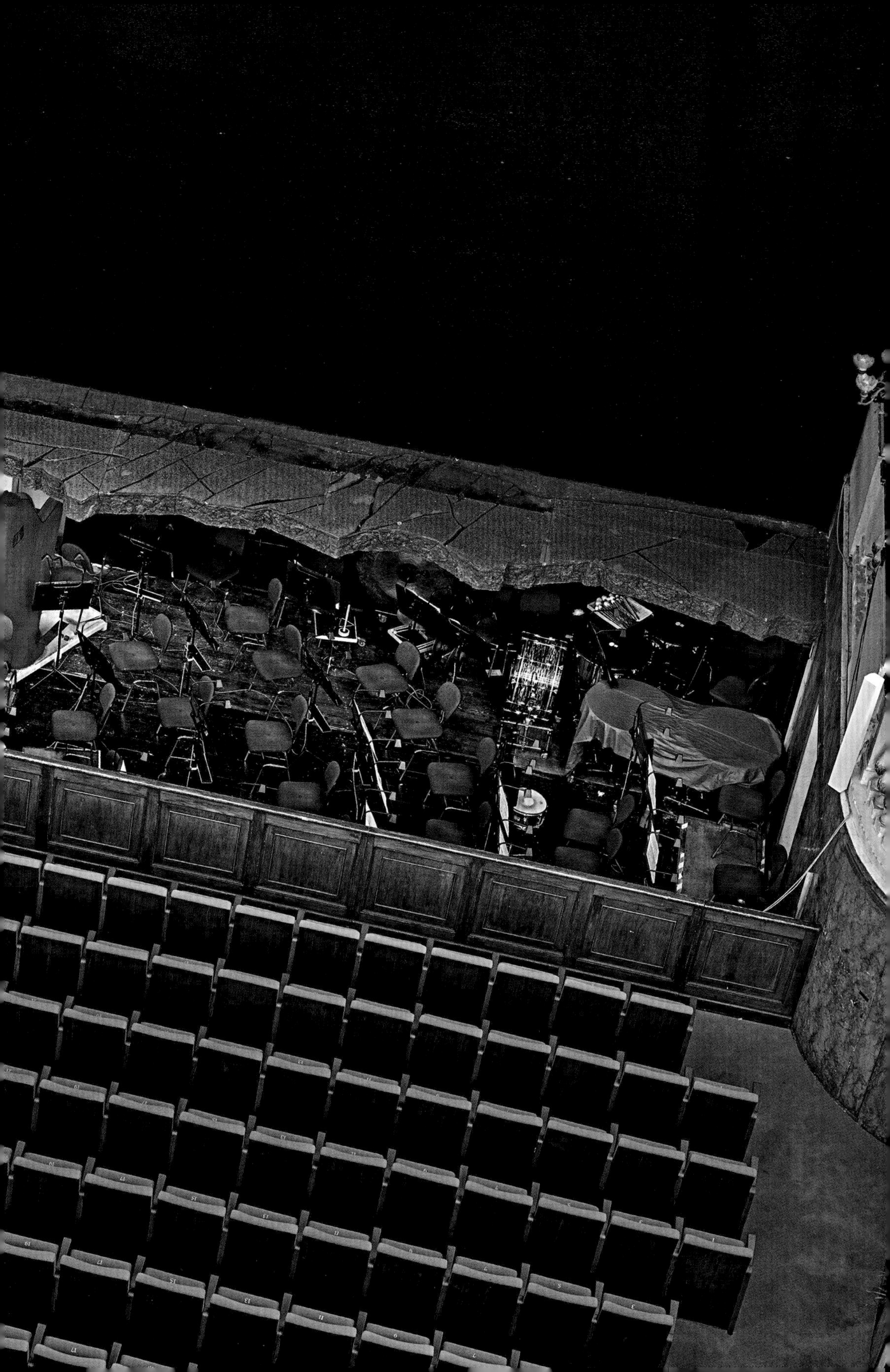

pp. 88-89, 90-91 | Interno di palchetti del terzo ordine.

pp. 92, 93 | Decorazioni in prossimità dell'arco scenico.

pp. 94, 95 | Decorazioni dell'arco scenico: Sofocle a sinistra e Goldoni a destra del palcoscenico.

pp. 96-97 | La platea e la buca d'orchestra.

pp. 98-99 | Veduta dei palchetti dalla buca d'orchestra.

pp. 88-89, 90-91 | Interior of the boxes at the third tier.

pp. 92, 93 | Decorations next to the stage arch.

pp. 94, 95 | Stage arch decorations: Sofocle on the left and Goldoni on the right of the stage.

pp. 96-97 | Parterre and orchestra pit.

pp. 98-99 | Overview of the boxes from the orchestra pit.

pp. 100-101, 102-103, 104-105, 106-107, 107 | Particolari del meccanismo ligneo collocato nel sottoplatea, progettato da Filippo Ferrari nei primi dell'800 ed entrato in funzione nel 1820. L'apparato meccanico consentiva il sollevamento della platea a livello del palcoscenico, ampliando lo spazio in caso di veglioni ed eventi speciali.

pp. 100-101, 102-103, 104-105, 106-107, 107 | Details of the wooden mechanism placed beneath the auditorium, designed by Filippo Ferrari in the early of 1800s and started operating in 1820. The mechanical device allowed the raising of the parterre to the stage level, expanding the space in case of dances and special events.

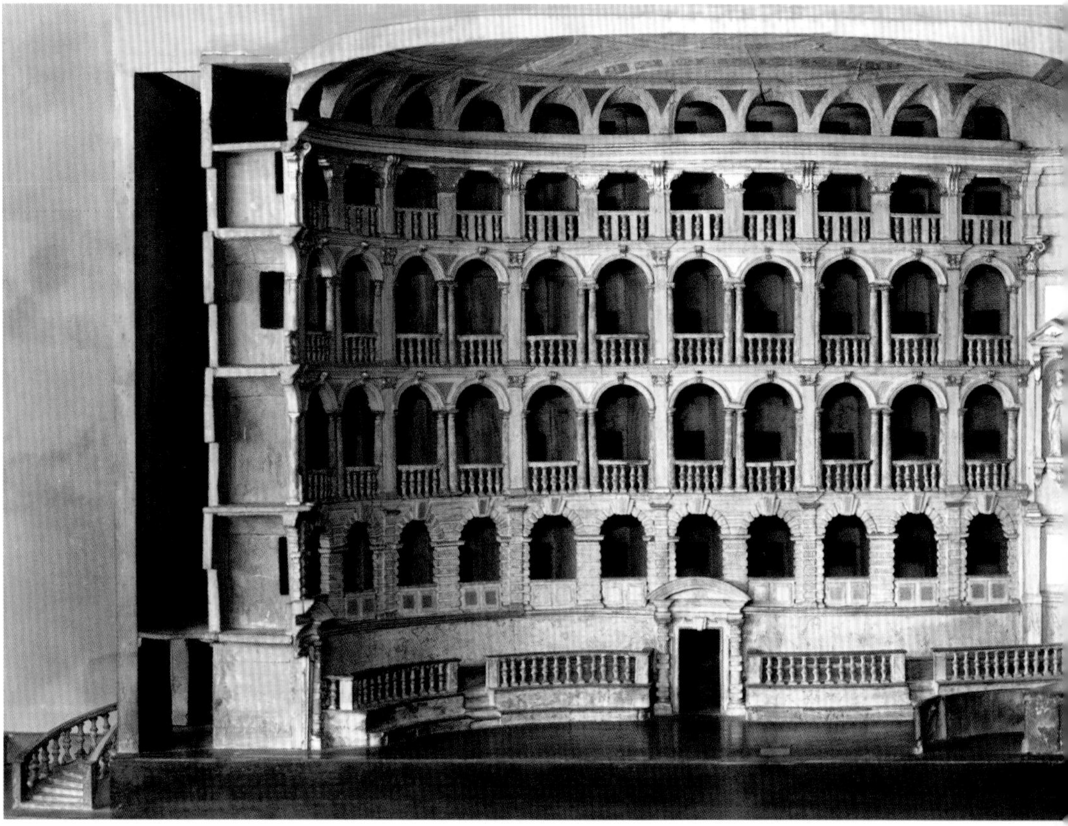

pro del
in tutto
spedito a Roma
Galli Bibiena

pp. 108-109 | In alto: Antonio Galli Bibiena, modellino ligneo del Teatro Comunale di Bologna realizzato da G. B. Martorelli e A. Gambarini sotto la direzione dell'autore nel 1756 e conservato al Museo internazionale e biblioteca della musica di Bologna.
In basso: Antonio Galli Bibiena, disegno dello spaccato longitudinale del Teatro Comunale di Bologna. Penna e acquerelli, cm 36 x 120 (tre fogli congiunti). 1758, Bologna, Collezioni Comunali d'Arte.

pp. 108-109 | Above: Antonio Galli Bibiena, little wooden model of the Teatro Comunale in Bologna made by G. B. Martorelli and A. Gambarini under the direction of the author in 1756 and preserved at the International museum and library of music in Bologna.
Below: Antonio Galli Bibiena, drawing of the longitudinal split of the Teatro Comunale in Bologna. Pen and watercolours, 36 x 120 cm (three joint sheets). 1758, Bologna, Collezioni Comunali d'Arte.

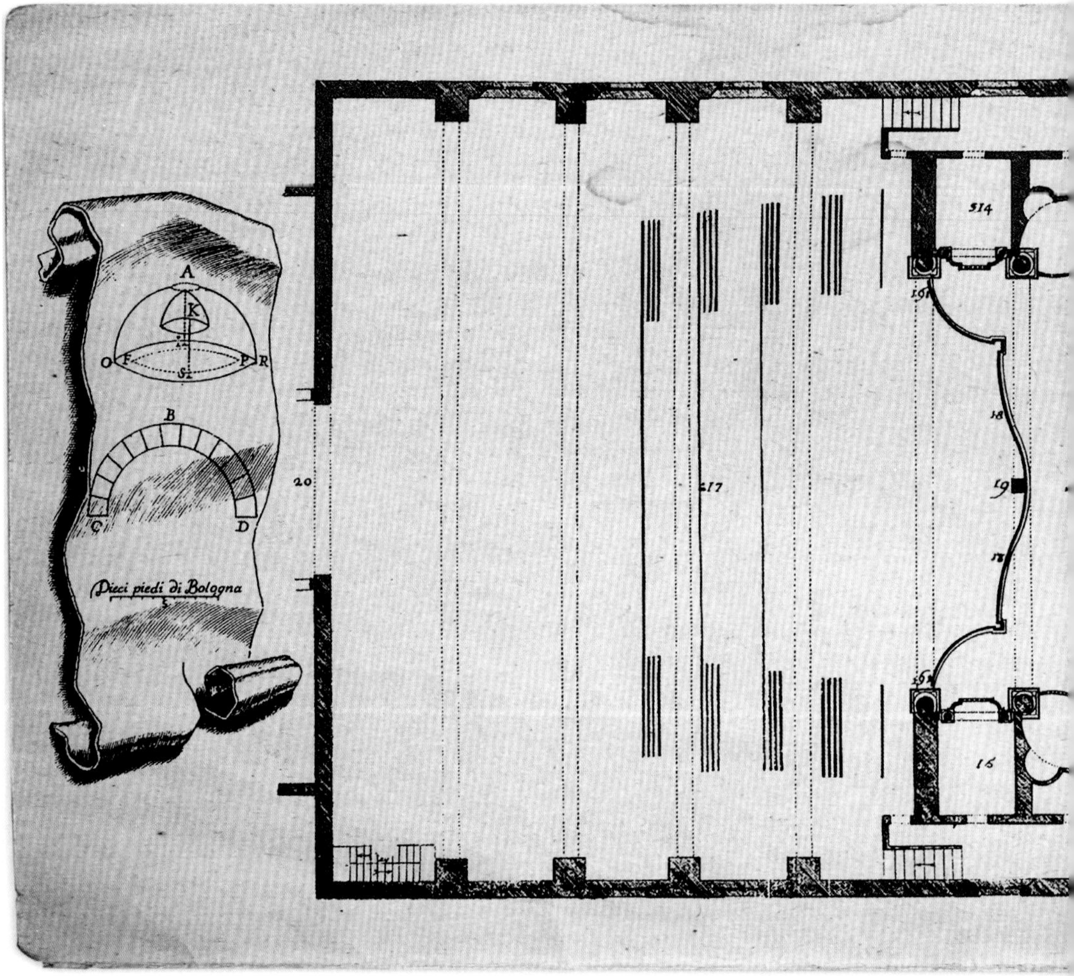

pp. 110-111 | Riproduzione della pianta del Teatro Comunale dell'opuscolo anonimo prodotto dalla stamperia Longhi nel 1763 intitolato "Pianta e spaccato del nuovo Teatro di Bologna".

pp. 112-113 | Particolare del frontespizio della "Pianta e spaccato del nuovo Teatro di Bologna", raccolta di incisioni di Lorenzo Capponi stampata a Bologna nel 1771.

pp. 110-111 | Reproduction of the Teatro Comunale's plan of an anonymous booklet produced by the Longhi printing in 1763 and entitled 'Pianta e spaccato del nuovo Teatro di Bologna' ('Plan and split of the new Theatre in Bologna').

pp. 112-113 | Detail of the title page of the 'Pianta e spaccato del nuovo Teatro di Bologna' ('Plan and split of the new Theatre in Bologna'), collection of engravings by Lorenzo Capponi printed in Bologna in 1771.

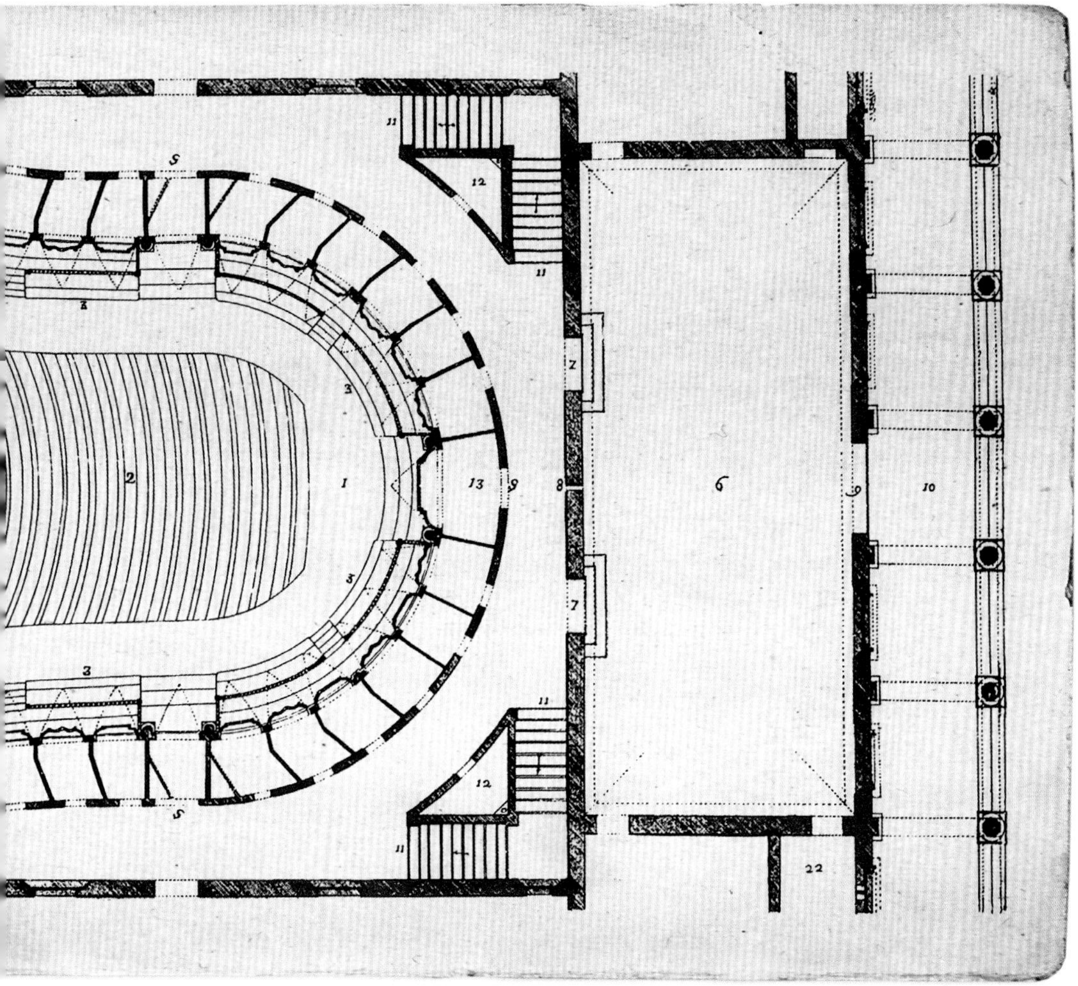

5
11
12
11
2
3
7
3
2
1
13
8
8
6
9
10
5
7
3
11
12
5
11
22

Facciata de

uovo Teatro.

IL
TRIONFO DI CLELIA
DRAMMA
Del celebre Signor Abbate
PIETRO METASTASIO
POETA CESAREO

Da rappresentarsi per Musica

IN BOLOGNA

Nella Primavera dell' Anno 1763.

IN OCCASIONE DELLA PRIMA APERTURA

DEL NUOVO PUBBLICO TEATRO

Inventato dal celebre Sig. Cavaliere

ANTONIO GALLI BIBIENA

Architetto primario, ed Ingegnero delle Loro MM. II. RR.

IN BOLOGNA

Nella Stamperìa di Giam-Battista Sassi.

Con licenza de' Superiori.

A volo sui tempi

A Flight Across Time

Dal Guasto al Trionfo

I cavalieri crociati che lasciano la Terra Santa per puntare all'Isola Fortunata e provarsi a recuperare quell'imbelle di Rinaldo, già grande eroe e ora semplice amante di Armida la maga, paladino quasi ridotto agli arresti domiciliari, sorvolano i luoghi dell'antica, potente, gloriosa Cartagine e ne guardano, costernati e rassegnati, le poche e povere rovine, documento triste e lampante della vanità delle umane cose. Così, dimenticando la corrusca *Gerusalemme liberata* e il suo pessimismo *fin de siècle* e rinascimentale, fanno anche gli storiografi della musica, dello spettacolo e del teatro d'opera che muovono le loro scorribande di studio fra i tempi del Sei, del Sette, anche dell'Ottocento e fra le lande d'Italia, di Francia e di Austria-Germania: riflettono, guardano, osservano, cercano, trovano.

Ben poco, trovano, certo meno degli storiografi delle lettere, delle arti e delle scienze, e molto, riflettendo, stupiscono davanti a numerosi libretti, parecchie cronache, diversi spartiti, pochissime partiture, alcuni bozzetti di scene e costumi, alcune stampe, qualche fabbrica teatrale appena. Gli antichi teatri d'opera, una volta inevitabilmente rovinati, erano presto sostituiti da altri senza dubbio più nuovi e tuttavia a loro volta destinati a invecchiare e rovinare. Assai coraggiosa, dunque, è la storiografia che se ne occupi, quella che per descrivere un evento debba ricorrere a testimonianze scarse, incerte, poco chiare di testo, canto, strumenti, allestimento, interpretazione in genere e spazio scenico in particolare. Ma al

From Guasto to Triumph

The crusader knights who left the Holy Land headed to the Fortunate Isles hoping to rescue the timid Rinaldo, before a great hero and now simply the lover of the sorceress Armida, a paladin nearly reduced to a state of house arrest, flew over the sites of ancient, powerful, glorious Carthage and looked, desolate and resigned, at its scant bare ruins, sorrowful and glaring testament to the vanity of human things. As do, leaving behind resplendent *Gerusalemme liberata* and its *fin de siècle* and Renaissance pessimism, historiographers of music, theatre and opera who shift their research forays between the seventeenth, eighteenth and even nineteenth centuries and between the lands of Italy, France and Austria-Germany: reflecting, looking, observing, searching, finding.

They find very little, certainly less than historiographers of literature, art and science, and, reflecting a bit, a lot, they stand amazed before countless libretti, numerous chronicles, various scores, very few full scores, a few sketches of sets and costumes, a few prints, just a handful of theatrical edifices. The old opera houses, once inevitably ruined, were quickly replaced by others that were of course newer and yet also destined to age and fall to ruin. The historiography that deals with this subject is therefore quite courageous, since, in order to describe an event, it must turn to scarce, uncertain evidence, unclear texts, song, instruments, sets and theatre equipment, acting in general and

cospetto del Comunale di Bologna la storiografia ha sempre potuto e può ancora prender lena e gioia, perché a differenza di certi teatri precedenti e magari anche susseguenti, l'edificio del corrente 2019, tutto sommato, è lo stesso del corso 1763. Il Teatro di S. Carlo, a Napoli, sorse nel 1737 ma bruciò nel 1816: il re Borbone lo volle ricostruito nel volger di pochi mesi ed ebbe ragione, ma quello stesso, proprio identico non fu più. La Fenice di Venezia? Distrutta nel 1996 e ricostruita nel 2003: con ogni filologica ragione, tra una pur bellissima copia, però, e un originale andato in un fumo tanto letterale quanto figurato. Quanto a Bologna, se dell'ormai remota apertura il giorno 14 maggio non mancano le cronache d'assieme, non mancano nemmeno le parole e note specifiche. Ancora evviva: fu un trionfo di nome e di fatto.

the stage in particular. But in the case of the Comunale of Bologna, historiography has always been able to and still can take heart and cheer with joy, because, unlike some earlier theatres and perhaps even later ones, the building of 2019 is, all in all, that of 1763. The Teatro di S. Carlo, in Naples, was built in 1737 but burned down in 1816: the Bourbon King had it rebuilt in just a few months, but it was no longer the same. La Fenice in Venice? Destroyed in 1996 and rebuilt in 2003: meticulously restored, to be sure, but in the end a copy, however beautiful, of an original that went up in smoke both figuratively and literally. As for Bologna, while general chronicles of its opening on that long ago 14 May are not lacking, and nor are specific words and notes. Again hurrah: it was a triumph in both name and fact.

Tutte prime

Ecco un po' di cornice temporale. Drammi e commedie costituivano allora i programmi dei teatri italiani, a nome di alcuni fra i più rinomati operisti dell'epoca e secondo le norme della circolazione di autori, titoli e interpreti in un contesto che non conosceva ancora la prassi del repertorio, di un serbatoio condiviso donde attingere fiduciosamente. Dov'eran più le opere di Monteverdi, Cavalli, Scarlatti, Vivaldi? Erano scomparse con i loro vecchi autori e l'attualità imponeva maestri napoletani, veneziani, a volte stranieri, a volte anche bolognesi. Straniero fu l'autore dell'opera inaugurale a Bologna: *Il trionfo di Clelia* questa, quello Christoph Willibald Gluck; non nuovo il libretto, a firma del poeta cesareo ovvero

All Premieres

And now a bit of temporal context. Dramas and comedies were the order of the day at the time in Italian theatres, written some of the most famous opera composers of the age and following the norms for the circulation of authors, titles and performers prior to the rise of the repertoire, a shared reservoir from which one could confidently draw. Where were the operas of Monteverdi, Cavalli, Scarlatti and Vivaldi? Gone with their aged authors, and the present-day dictated maestros from Naples and Venice, but sometimes foreign, sometimes even from Bologna. The author of the opening opera at the Bologna theatre was foreign: *Il trionfo di Clelia*, the opera; Christoph Willibald Gluck, the composer. The libretto, by the court poet

p. 114 | Frontespizio del libretto de "Il trionfo di Clelia", prima rappresentazione del nuovo teatro di Bologna il 14 maggio 1763, stampato dalla Stamperia di Gian Battista Sassi.

p. 117 | 7 novembre 1836. Avviso per l'opera *I puritani e i cavalieri* e per il ballo *Le nozze di Figaro*. Teatro Comunale di Bologna – Fondazione.

p. 114 | Title page of the booklet of 'Il trionfo di Clelia', first representation at the new theatre in Bologna on 14 May, 1763 printed by the Gian Battista Sassi Stamperia.

p. 117 | 7 November, 1836. Handbill for the opera *I puritani e i cavalieri* and the opera buffa *The Marriage of Figaro*. Teatro Comunale in Bologna – Fondazione.

GRAN TEATRO DELLA COMUNE.

Bologna il 7 Novembre 1836.

Si previene questo rispettabile Pubblico che nella sera di Mercoledì 9 del corrente verrà posta in iscena l'Opera seria in tre atti del fu Signor Maestro Cavaliere VINCENZO BELLINI

I PURITANI E I CAVALIERI.

PERSONAGGI.	ATTORI.
ELVIRA	Sigg. GRISI GIUDITTA.
Lord GUALTIERO WALTON	RAFFAELLI DOMENICO.
Sir GIORGIO, suo fratello	PORTO CARLO.
Lord ARTURO D' ALBOT	MORIANI NAPOLEONE.
Sir RICCARDO FORTH	RONCONI GIORGIO.
Sir BRUNO ROBERTON.	GIACCHINI ALESSANDRO.
ENRICHETTA	LEGA GIUSEPPINA.

Dopo l'Opera avrà luogo il Ballo di mezzo carattere in tre atti del Sig. SALVATORE TAGLIONI

LE NOZZE DI FIGARO.

L' IMPRESA.

Tipi della Volpe al Sassi.

Pietro Metastasio, e fiammante la musica, da parte di chi appena l'anno prima aveva "riformato" il genere con *Orfeo ed Euridice*, a Vienna. Fiammava di novità e curiosità, la musica, perché composta espressamente da un tedesco quasi cinquantenne già assai noto in Italia e in Bologna. E chi avrà avuto più successo, il compositore, l'architetto e scenografo, il primo musico, la primadonna soprano, il primo tenore? Il disciplinatissimo cavalier Gluck passò le Alpi e venne a toccar con mano, il parmigiano Antonio Galli Bibiena era figlio del bolognese Ferdinando e nel teatro doveva dare il suo capolavoro, il perfido Porsenna era cantato dal tenore Giuseppe Tibaldi che era bolognese purosangue e anche esperto maestro di cappella. *Novus exorior* recitavano aulicamente i biglietti d'ingresso a un dramma che, in breve e alla francese, "debuttava" a tutti gli effetti. Successo molto, e qualche burla per quel Gluck un po' Mamaluch (da canticchiarsi magari su qualche aria popolare).

Pietro Metastasio, was not new, but the music was freshly minted by the man who had just one year earlier 'reformed' the genre with *Orfeo ed Euridice*, in Vienna. The music was ablaze with innovations and curiosities, because specially composed by a nearly fifty-year-old German already well known in Italy and Bologna. And who will have had more success? The composer, the architect and set designer, the primo musico, the leading soprano, the principle tenor? The highly disciplined Gluck crossed over the Alps and came to see it for himself, the Parma-born Antonio Galli Bibiena was the son of the Bolognese Ferdinando and had to make the theatre his masterpiece, the treacherous Porsenna was sung by the tenor Giuseppe Tibaldi, a pure-blooded Bolognese and expert chapel master. *Novus exorior* were the lofty words on the tickets for admission to a drama that, in short and *en français*, was to all intents and purposes 'debuting'. Lots of success, and some ridicule for Gluck, a bit of a Mameluke (perhaps to be sung

GRAN TEATRO COMUNALE

AVVISO

L' Impresa si rende sollecita di prevenire questo rispettabile Pubblico, ed inclita Guarnigione, che nelle sere di

Sabato 21 e Domenica 22

del corrente, lo Spettacolo sarà diviso come segue

Atto 3.° e 4.° dell' Opera

NABUCODONOSOR.

Atto 1.° del

ROBERTO DEVEREUX

omettendo il Duetto Sara e Roberto, e sostituendovi invece

L' ARIA

nel Terzo Atto di Roberto; indi il BALLO

IL CORSARO

COL NUOVO PASSO A DUE

LA STYRIENNE

eseguita dalla Coppia Danzante

Signori FITZ-JAMES e MATTHIS.

Dal Camerino Teatrale. Bologna 20 Ottobre 1843.

L' APPALTATORE.

Tipografia delle Belle Arti.

Subito prima. Era stato l'incendio del Teatro Malvezzi, così distrutto nel 1745 dopo un'onorata carriera cominciata nel 1686, a insinuare nel senato del secondo centro della Chiesa l'idea di allestire un nuovo spazio per l'opera e nell'impossibilità di chiamarlo regio o ducale di intenderlo veramente pubblico, di tutti, comune, adatto alla Comune della città (quando "Comune" era ancora nome femminile, tale essendo in francese e tale rimanendo nel dialetto bolognese). Bologna, insigne terra di studi, accademie e scuole di canto ma anche trafficato luogo d'incontro e di passaggio, ne aveva assoluto bisogno, anche se la sua cronistoria contava il Teatro della Sala (attivo dal tardo Cinquecento al 1767), il Formagliari-Zagnoni (dal 1638 al 1802), il Marsigli Rossi (dal 1710 al 1821) e nel tempo avrebbe annoverato anche il Corso, il Contavalli, il Brunetti-Duse. Erano e sarebbero stati tutti locali vecchi e nuovi, abbattuti e sostituiti, ricordati e dimenticati, oggetto di ricerche coscienziose eppure non sempre limpidi di dati e date tra progettazione, erezione, inaugurazione, distruzione e via dicendo. Ma ancora una volta il bel Comunale spicca per vivacità di documentazione; e la cronistoria ha bisogno di un po' di preistoria.

Dopo alcuni dubbi di carattere topografico (piazza di Porta Ravegnana? piazza Maggiore?), si decise per il cosiddetto Guasto, le rovine del palazzo dei Bentivoglio, la potente signoria della città, contro cui nel 1507 s'era scatenata la furia popolare. Si commise l'incarico del progetto ad Antonio Galli Bibiena, il non più giovane rappresentante della celeberrima dinastia (era nato nel 1697) che s'era preferito a nomi come Alfonso Torreggiani, Ercole Lelli e Giacomo Dotti destando una tempesta di crucci, polemiche e ritorsioni (anche verbale, anche grossolana); e nel 1756 il maestro muratore Michel Angelo Galletti fu in grado di avviare i lavori.

softly to oneself to the tune of a popular aria).

Immediately before. It was the fire at the Teatro Malvezzi, which destroyed the venue in 1745 after a respectable run begun in 1686, that gave the senate of the second city of the Church the idea of creating a new space for opera and, it being impossible to call it the royal or ducal theatre, of making it truly public, for everyone, communal, fit for the city municipality, 'Comune' in Italian (and when 'Comune' was still a feminine noun, being so in French and remaining so in Bolognese dialect). Bologna, renowned for its singing schools and academies, but also a high-traffic meeting place and thoroughfare, had absolute need of it, even though it was also home to the Teatro della Sala (active from the late sixteenth century until 1767), the Formagliari-Zagnoni (from 1638 to 1802), the Marsigli Rossi (from 1710 to 1821) and, later, also the Corso, the Contavalli and the Brunetti-Duse. These were all and were all to be old and new spaces, demolished and replaced, remembered and forgotten, the subject of conscientious study, however lacking in clear information and dates for planning, construction, inauguration, destruction and so on. But here again, the fair Comunale stands out for its lively documentation; and the chronicler has need of a bit of prehistory.

After a few dilemmas of a topographical nature (Piazza di Porta Ravegnana? Piazza Maggiore?), the choice fell to the so-called 'Guasto' ('damaged'), the ruins of the palatial residence of the powerful Bentivoglio family, against which the people had unleashed their fury in a revolt in 1507. The commission went to Antonio Galli Bibiena, the no longer young representative of the celebrated Bibiena dynasty (born in 1697), who was preferred to such names as Alfonso Torreggiani, Ercole Lelli and Giacomo Dotti, stirring up a tempest of -partly verbal, partly crude- concerns, polemics and reprisals. In 1756, the master mason Michel Angelo Galletti had the go ahead to begin work.

p. 118 | 21, 22 ottobre 1843. Avviso per *Nabucodonosor*, *Roberto Devereux* e *Il Corsaro*. Museo internazionale e biblioteca della musica di Bologna.

p. 118 | 21 and 22 October, 1843. Handbill for *Nabucodonosor*, *Roberto Devereux*, and *Il Corsaro*. International museum and library of music in Bologna.

Mezzo secolo dopo

Mezzo secolo: è quanto separa l'apertura con Gluck e l'avvento di Rossini, grazie ai nomi citati e ad altri nomi meritevoli d'osservazione, se non proprio d'indagine. Sempre nel 1763: il 6 settembre seguente si esegue al Comunale una cantata a quattro voci, *La reggia de' fati*, intonata da Jommelli per celebrare un ospite illustre di passaggio a Bologna, Joseph Wenzel principe di Liechtenstein. Passi un anno, ed ecco il 31 maggio del 1764: nel suo teatro il Bibiena presiede alla messinscena dell'ennesimo *Alessandro nell'Indie* di Metastasio, il romano poeta di corte a Vienna che da tempo aveva smesso di lavorare tanto ma sempre vedeva (o non vedeva?) intonati i suoi classici libretti barocchi: stavolta dal poco noto napoletano Gregorio Sciroli, ma in prima assoluta e a documento, certo, di un notevole impegno da parte della città. Metastasio torna nelle due opere del 1768: un lungo dramma in tre atti, *Ezio*, "pasticcio" di Jommelli e altri autori ovvero raccolta di arie diverse e in genere preesistenti, e una più semplice azione drammatica in due atti, *L'isola disabitata*, musica di Traetta. Notevoli il tenore della prima, Giovanni Ansani, e il soprano della seconda, quella Antonia Girelli che era stata Clelia cinque anni prima. Interessante l'occasione della seconda: ad ammirare una vicenda quasi russoviana che inneggiava alla natura selvaggia (quanto bastava) fu in particolare Maria Carolina d'Asburgo-Lorena; e a invitare e così onorare l'arciduchessa d'Austria che proprio quell'anno diveniva regina di Napoli furono i conti Pallavicini, che due anni dopo avrebbero ospitato anche il giovanetto di Salisburgo.

Nel 1770 scesero a Bologna i Mozart, Leopold e il figlio Wolfgang Amadeus, ma vi permasero in due periodi di chiusura per il Comunale (quanto bastava però a che il quattordicenne diventasse accademico filarmonico e imparasse da Padre Martini come contrappuntare le voci e sentire la versificazione italiana). Per rifarsi del silenzio del 1769, in quel 1770 il Comunale

A Half Century Later

Half a century: that is what separated the opening with Gluck and the arrival of Rossini, thanks to the above cited names and others worthy of note if not actual research. Also in 1763: on 6 September, a cantata for four voices was performed at the Comunale, *La reggia de' fati*, composed by Jommelli to celebrate an illustrious guest passing through Bologna: Joseph Wenzel, prince of Liechtenstein. A year passes by and here we are at 31 May 1764, when Bibiena himself presided over the staging of the umpteenth *Alessandro nell'Indie* by Metastasio, the Roman court poet in Vienna who had long not been working much but always saw (or didn't see?) his classical Baroque libretti set to music: this time by the little-known Neapolitan Gregorio Sciroli, but in world premiere and documenting, clearly, considerable endeavour on the part of the city. Metastasio returned in two operas in 1768: a long opera in three acts, *Ezio*, a 'pastiche' of Jommelli and other authors, which is to say a collection of various and mostly pre-existing arias, and a simpler one in two acts, *L'isola disabitata*, with music by Traetta. Of special note, the tenor of the first, Giovanni Ansani, and the soprano of the second, the same Antonia Girelli who had been Clelia five years before. The occasion for the second is intriguing: Maria Carolina of Austria in particular admired the almost Rousseauian hymn to wild nature, and the archduchess of Austria, who that very year became the queen of Naples, was invited and thus honoured by the Pallavicini counts, who two years later also hosted the youngster from Salzburg.

In 1770, the Mozarts, Leopold and his son Wolfgang Amadeus, came to Bologna, although they were there during two periods of closure for the Comunale (time enough, however, for the fourteen-year-old to become a member of the Accademia Filarmonica and learn from Father Martini how to counterpoint voices and hear Italian versification). To make up for the silence

TEATRO COMUNITATIVO.

Per la sera di Sabato 19 Ottobre 1844.

La Società d'appalto darà nella sera suindicata il secondo Spartito promesso col Cartellone del 14 Settembre p. p. Sarà questo il Dramma lirico, in quattro parti, intitolato:

ERNANI

del Maestro GIUSEPPE VERDI.

In esso agiranno li seguenti

Personaggi

ERNANI	NICOLA IWANOFF.
D. CARLO, re di Spagna.	FELICE VARESI.
D. RUY GOMEZ DE SILVA, grande di Spagna . .	LUIGI TABELLINI.
ELVIRA, sua nipote e fidanzata.	SOFIA LOEWE.
GIOVANNA, sua nudrice	GIOVANNINA VECCHI.
D. RICCARDO, scudiero del re.	GIOVANNI LANNER.
JAGO, scudiero di D. Ruy	GIACOMO BARTOLI.

CORI

Montanari e banditi -- Cavalieri famigliari di Silva -- Ancelle di Elvira -- Cavalieri del re -- Personaggi della Lega -- Cavalieri e Dame Spagnuoli ed Alemanni.

COMPARSE

Montanari e banditi -- Elettori e Grandi della corte imperiale -- Paggi dell' impero -- Dame -- Famigliari d' ambo i sessi.

Quelli che in prevenzione fissarono Viglietti d' Orchestra sono pregati a ritirarli la mattina del Sabato prima dell' un' ora pomeridiana, oltre la quale è in facoltà dell' Impresa il disporne liberamente.

Si comincia alle ore otto precise.

Il Libro del Melodramma è vendibile al Camerino dell' Impresa, ed alla Tipografia Governativa -- alla Volpe -- presso il Pavaglione.

diede quattro opere bell'e diverse: un cavalleresco *Gran Cidde* (il Cid Campeador della riscossa spagnola), una tragica *Ecuba*, una classicissima *Nitteti* (del Metastasio), una nuovissima *Armida* di Vincenzo Manfredini (pistoiese spesso presente a Bologna e padre del soprano Elisabetta, bolognese) cantata fra gli altri dal musico Tommaso Guarducci nei panni del succitato Rinaldo. Le scene? Il libretto di Giacomo Duranti ebbe l'onore della messinscena del solito Bibiena (e avrà l'onore, probabile se non sicuro, della musica di Haydn alcuni anni dopo).

Tutti gli anni '70 esultarono di musica e d'opera, a Bologna: l'eterno Metastasio e l'ancor precedente Apostolo Zeno fra i poeti, ben quattro opere comiche o meglio drammi giocosi di cui tre a nome di Pasquale Anfossi, due titoli del non dimenticato Gluck quali *Orfeo ed Euridice* e *Alceste*, il tenore concittadino capace di cantare Jarba con Didone e Admeto con Alceste, balli diversi

of 1769, in 1770, the Comunale presented four quite different operas: a chivalric *Gran Cidde* (the Cid Campeador of the Spanish Reconquest), a tragic *Ecuba*, a highly classical *Nitteti* (by Metastasio) and a fresh new *Armida* by Vincenzo Manfredini (from Pistoia, often in Bologna and father of the soprano, Elisabetta, from Bologna) sung by, among others, Tommaso Guarducci as the above-cited Rinaldo. And the sets? Giacomo Duranti's libretto was honoured by a set by Bibiena (and, probably, if not certainly, had the honour, a few years later, of being set to music by Haydn).

The 1770s were a decade of music and opera in Bologna: the eternal Metastasio and the earlier Apostolo Zeno among the poets, a full four comic operas, three of which by Pasquale Anfossi, two operas by the unforgotten Gluck, *Orfeo ed Euridice* and *Alceste*, the tenor townsman capable of singing Iarba in *Didone* and Admeto in *Alceste*, various dances

GRAN TEATRO
COMUNALE

AVVISO

PER LA SERA DI MARTEDI 9 NOVEMBRE 1858.

PRIMA RAPPRESENTAZIONE

della promessa Opera

VIOLETTA

Musica del M. Cav. GIUSEPPE VERDI nella quale agiranno li seguenti

PERSONAGGI	ATTORI
VIOLETTA VALERY . . .	Sigg. FRICCI ANTONIETTA
FLORA BERVOIX	„ LUIGIA MORSELLI
ANNINA	„ MARIETTA DOTTI
ALFREDO GERMONT . . .	„ GIUSEPPE VILLANI
GIORGIO GERMONT suo padre	„ WALTER LUIGI
GASTONE visconte de Letorieres	„ ANTONIO BELLOMINI
Marchese D'ORBIGNY . .	„ GUGLIELMO GIORDANI
Dottore GRENVIL	„ N. N.
GIUSEPPE servo di Violetta	„ PIETRO VITALI
Commissionario	„ ANTONIO UNGARELLI

Coro di Signori e Signore, Amici di Violetta e Fiora, Mattadori, Piccadori, Zingare.

Si darà l' applauditissimo Ballo

CATERINA

OVVERO

LA FIGLIA DEL BANDITO

S' incomincia alle Ore 8 pom. precise.

L'IMPRESA

Dal Camerino del Teatro, il 8 Novembre 1858.

Bologna Tip. delle Belle Arti.

(D)

BOLOGNA

GRAN TEATRO COMUNALE

Impresa Scalaberni

SABBATO SERA 2 NOVEMBRE 1867 ALLE ORE 8

Si Rappresenterà

LA NORMA

Colla Celebre Artista

ANTONIETTA FRICCI BARALDI

Dopo il primo atto di detta Opera si eseguirà il Ballo grande

TORQUATO TASSO

colla Celebre Coppia Danzante

Emilia Laurati Filippo Baratti

PREZZO DEL BIGLIETTO D'INGRESSO alla Platea Lire 3. - detto al Loggione Lire 1. - detto dei Posti Riservati, non compresa l'entrata Lire 5.

Domani 3 Novembre avrà luogo la Grande Opera-Ballo

DON CARLOS

Bologna 2 Ottobre 1867.

Tipi di G. Vitali.

come *Gli amori di Marte e di Venere* e la *Favola di Venere e di Adone*. Titoli mitologici, questi, e nemmeno eroici: vorrà dire che il serissimo dramma per musica se ne era già stancato, preferendo da tempo l'epica classica e cominciando a vagheggiare preromantiche vicende da finale funesto. Ma la cronaca della statuaria *Alceste* di Gluck segnala anche il cesenate Cristoforo Babbi, primo violino e quindi capo d'orchestra al Comunale in un'epoca che a questa seconda figura, di fortune ottocentesche, dava ancora assai poco spago.

Problematici i vent'anni a seguire: dal 1780 al 1787 il Comunale non ospitò opere ma curiose opere e commedie in prosa, veglioni pubblici, qualche "truppa di saltatori di corda"; appena due drammi giocosi nel 1787 e 1788; tre anni di silenzio in corrispondenza con i primi della Rivoluzione francese; un'opera e un ballo, assieme, nel 1792 (nascendo Rossini); due anni di silenzio; e via, dal 1795, con stagioni generose e numerose di drammi seri e balli ispirati alle solite tematiche encomiastico-mitologiche ma anche a nuovi argomenti tragici come *La vendetta di Nino* di Nasolini e la più popolare nonché moderna opera di Zingarelli, *Giulietta e Romeo*. Sembrava aspettare la fioritura di Rossini, quel primo decennio di secolo, ma intanto si alimentava anche dell'opera dell'ideal predecessore di Gioachino, quel Domenico Cimarosa che era morto, assai malamente, nel 1801.

like *Gli amori di Marte e di Venere* and the *Favola di Venere e di Adone*. Mythological titles, and not even heroic ones, indication that one had already tired of solemn serious opera, having long preferred the classical epic and starting to appreciate pre-Romantic stories with sad endings. But the chronicle of Gluck's statuesque *Alceste* also notes the Cesena native Cristoforo Babbi, first violin and so orchestra leader at the Comunale during a period that still gave the latter figure, of nineteenth-century fortunes, scant rope.

The next twenty years were problematic. From 1780 to 1787, instead of operas, the Comunale hosted curious works and prose comedies, public dances and a few 'troupes of acrobats'; just two comic operas in 1787 and 1788. Three years of silence corresponding to the first years of the French Revolution. An opera and a dance, together, in 1792 (the year of Rossini's birth). Two years of silence. And then the theatre took off again, in 1795, with generous, numerous seasons of serious opera and dance inspired by the usual eulogistic-mythological themes but also new tragic tales like Nasolini's *La vendetta di Nino* and Zingarelli's more popular as well as modern opera, *Giulietta e Romeo*. The first decade of the century seemed to have been waiting for Rossini's rise, but in the meantime it was also nourishing itself with the work of Gioachino's conceptual predecessor, Domenico Cimarosa, who died, quite badly, in 1801.

p. 121 | 19 ottobre 1844. Manifesto per *Ernani*. Teatro Comunale di Bologna - Fondazione.

p. 122 | 26 dicembre 1852. Avviso per *Viscardello*. Museo internazionale e biblioteca della musica di Bologna.

p. 123 | 9 novembre 1858. Manifesto per *Violetta* e *Caterina, La figlia del bandito*. Teatro Comunale di Bologna - Fondazione.

p. 124 | 2, 3 novembre 1867. Manifesto per *La Norma*, per il ballo *Torquato Tasso* e per il *Don Carlos*. Teatro Comunale di Bologna – Fondazione.

p. 121 | 19 October, 1844. Poster for *Ernani*. Teatro Comunale in Bologna - Fondazione.

p. 122 | 26 December, 1852. Handbill for *Viscardello*. International museum and library of music in Bologna.

p. 123 | 9 November, 1858. Poster for *Violetta* and *Caterina, La figlia del bandito*. Teatro Comunale in Bologna - Fondazione.

p. 124 | 2nd and 3rd November, 1867. Poster for *Norma*, for the dance *Torquato Tasso*, and for *Don Carlos*. Teatro Comunale in Bologna – Fondazione.

Rossinisti

Che Rossini, nato a Pesaro e morto vicino a Parigi, si sentisse tutto sommato bolognese è verissimo, ma è anche vero che a Bologna, dove risiedette a lungo, diede una sola prima assoluta, *L'equivoco stravagante* del 1811, e fra l'altro non al Comunale bensì al Corso. Peraltro quasi tutte le opere di Milano, Venezia e Napoli sciamarono presto in tutt'Italia, ma non regolarmente a Bologna: nel 1814, un anno dopo le *premières* veneziane, comparvero *Tancredi* (forse) e *L'Italiana in Algeri* (senza forse), ma le altre che sopravvennero si fecero aspettare diversi, anche parecchi anni, facendo capolino fra Mercadante, Pacini, Manfroce, Donizetti, Coccia, Vaccai, due bolognesi come il patrizio Francesco Sampieri, dilettante di musica, e il primo violino nonché professionista di musica Giovanni Tadolini.

Era la *nouvelle vague* del melodramma italiano. Il manifesto del Romanticismo, eccolo nell'ottobre del 1830 cioè tre anni dopo l'esordio scaligero: *Il pirata* di Romani e Bellini si fece ascoltare con la voce squisita e acutissima del suo creatore Giambattista Rubini. Dimenticati i vecchi Cimarosa e Paisiello, il Comunale accolse man mano i frutti del lavoro spesso milanese di Donizetti e Bellini, tragedie liriche come l'*Anna Bolena* del primo e la *Norma* del secondo (data tre volte in dieci mesi, protagoniste Giulia Grisi, Maria Malibran, Giuditta Pasta). Rossini prima resistette gagliardo, poi dovette arrendersi all'invasione di Amine, Lucie, Beatrici, anche e soprattutto perché dal 1829 non produceva più per le scene.

Ma non taceva: accanto a qualche Figaro e Cenerentola, sul palcoscenico del Bibiena il maestro vedeva salire nel 1840 un certo *Rodolfo di Sterlinga*, l'undicenne *Guglielmo Tell* così mortificato dalla censura pontificia, e

p. 127 | Manifesto per il secondo veglione in maschera organizzato dal gruppo goliardico "I Fiù dal Duttòur Balanzòn" il 23 febbraio 1868. Museo internazionale e biblioteca della musica di Bologna.

Rossinisti

While it is utterly true that Rossini, who was born in Pesaro and died near Paris, felt to all intents and purposes Bolognese, it is also true that he only had a single world premiere in his adopted city, *L'equivoco stravagante* in 1811, and what's more, it was not at the Comunale but at the Corso. However, almost all of the operas from Milan, Venice and Naples quickly swarmed across Italy, but Bologna not a regular stop. In 1814, a year after their Venetian premieres, *Tancredi* (possibly) and *L'Italiana in Algeri* (definitely) appeared, but for the others that turned up one had to wait years, even a great many years, peeping out among Mercadante, Pacini, Manfroce, Donizetti, Coccia, Vaccai, two Bolognese like the patrician Francesco Sampieri, an amateur composer, and the first violin and professional of art Giovanni Tadolini.

It was the *nouvelle vague* of Italian melodrama. The manifesto of Romanticism arrived in October 1830, three years after its La Scala debut: Romani and Bellini's *Il pirata* drew the ear with the exquisite, high voice of its creator, Giambattista Rubini. The old Cimarosa and Paisiello forgotten, the Comunale gradually let in the often Milanese work of Donizetti and Bellini, tragic operas like the former's *Anna Bolena* and the latter's *Norma* (staged three times in ten months, with Giulia Grisi, Maria Malibran, Giuditta Pasta in the title role). Initially, a stalwart Rossini resisted, but then he had to give in to the invasion of Aminas, Lucias and Beatrices, in part and especially because by 1829 he was no longer producing for the stage.

But he did not fall silent: alongside a few Figaros and Cinderellas, in 1840 the maestro saw such works rise to Bibiena's stage as *Rodolfo di Sterlinga* and the eleven-year-old *Guillaume Tell*, much humbled by papal censure, and, in the meantime, having returned to the city after re-

p. 127 | Poster for the second masked dance organised by the goliardic group 'I Fiù dal Duttòur Balanzòn' on 23rd February, 1868. International museum and library of music in Bologna.

Gavaruzzi
STAB-
Dr E. CHAPPUIS
BOLOGNA
SOCIETÁ
„I FIÙ DAL DUTTÓUR
BALANZÓN"

BOLOGNA

TEATRO COMUNALE

MARTEDÌ 27 Ottobre 1885 alle ore 8 pom.

PRIMA RAPPRESENTAZIONE dell'Opera in quattro atti del M. G. VERDI

TRAVIATA

Protagonista la esimia artista

GEMMA BELLINCIONI

PERSONAGGI

Violetta Valery	*BELLINCIONI GEMMA*	Barone	*RAPPINI FEDERICO*
Flora Bervoix	*CANÈ VIRGINIA*	Marchese d'Obigny	*CAVAZZONI CESARE*
Annina	*N. N.*	Dottore Grenvil	*N. N.*
Alfredo Germont	*DE LUCIA FERNANDO*	Giuseppe, servo di Violetta	*CAPPELLINI CARLO*
Giorgio Germont, suo padre	*SPARAPANI SENATORE*	Domestico di Flora	*ZOCCA LUIGI*
Gastone, Visconte di Letorieres	*BERTOCCHI ARCIMIRO*	Commissionario	*N. N.*

Maestro Concertatore e Direttore d'Orchestra

MANCINELLI CAV. LUIGI

Editore proprietario dell'Opera *Tito di G. Ricordi* - Fornitore dei vestiari *Ditta Brunetti Chiappa* - Attrezzista *O. Cazzani* - Calzolaio *V. Bellini*

Dopo l'Opera suddetta il grandioso **Ballo**

SIEBA

del Coreografo Cav. L. MANZOTTI, musica del M.° R. MARENCO riprodotto dal Coreografo R. ROSSI

Nel quadro quarto, **passo a due** eseguito dai distinti primi ballerini di rango francese

BELLA ANTONIETTA - TRUCCO GIUSEPPE

Prezzo dei Biglietti

Per l'ingresso alla Platea e Palchi Lire **3** - Alla Galleria (quart'ordine) Lire **2** - Al Loggione Lire **1**

(Oltre il biglietto d'ingresso) Un posto numerato Lire **5** - Una Poltrona Lire **10**

NB. - I biglietti non sono valevoli che per la sera che si acquistano portando il numero progressivo della Rappresentazione.

Si avvisa che l'Onorevole Direzione delle Strade Ferrate ha gentilmente concesso all'Impresa del Teatro Comunale di Bologna che durante lo spettacolo autunnale i BIGLIETTI di ANDATA e RITORNO che verranno staccati nei giorni di ciascun Martedì e Giovedì dalle stazioni normalmente autorizzate alla vendita di tali biglietti, siano validi per la corsa di ritorno fino al secondo treno del giorno successivo.

L'Impresa

Bologna — Stab. Tip. Succ. [illegible]

intanto, tornato in città dopo aver risolto le gravi questioni economiche di Parigi, era fresco "consulente onorario" del Liceo Filarmonico dove aveva studiato da ragazzo, pencolava ancora fra uno *Stabat Mater* composto a quattro mani con Tadolini e quello definitivo, tutto suo, onorato nel 1842 di una prima francese e subito dopo di una prima italiana, anzi bolognese, meglio archiginnasiale nella sala poi intitolata all'opera (sacra, inadatta a Comunale).

Cospicua la presenza di Luigi Ricci, l'ennesimo rossinista che spopolava con la *Chiara di Rosenberg* dalla Scala a tutt'Italia. E anche quella della divina Maria Malibran, che nel 1833/34 cantò quattro opere facendosi notare ben oltre la bravura del canto: nei *Capuleti e Montecchi* di Bellini inserì l'aria finale di Nicola Vaccai (più adatta alla sua voce), indispettendo l'autore e inaugurando una tradizione durissima a finire; e sortendo in carrozza dall'albergo Brun di piazza Ravegnana non verso il teatro ma verso gli affari suoi, imboccò la via S. Stefano guidando lei stessa i cavalli, primadonna assoluta nella sorpresa dei poi sempre memori cittadini bolognesi. E così, fra un monarca come Gioachino e un monarca come Verdi, per alcuni decenni l'opera italiana tornò, in Italia, quella del Settecento postscarlattiano: una feconda repubblica di cariche e capacità, di poteri e successi diversi, dove a due "fratelli" come Bellini e Donizetti potevano unirsi due "cugini" come Mercadante e Pacini e numerosi altri parenti efficienti.

Nuova repubblica

S'era diradato il nome di Rossini, sulle assi in musica del Comunale come degli altri teatri, e dovevano diradarsi anche quei rossinisti che,

solving grave financial issues in Paris, he served as a new 'honorary consultant' at the Liceo Filarmonico where he had studied as a youth, still wavering between a *Stabat Mater* composed jointly with Tadolini and the definitive version, all his own, honoured in 1842 with a French premiere and immediately after an Italian one, or rather a Bolognese one, at the Archiginnasio in the hall later named after the work (religious, so not suited to the Comunale).

Luigi Ricci was a prominent figure at the time, the umpteenth Rossinista who made it big with *Chiara di Rosenberg* from La Scala to all of Italy. Also prominent was the divine Maria Malibran, who sung four operas in 1833/34, drawing attention to herself well beyond her singing bravura, such as when, for Bellini's *Capuleti e Montecchi*, she added the final aria by Nicola Vaccai (it was better suited to her voice), aggravating the author and starting a tradition near impossible to break, or when, climbing into her carriage at the Albergo Brun in Piazza Ravegnana, she headed not to the theatre but of on business of her own, entering Via S. Stefano driving the horses herself, an absolute prima donna and source of wonder for the then always grateful people of Bologna. And so, between a monarch like Gioachino and a monarch like Verdi, for a few decades Italian opera returned, in Italy, to that of the post-Scarlatti eighteenth century: a fertile republic of stimulus and talent, power and success, where two 'brothers' like Bellini and Donizetti could be joined by two 'cousins' like Mercadante and Pacini and numerous other able relatives.

New Republic

The name of Rossini began to fade at the Comunale and the other theatres, as did that of the Rossinisti who, in spite of their

p. 128 | 27 ottobre 1885. Manifesto per *Traviata* e per il ballo *Sieba*. Museo internazionale e biblioteca della musica di Bologna.

p. 128 | 27 October, 1885. Poster for the *Traviata* and for the dance *Sieba*. International museum and library of music in Bologna.

a dispetto della semplicistica nomea, avevano traghettato il melodramma dal Classicismo al Romanticismo. Gioachino restava, comunque trionfante, con alcuni sebben vecchi capi d'opera, e così restavano Vincenzo e Gaetano. A Rossini che chiedeva Donizetti aveva risposto, nell'occasione dello *Stabat Mater*, che Milano applaudiva un certo *Nabucco* di un certo Giuseppe Verdi: vero, verificabile al Comunale l'anno dopo, il 7 ottobre 1843, con due balli di Giovanni Galzerani; e confermato dagli altri allestimenti che seguivano le prime della Scala e della Fenice, in particolare da quell'*Ernani* che esultava di arie tutte nuove e cori nuovi di parole («A Pio Nono sia gloria e onor» invece che «A Carlo Quinto sia gloria e onor»).

A carnevale, primavera e autunno si tenevano i cicli di rappresentazioni, né più né meno che stagioni liriche; e ormai eclissati i maestri della commedia classica e della tragedia preromantica, si stava abbozzando il repertorio, quel plesso di autori e opere che doveva superare le barriere del tempo e dello spazio per prolungarsi fino a oggi (con l'ovvia aggiunta di nomi successivi, in particolare di Puccini). Valga l'esempio del 1847, l'anno precedente lo scoppio della prima guerra d'indipendenza e l'increscioso allontanamento di Rossini: la stagione di Carnevale s'era aperta il 26 dicembre, secondo una regola generale, e aveva introdotto a Bologna l'operista straniero più in voga, Giacomo Meyerbeer, con *Roberto il diavolo*, nato francese a Parigi nel 1836 e rinato italiano a Firenze nel 1840; a seguire un'altra opera francese, *La muta di Portici* di Auber (sempre tradotta, s'intende), e ben quattro concerti vocali e strumentali, con cantanti vari e anche concittadini, il grande clarinettista Ernesto Cavallini, un caso di «cori di dilettanti e otto signore dilettanti pianiste» a beneficio degli asili infantili; infine, un'opera di Donizetti, una di Verdi, una del povero Marco Aurelio Marliani con un paio di balli. Nato a Milano nel 1805, Marliani era stato carbonaro, aveva

simplistic name, had led melodrama from Classicism to Romanticism. Gioachino remained, triumphant anyhow, with a few if old operas and so Vincenzo and Gaetano also remained. In answer to Rossini's query, on the occasion of the *Stabat Mater*, Donizetti replied that Milan was cheering a certain *Nabucco* by a certain Giuseppe Verdi: true, verifiable at the Comunale the next year, 7 October 1843, with two dances by Giovanni Galzerani; and confirmed by the Verdi operas staged following their premieres at La Scala and La Fenice, in particular *Ernani*, which rejoiced with fresh new arias and new choruses ('Glory and honour to Pius IX' instead of 'Glory and honour to Charles V').

During Carnival, in the spring and in autumn, cycles of plays were held no more and no less than opera seasons. And, the masters of classical comedy and pre-Romantic tragedy by now eclipsed, a new repertoire was being sketched out, a group of authors and works that has crossed over barriers of space and time to continue intact to our own day (with the obvious addition of later names, in particular Puccini). The example of 1847, the year before the First Italian War of Independence and the regrettable distancing of Rossini, will serve us well: the Carnival season had opened on 26 December, in accordance with a general rule, and had introduced Bologna to the most fashionable foreign opera composer of the time, Giacomo Meyerbeer (born French in Paris in 1836 and reborn Italian in Florence in 1840), with *Robert le diable*; another French opera followed, Auber's *La muette de Portici* (translated, of course), and a no fewer than four voice and instrumental concerts, with varied singers, even Bolognese, the great clarinettist Ernesto Cavallini, an event featuring 'amateur choirs and eight amateur female pianists' to benefit nursery schools; finally, one opera by Donizetti, one by Verdi, one by poor Marco Aurelio Marliani with a couple of dances. Born in Milan

p. 131 | 4 novembre 1897. Manifesto per *La Walkyria*. Museo internazionale e biblioteca della musica di Bologna.

p. 131 | 4 November, 1897. Poster for *Die Walküre*. International museum and library of music in Bologna.

BOLOGNA — AUTUNNO 1897

TEATRO COMUNALE

GIOVEDI 4 Novembre 1897 a ore 20,45

PRIMA Rappresentazione

LA WALKYRIA

Prima Giornata in tre atti della Trilogia

L'ANELLO DEL NIBELUNGO

DI

RICCARDO WAGNER

(Proprietà di G. RICORDI e C.)

PERSONAGGI

Sigmondo	ALFONSO GARULLI
Hunding	TANCREDI BELLUSI
Wotan	AGOSTINO GNACCARINI
Siglinda	EMILIA CORSI
Brunilde	MARIA GIUDICI CARUSON
Fricka	AMALIA BELLONI

Walkyrie	ADA BONNER	LAURA MIGLIAZZI
	LUIGIA DE LUCA	AMALIA BELLONI
	ELVIRA ZARA	MARIA DIRANI
	AMELIA FRONZI	VIRGINIA ALDROVANDI

Maestro Concertatore e Direttore

EDOARDO VITALE

Altro Maestro	Suggeritore	Direttore Scenotecnico
FRANCESCO ROMEI	AGIDE NEGRI	GRAZIOTTI GIUSEPPE

N. 80 PROFESSORI D'ORCHESTRA

Le scene vennero espressamente dipinte dallo Scenografo ANTONIO ROVESCALLI

Fornitori: *Vestiario*, Sartoria Anonima - *Attrezzi*, Giuseppe Sormani - *Calzoleria*, Bellini Valerio - *Parrucchiere*, Venegoni - *Gioielliere*, G. Biraghi e F. - *Fiorista*, E. Robba - *Istrumenti Musicali*, Orsi Maino. — *Direttore dei Macchinisti*, V. Biagi - *Direttore degli apparecchi elettrici*, A. Beretta - *Direttore dei meccanismi Idraulici*, Silvio Minghetti - *Proprietario delle macchine a Vapore*, G. Mainetti.

CONDIZIONI D' ABBONAMENTO

per 18 Rappresentazioni

Ingresso alla platea e palchi L. 30 — Per uno scanno numerato L. 30 — Per una Poltrona L. 50

L'Abbonamento è personale tanto per l'Ingresso che per gli Scanni e le Poltrone

PREZZI PER LA PRIMA RAPPRESENTAZIONE

Ingresso alla Platea e Palchi e al Quart'ordine L. 3 - Sott'Ufficiali e Studenti L. 2 - Al Loggione L. 1

Per uno scanno numerato L. 5 - Per una Poltrona L. 10 (oltre l'ingresso)

Palchi di primo e secondo ordine L. 30 - Terzo ordine L. 20 - Quarto ordine L. 10

L'Impresa non accorda entrate di favore

SABATO 6, DOMENICA 7 Novembre

Seconda e Terza Rappresentazione alle ore 20,45 precise

L'Impresa Luigi Cesari e C.

Bologna - Stab. Tip. Succ. Monti

G. Palladini
902
Teatro Comunale
VEGLIONE MASCHERATO DI BENEFICENZA
BOLOGNA - 15 FEBBRAIO 1902
PROMOSSO DALL'ASSOCIAZIONE IMPIEGATI CIVILI
STAB.TIP.LIT. L. PONGETTI · BOLOGNA

GRANDE VEGLIONE DELLA "DANTE"
SEZIONE STUDENTESCA
L. VOBBI
LIT. BERGAMASCHI E VECCHI BOLOGNA
IL GIARDINO DEGL'INCANTI
TEATRO COMUNALE = BOLOGNA
= 18 FEBBRAIO 1914 =
PREZZO D'INGREZZO Ł.5

dovuto riparare in Francia, era tornato in patria, a Bologna mise in scena *Gusmano il Buono ossia l'Assedio di Tarifa*, poi restò, si arruolò, combatté, si distinse, divenne capitano e maggiore, proprio sotto le mura di Bologna fu ferito e morì l'8 maggio 1849, tre mesi esatti prima della fucilazione di Padre Ugo Bassi.

Durante la guerra le stagioni continuarono imperterrite. Dopo, non fecero altro che registrare le fortune e gli effetti dei compositori alla reazione austriaca: se la donizettiana *Eustorgia da Romano* travestiva un'opera che aveva a titolo e protagonista una figlia di papa come Lucrezia Borgia, il *Viscardello* e la *Violetta* di Verdi travestivano, ripulivano, annacquavano, secondo la censura nobilitavano opere di delinquenti e donnacce come *Rigoletto* e *La traviata*. Grande festa il 26 novembre 1859, quando Achille Peri diresse *La lega lombarda*, dramma lirico di Antonio Buzzi pochi giorni dopo la fine della seconda guerra d'indipendenza. Tra l'onnipresente Verdi, il sempre fortunato Donizetti, un Rossini resistente sui capolavori, un Bellini un po' in disarmo, Pedrotti, Petrella, Lupari, Pacini, De Ferrari e via dicendo, era in arrivo una figura diversa: non un compositore ma un direttore e concertatore, anzi un nome che al Comunale avrebbe legato buona parte della meritatissima notorietà.

Diarchia

Sebbene preannunciato da *Roberto il diavolo*, il caso Meyerbeer scoppiò a Bologna nel 1860 e 1861, attorno al fresco e speranzoso Regno d'Italia. Era il *grand-opéra* francese che compariva con il suo artefice diretto e non più giovane, l'ebreo-tedesco Giacomo

p. 132 | 15 febbraio 1902. Manifesto per il veglione mascherato di beneficenza promosso dall'Associazione Impiegati Civili. Teatro Comunale di Bologna – Fondazione.

p. 132 | 18 febbraio 1914. Manifesto per il veglione della sezione studentesca "Dante". Teatro Comunale di Bologna – Fondazione.

in 1805, Marliani became a Carbonaro, fled to France, returned to Italy, staged *Gusmano il Buono ossia l'Assedio di Tarifa* in Bologna, then remained, enlisted, fought, distinguished himself, became captain and major, and then, right at the Bologna city walls, was wounded and died on 8 May 1849, precisely three months before the execution of Father Ugo Bassi.

During the war, the seasons continued undaunted. After, they did nothing but register the composers' fortunes and consequences of the Austrian reaction: while Donizetti's *Eustorgia da Romano* disguised an opera about and named for the daughter of a pope, *Lucrezia Borgia*, Verdi's *Viscardello* and *Violetta* disguised, cleaned up, toned down and according to censure ennobled works about delinquents and prostitutes - *Rigoletto* and *La traviata*. There was a grand celebration on 26 November 1859, when Achille Peri conducted *La lega lombarda*, a dramma lirico by Antonio Buzzi, a few days after the end of the Second Italian War of Independence. Amidst the omnipresent Verdi, the always successful Donizetti, Rossini and his enduring masterpieces, Bellini a bit out of commission, Pedrotti, Petrella, Lupari, Pacini, De Ferrari and so on, a new figure was on the way: not a composer but a director and conductor, indeed a name that attached a good part of its well-merited fame to the Comunale.

Diarchy

Although pre-announced by *Robert le diable*, Giacomo Meyerbeer burst onto the Bologna scene in 1860/61, in the context of a fresh and hopeful Kingdom of Italy. French grand opera arrived with its direct and no longer young creator, the Jewish-German

p. 132 | 15 February, 1902. Poster for a charity masquerade party, promoted by the Associazione Impiegati Civili. Teatro Comunale in Bologna – Fondazione.

p. 132 | 18 February, 1914. Poster for the party of the student group 'Dante'. Teatro Comunale in Bologna – Fondazione.

Meyerbeer, a farsi conoscere come il grande rivale di Verdi e il drammaturgo musicale diverso, alla moda, trionfalistico, ben consonante con la mentalità di un popolo finalmente libero. Non durò molto, perché in arrivo era il rivale vero, capace di riassumere tutti questi caratteri di novità, e cioè Wagner; ma intanto Verdi resisteva, eccome, e avanzava in Italia come in Francia.

Trait-d'union fra i tre compositori fu il loro interprete primo, il maestro Angelo Mariani. Ravennate, attivo in Italia e all'estero dal 1843/44, fu uno dei primi concertatori e direttori propriamente detti, grazie a una personalità e una musicalità che sembravano rifondare, non restituire le partiture. L'8 novembre 1860 eccolo attendere al *Profeta*; l'anno dopo agli *Ugonotti* di Meyerbeer, grandi opere comunque intervallate da quattro opere di Verdi (per la direzione di Carlo Verardi); nel 1865 all'*Africana*, opera postuma data al Comunale pochi mesi dopo la prima parigina. Sperimentatore entusiasta, Mariani doveva poi legare il suo nome alle due prime italiane del *Don Carlos* di Verdi nel 1867 e del *Lohengrin* di Wagner nel 1871, trionfali entrambe per meriti artistici ma anche, come dire? storici. Fortuna musicale a parte, sul momento e poi, i due campioni furono in città, ebbero le loro feste, furono aggregati all'Accademia Filarmonica, e pur non smettendo di coltivare Verdi Bologna si apprestò a diventare la città italiana di Wagner. E quando nel 1873, pochi mesi dopo un concerto commemorativo di Mariani, un giovane rodigino di nome Stefano Gobatti rappresentò al Comunale *I Goti*, tragedia lirica espressamente composta, fu un trionfo: era nato, era apparso il Wagner italiano. Niente da fare, perché di Wagner ce n'è uno solo e il povero Gobatti, pur non privo di meriti, piombò presto nel silenzio e nella miseria.

Meyerbeer, to stand as Verdi's great rival and a different, fashionable, triumphalistic opera composer in perfect tune with the mentality of a finally free populace. It did not last long, since the real rival was on his way, capable condensing all of these innovative features: Wagner. But in the meantime, Verdi held on, and how, and advanced in Italy as in France.

Mediating between the three composers was their first interpreter, the maestro Angelo Mariani. Born in Ravenna and active in Italy and abroad since 1843/44, Mariani was one of the first true conductor-directors, thanks to a personality and musicality that seemed to refound, rather than restore, scores. On 8 November 1860, he applied himself to the *Profeta;* the next year, to Meyerbeer's *Les Huguenots*, a grand opera alternated with four by Verdi (directed by Carlo Verardi); in 1865, the *Africana*, a posthumous work presented at the Comunale a few months after its Paris premiere. An enthusiastic experimenter, Mariani then linked his name to the Italian premieres of Verdi's *Don Carlos* in 1867 and Wagner's *Lohengrin* in 1871, both triumphant for artistic merit but also, how to say it?, historic. Musical fortunes aside, then and later, the two champions were in the city, they had their celebrations, they were admitted to the Accademia Filarmonica and, while continuing to cultivate Verdi, Bologna prepared itself to become the Italian city of Wagner. And when in 1873, a few months after a concert commemorating Mariani, a young composer from the Province of Rovigo by the name of Stefano Gobatti presented *I Goti* at the Comunale, a specially composed lyric tragedy, it was a triumph: the Italian Wagner was born. Alas, since there could be just one Wagner, poor Gobatti, although not without merits, quickly sank into silence and poverty.

p. 135 | 18 ottobre 1924. Manifesto per *Nerone*. Museo internazionale e biblioteca della musica di Bologna.

p. 135 | 18 October, 1924. Poster for *Nerone*. International museum and library of music in Bologna.

Recita 2ª d'Abbonamento (Serie B) — Recita 4ª

TEATRO COMUNALE - BOLOGNA

STAGIONE AUTUNNO 1924

Per iniziativa e sotto il patronato del "RESTO DEL CARLINO„

SABATO **18 OTTOBRE** ALLE ORE **20,30** PRECISE

QUARTA RAPPRESENTAZIONE DI

NERONE

Tragedia in 4 atti: Parole e Musica di **ARRIGO BOITO** (Proprietà G. RICORDI e C.)

NUOVA PER BOLOGNA

PERSONAGGI

Nerone	*Sig. Aureliano Pertile*
Simon Mago	*„ Marcello Journet*
Fanuèl	*„ Benvenuto Franci*
Asteria	*Sig.a Maria Carena*
Rubria	*„ Luisa Bertana*
Tigellino	*Sig. Fernando Autori*
Gobrias	*„ Giuseppe Nessi*
Dositèo	*„ Carlo Walter*
Pèrside	*Sig.a Rina Agozzino*
Cerinto	*Sig. N. N.*
Il Tempiere	*„ Emilio Venturini*
Terpnos	*„ N. N.*
Primo Viandante	*„ Alfredo Tedeschi*
Secondo Viandante . . .	*„ Giuseppe Menni*
Lo Schiavo Ammonitore . .	*„ Aristide Baracchi*

I VARI AGGRUPPAMENTI DEL CORO

Ambubaje – Fanciulle Gaditane – Acclamatori – Cavalieri Augustani – Liberti – Fautori di parte *prasina* – Fautori di parte azzurra – Popolo – Schiavi – Plebe – Senatori – Una compagnia di Artisti Dionisiaci – Tre Decurie di Guardie Germane – Eneatori – Sacerdoti del Tempio di Simon Mago – Matrone – Classiari – Pretoriani – Cristiani – Aurighi della fazione verde – Aurighi della fazione azzurra.

PANTOMIMI, DANZATRICI, APPARITORI

Una *puella Gaditana* – L'Arcigallo – Un venditore d'idoli – Un venditore di tavole votive – Un mercante orientale – Un flamine – L'auriga vincitore – L'auriga vinto – Un lanista – Due Mercurii – Due Caronti – Alcuni Etiopi – Viandanti Lettigarii – Clienti – Servi – Danzatrici Gaditane – Corrieri Mauritani – I due Consoli – Littori – Preconi – Due Tribuni della Plebe – Legionarii – Galli – Greci – Rheti – Indiani – Armeni – Egiziani – Fanciulli patrizii – Fanciulli cristiani Fanciulli Asiatici – Cavalieri – Phalangarii – Matrone – Marinai – Citaredi – Sistrati – Auledi – Ierodull – Flabelliferi – Tre Tempieri – Alcuni Decurioni – Alcuni Centurioni – Guardie Germane – Gladiatori – Alcuni Bestiarii – Istrioni – Sagittari.

Maestro Concertatore e Direttore:

ARTURO TOSCANINI

Maestro del coro: **Vittore Veneziani** - Maestro della Banda: **Oreste Masi** - Direttore di scena: **Ezio Cellini**

Coreografo: **Giovanni Pratesi** - *Prima ballerina:* **Cia Fornaroli** - Scene, costumi ed attrezzi su bozzetti di **Lodovico Pogliaghi**

Direttore generale della messa in scena: **GIOVACCHINO FORZANO**

Scenografo: **Edoardo Marchioro** - Direttore del Macchinario: **Francesco Sartorio** - Capi Macchinisti: **Fratelli Bassi**

Costumi della Sartoria Teatrale CHIAPPA – Attrezzi della Ditta E. RONCATI & C. di SORMANI e TRAGELLA – Calzoleria BERTOLETTI di Milano – Gioielleria della Ditta ANGELO CORBELLA – Parrucchiere ROCCO SARTORIO Piume e Fiori della Ditta VIRGINIA RANZINI – Istrumenti musicali delle Ditte BALBIANI & C. di Milano, BONGIOVANNI, BORSARI di Bologna.

PREZZI PER QUESTA SERA

Poltrone (oltre l'ingresso)	L.	150	
Poltroncine (oltre l'ingresso)	„	120	
Posti distinti (oltre l'ingresso) . . .	„	80	
Palchi di 1° e 2° ordine (centrali) . . .	„	800	(Esauriti)
Palchi di 1° e 2° ordine (di fianco) . .	„	600	
Palchi di 3° ordine	L.	350	
Palchi di 4° ordine (centrali)	„	200	(Esauriti)
Palchi di 4° ordine (di fianco)	„	150	
Palchi di 5° ordine (centrali)	„	100	(Esauriti)
Palchi di 5° ordine (di fianco)	„	80	(uno P. M.)

Ingresso alla Platea e Palchi L. 30 - Ingresso al Loggione L. 15

A tutti i prezzi suesposti verrà applicato l'aumento governativo del 10%, come da R. Decreto 23 Gennaio 1921

IN PLATEA NON VI SONO POSTI IN PIEDI

Prima dell'inizio dello spettacolo il Teatro sarà per un istante oscurato. All'aprirsi del velario tutte le porte d'accesso saranno chiuse, essendo vietato durante l'esecuzione di accedere alla Platea e ai Palchi, e di muoversi dal proprio posto prima della fine di ogni atto.

Gli indumenti e gli altri oggetti depositati alle guardarobe non possono essere ritirati che negli intervalli tra gli atti e alla fine dello spettacolo. – Ragioni d'ordine e d'arte hanno indotto la Direzione a vietare le repliche dei pezzi durante la rappresentazione. Il pubblico è pregato di uniformarsi a tale disposizione. – La biglietteria del Teatro è aperta dalle ore 10 alle 19. – È assolutamente vietato agli spettatori di accedere a qualsiasi posto della sala con cappelli, soprabiti, pelliccie, bastoni, ombrelli e simili. – Per disposizione del Regolamento sulla vigilanza dei Teatri il pubblico può lasciare la sala, alla fine dello spettacolo, da tutte indistintamente le porte d'uscita.

IL TEATRO SI APRE ALLE ORE 19,30 - IL LOGGIONE ALLE 19

Tipografia PARMA - Via 8 Novembre

Dal Sud

Tanti gli operisti e i titoli d'opera presenti al Comunale nel secondo Ottocento, ma due gli interpreti fondamentali loro e della programmazione bolognese. Sono, questi, Mancinelli e Martucci, secondo una felice allitterazione con Mariani. Sotto la guida del centrale Luigi e del meridionale Giuseppe il Comunale conservò l'acquisita fama di teatro all'avanguardia, rispettoso della tradizione ma sempre più sensibile all'aggiornamento. Dal passato ecco l'inossidabile *Norma*, ecco una donizettiana *Linda di Chamounix* più di un *Don Pasquale*, ecco un Rossini sempre più magro e un Verdi sempre più grasso (anche perché ancora produttivo, smagliante cantore di schiave etiopi, mori veneziani e furfanti inglesi). Sull'altro versante, invece, brillò il *Mefistofele* di Boito, nel 1875, sette anni dopo la caduta scaligera, ma poche settimane dopo non brillò, ahilei, la *Luce* del citato Gobatti. Nel 1876 il Comunale recuperò il giovanile *Rienzi* di Wagner, nel 1877 e nel 1878 conobbe finalmente l'*Aida* (il 30 settembre del 1877 uno scoppio di gas danneggiò il soffitto del foyer proprio durante una prova dell'opera egizia) e la *Messa di requiem* di Verdi, nel 1879 (mentre in città nasceva Respighi) riconobbe il *Faust* di Gounod cui aveva già assistito tre volte.

Compositore, violoncellista e direttore d'orchestra, l'orvietano Luigi Mancinelli divenne presto uno dei più quotati rappresentanti italiani della nuova arte della direzione d'orchestra, avvezzo a dirigere a memoria e a reggere le compagini con il pugno di ferro necessario a una visione unitaria della musica e della scena. Dal 1881 al 1886 operò a Bologna, zelante direttore del Liceo musicale, del Teatro Comunale e della cappella di S. Petronio nonché fondatore della locale Società del Quartetto, acclamato concertatore e direttore della generazione intermedia fra Mariani e Toscanini. Come compositore fu uno dei primi italiani interessati a svecchiare l'ambiente da certe convenzioni operistiche e a ringiovanirlo con la linfa del sinfonismo. Non scrisse molto: musiche di scena, l'*Isora di Provenza* (torinese nel 1983 e bolognese nel 1984), durante la permanenza bolognese parecchia musica sacra. Gli succedette

From the South

There were a lot of opera composers and operas at the Comunale in the second part of the nineteenth century, but two interpreters who were fundamental in themselves and for the Bologna programme. These were Mancinelli and Martucci, in a kind of propitious alliteration with Mariani. Led by Luigi from Central Italy and Giuseppe from the South, the Comunale preserved its acquired fame as an avant-garde theatre, respectful of tradition but always sensitive to the new. From the past, the timeless *Norma*, Donizetti's *Linda di Chamounix* and *Don Pasquale*, an ever-thinner Rossini and an ever-fatter Verdi (in part because still productive, a dazzling poet of Ethiopian slaves, Venetian moors and English villains). On the other side instead shone Boito's *Mefistofele* 1875, seven years after its La Scala fail, but a few weeks later, Gobatti's *Luce* was, woe, a flop. In 1876, the Comunale revived Wagner's youthful *Rienzi*, in 1877 and 1878 it finally staged Verdi's *Aida* (30 September 1877, a gas explosion damaged the roof of the foyer during a rehearsal of the Egyptian opera) and his *Messa di requiem* and, in 1879 (the year of Respighi's birth in Bologna), Gounod's *Faust*, which it had already staged three times.

Composer, cellist and conductor, Luigi Mancinelli, born in Orvieto, soon became one of the most highly regarded Italian representatives of the new art of orchestra direction, trained to direct from memory and lead the team with the iron first needed for a unitary vision of music and stage. Active in Bologna from 1881 to 1886, he was the zealous conductor of the Liceo Musicale, the Teatro Comunale and the chapel of S. Petronio as well as founder of the local Società del Quartetto, acclaimed conductor and director from the generation between Mariani and Toscanini. As a composer, he was one of the first Italians interested in modernising the scene, casting off certain conventions, and injecting new life into it with symphonism. He did not write much: incidental music, *Isora di*

COMUNE DI BOLOGNA

TEATRO COMUNALE

STAGIONE PRIMAVERILE DI CONCERTI

MAGGIO - GIUGNO 1931 - A. IX E. F.

SABATO 16 MAGGIO 1931 - IX - Ore **21,15**

2° CONCERTO COMMEMORATIVO

DI

GIUSEPPE MARTUCCI

DIRETTO DA

ARTURO TOSCANINI

con la partecipazione del pianista **Maestro** ADRIANO ARIANI

PROGRAMMA

MARTUCCI . . . . . . - 2ª Sinfonia in fa magg. (op. 81)

Allegro moderato
Scherzo
Adagio ma non troppo
Allegro

" . . . . . . - Concerto in si bem. min. (op. 66)
per pianoforte e orchestra

Allegro giusto
Larghetto
Finale

" . . . . . . - *a)* Notturno
- *b)* Novelletta

" . . . . . . - Tarantella

ORCHESTRA DEL SINDACATO ORCHESTRALE DI BOLOGNA

PREZZI SERALI

Poltrone (oltre l'ingresso)	L. 75
Poltroncine (oltre l'ingresso)	esaurite
Posti distinti (oltre l'ingresso)	" 35
Sedie numerate di palcoscenico (oltre l'ingresso)	" 15
Sedie non numerate di palcoscenico (compr. l'ingresso)	" 25
Posti numerati di loggione (oltre l'ingresso)	esauriti

Palchi di 1° e 2° ordine	centrali (oltre l'ingresso)	L. 350
	laterali (oltre l'ingresso)	" 300
Palchi di 3° ordine	centrali (oltre l'ingresso)	esauriti
	laterali (oltre l'ingresso)	" 200
Palchi di 4° ordine	centrali (oltre l'ingresso)	esauriti
	laterali (oltre l'ingresso)	" 120
Palchi di 5° ordine	(oltre l'ingresso)	esauriti

Ingresso alla platea, al palcoscenico e ai palchi di 1°, 2°, 3° e 4° ordine L. 25
Ingresso al loggione e ai palchi di 5° ordine . . . . . . L. 10

Tutti i prezzi indicati devono essere aumentati del 10 per cento per tassa erariale.

Il Camerino del TEATRO COMUNALE (Telefono 26-280) è aperto, per la vendita dei biglietti, dalle ore 10 in avanti

In teatro non vi sono posti in piedi. - E' vietato l'accesso alla sala dopo l'inizio della esecuzione
Gli ingressi al teatro e al loggione si aprono alle ore 20,30 - In platea e nei palchi è prescritto l'abito nero.

Tip. LUIGI PARMA - Bologna, Via Tre Novembre 7

Provenza (Turin in 1883, Bologna in 1884) and while in Bologna a lot of religious music. He was succeeded by the Campanian Giuseppe Martucci: in Naples, he studied piano under Beniamino Cesi and then he devoted himself to giving concerts and teaching, becoming director of the Liceo and Theatre of Bologna in 1886 (and of the Conservatory of Naples in 1902). As a pianist, he was admired by Liszt and Rubinstein; as a composer, he was one of the first, along with Sgambati and Bossi, to favour the revival of Italian instrumental music. A talented, modern conductor, in Bologna he conducted a staggering series of symphonic concerts.

In the meantime, April 1883 brought the event of events: the entire *Ring* cycle by Wagner, a prologue and three days with four consecutive performances conducted by Anton Seidl on behalf of Angelo Neumann, conductor of the Leipzig theatre who, after having staged the tetralogy in Leipzig for the first time after the premiere in Bayreuth (1876), organized an Italian tour including Venice, Bologna and so on, ending in Rome. The glorious *Ballo Excelsior* by Manzotti and Marenco exploded in 1888, the same year as *Tristano e Isotta* conducted seven times by Martucci and Faccio. Puccini's jubilant *Manon Lescaut* was staged on 4 November 1893, nine months after its Turin premiere, and two years later came the Genoa premiere of Franchetti's *Cristoforo Colombo* (conducted by the young Toscanini). Mantucci included a lot of Wagner in his concert programmes, sometimes even to the exclusion of all else, but the Comunale did not forget its origins: while in 1888 it had revived Gluck's *Alceste*, in 1898 it did the same for *Orfeo ed Euridice*. Thanks to its good memory, of course, but also that of the firm Cesari Luigi e C. Agente, since 1897.

No mere curiosity: on 6 April 1900, Martucci conducted Paisiello, Beethoven, Schumann, Wagner and Bach's *Concerto per tre cembali in re min.*, at the piano in counterpoint with three emerging students, Bruno Mugellini, Guido Alberto Fano and Filippo Ivaldi.

il campano Giuseppe Martucci: a Napoli studiò pianoforte nella classe di Beniamino Cesi e poi si diede alla carriera concertistica e didattica, assumendo nel 1886 la direzione del Liceo e del Teatro di Bologna (nel 1902 quella del Conservatorio di Napoli). Come pianista fu apprezzato da Liszt e da Rubinstein; e come autore fu tra i primi, con Sgambati e Bossi, a favorire la rinascita dello strumentalismo italiano. Direttore d'orchestra capace e aggiornato, a Bologna diresse un'impressionante serie di concerti sinfonici.

Intanto l'aprile del 1883 aveva recato l'evento degli eventi: tutto l'*Anello del Nibelungo* di Wagner, un prologo e tre giornate in quattro rappresentazioni consecutive dirette da Anton Seidl per conto di Angelo Neumann, direttore del teatro di Lipsia che, dopo aver messo in scena la tetralogia a Lipsia per la prima volta dopo la primissima di Bayreuth (1876), organizzava una *tournée* italiana toccante Venezia, Bologna e via dicendo fino a Roma. Il glorioso *Ballo Excelsior* della ditta Manzotti-Marenco esplose nel 1888, lo stesso anno del *Tristano e Isotta* diretto sette volte da Martucci e Faccio. L'esultante *Manon Lescaut* di Puccini giunse il 4 novembre del 1893, nove mesi dopo la prima torinese, e due anni dopo la prima genovese giunse anche il *Cristoforo Colombo* di Franchetti (sotto le mani del giovane Toscanini). Molto Wagner programmava Martucci nei suoi concerti, a volte anche esclusivi d'altro, ma il Comunale non dimenticava le sue origini: se nel 1888 aveva riaccolto l'*Alceste* di Gluck, nel 1898 riaccoglieva *Orfeo ed Euridice*. Grazie alla sua buona memoria, s'intende, ma anche a quella dell'impresa Cesari Luigi e C. Agente dal 1897.

Non mera curiosità: il 6 aprile del 1900 Martucci diresse Paisiello, Beethoven, Schumann, Wagner e il *Concerto per tre cembali in re min.* di Bach, ai pianoforti contrappuntando con tre emergenti allievi come Bruno Mugellini, Guido Alberto Fano e Filippo Ivaldi.

Brief at Length

The outbreak of World War I? The rise of fascism and perhaps the abuse of Toscanini? Or instead the end of World War II? It is difficult, in the context of Italy, to subdivide the history of Bologna in the first half of the twentieth century (certainly no different than elsewhere, excepting the slap, thankfully), its episodes and relative documents abundant as never before. Perhaps brief, as has been said, for the way things overlapped, indeed bore down, but in this sense, which is to say in terms of the documentation for studying and organising the twentieth century, it was the longest century in history. And so, a synthesis of a synthesis, even to the detriment of comparison with other cities and other theatres that could teach much.

The Comunale, with solid fame as an avant-garde theatre based on priority afforded to Wagner and similar, continued its history of capability and quality, quickly -sometimes very quickly- staging the Milan, Rome and Turin premieres with excellent or highly worthy musicians. The nineteenth century ended with Puccini's *Tosca*, in twelve performances starting on 17 November, the premiere having taken place at the Costanzi in Rome on 14 January: sung by Enrico Caruso, Ada Giachetti (Enrico's companion) and Eugenio Giraldoni; conducted by Leopoldo Mugnone; managed once again by Cesari. On 27 January 1901, Verdi died in Milan, and on 25 February, the Comunale dedicated a concert to him organised by the Liceo Musicale: his *Stabat Mater* and other works were performed by the Società Orchestrale Bolognese, the annexed Corpo Corale, three chorus masters, a soprano and a mezzo soprano, conducted by Martucci,

p. 137 | 16 maggio 1931. Manifesto per il secondo concerto commemorativo di Giuseppe Martucci diretto da Arturo Toscanini. Teatro Comunale di Bologna – Fondazione.

p. 138 | 27 maggio 1942. Manifesto per *Il conte Ory*. Museo internazionale e biblioteca della musica di Bologna.

p. 137 | 16 May, 1931. Poster for the second memorial concert for Giuseppe Martucci, conducted by Arturo Toscanini. Teatro Comunale in Bologna – Fondazione.

p. 138 | 27 May, 1942. Poster for *The Count Ory*. International museum and library of music in Bologna.

CITTA' DI BOLOGNA (ENTE AUTONOMO)

TEATRO COMUNALE

In abbonamento
Serie **B**

STAGIONE LIRICA AUTUNNALE

OTTOBRE - NOVEMBRE 1947

VENERDI 28 NOVEMBRE 1947 - Ore 20,45 prec.

SPETTACOLO DI CHIUSURA DELLA STAGIONE LIRICA AUTUNNALE

CON LA SECONDA RAPPRESENTAZIONE DI

BELFAGOR

Commedia lirica in un prologo, due atti, un epilogo di C. Guastalla per la musica di O. RESPIGHI (Edizione Ricordi)

PERSONAGGI E INTERPRETI

L'Arcidiavolo Belfagor (al secolo: sig. Ipsilonne) - MARIANO STABILE
M.o Mirocleto, unguentario emerito e speziale - CARLO BADIOLI
La sua consorte, Madonna Olimpia . . . - ANGELICA CRAVCENCO
Le sue figliuole:
Candida . . . . - MARIA MINETTO
Fidelia . . . . - ADELINA FIORI
Maddalena . . . . - RENATA VILLANI
Il marinaio Baldo . . . . . . - VASCO CAMPAGNANO
L'Arciprete Don Biagio . . . . . - MARIO ZANA
La sua serva Menica . . . . . - LOLA PEDRETTI
Due vagabondi:
Un vecchio . . . . - GINO LATEUIRAL
Un ragazzo . . . . - GIANNA BIROLO

Il Maggiordomo del signor Ipsilonne - gli invitati - i paesani - tre camerieri - il Barone di Miramonte - il Conte di Valfiorita - Alichino e altri servi

In un paese del litorale toscano. Quando non tutti i diavoli portavan le corna

Maestro Concertatore e Direttore d' Orchestra:

GIANANDREA GAVAZZENI

Maestro del coro: **Ferruccio Milani** — *Regista:* **Domenico Messina**

Maestri sostituti: **Aristide Giungi - Gaetano Marchese - Nino Verchi** — *M.o rammentatore:* **Luigi Morosini**

Aiuto regista: WLADIMIRO CECCHI — Direttore di scena: GIOVANNI BATTISTA AVONI — Scenotecnico: ROBERTO BASSI

FORNITORI: per le musiche: Case Edit. Ricordi e Carisch di Milano - per le scene: Ercole Sormani di Milano - per i costumi: Casa d'Arte "Firenze" di G. Peruzzi, Firenze - per gli attrezzi e gioielli: Ditta Luigi Tani & F. di Firenze - per le calzature: Ditta Sacchi di Firenze - per le parrucche: Ditta J. De Rossi di Bologna - per gli strumenti musicali: Ditta Borsari & Sarti di Bologna - per le costruz. sceniche: Ditta F.lli Bassi di Bologna

PREZZI

Poltrone	L. 1.000
Poltroncine	„ 750
Loggione numerato 1. e 2. fila .	„ 200
Altre file .	„ 150
(Compreso ingresso e tasse)	
Palchi di 1. e 2. ordine . . .	L. 2600
Palchi laterali di 1. e 2. ordine .	„ 2000
Palchi laterali di 3. ordine .	„ 1.600

Palchi centrali di 4. ordine . .	L. 1.600
Palchi laterali di 4. ordine . .	„ 1.050
Palchi centrali di 5. ordine . .	„ 550
Palchi laterali di 5. ordine . .	„ 350
(Tasse comprese - Oltre l'ingresso)	
Ingresso ai palchi	L. 250
Ingresso loggione	„ 100

Il botteghino del teatro é aperto ogni giorno dalle ore 10 alle 12,30 e dalle ore 15,30 alle 19

In platea non vi sono posti in piedi — *A spettacolo iniziato è vietato l'accesso alla sala*

Tipografia VIGNI & RIZOLI - Bologna

Lungamente breve

Lo scoppio della prima guerra? L'avvento del Fascismo e magari l'oltraggio a Toscanini? Oppure la fine della seconda guerra? È difficile, nel contesto nazionale, suddividere la cronaca cittadina del primo mezzo Novecento a Bologna (certo non poi diversamente che altrove, schiaffo a parte e per fortuna), perché gli avvenimenti abbondarono e i relativi documenti abbondano come mai in precedenza. Forse breve, come s'è detto, per il sovrapporsi, addirittura il precipitarsi addosso delle cose, in questo senso, cioè nel senso della documentazione da studiare e ordinare, il XX è il secolo più lungo della storia. Dunque, sia una sintesi della sintesi, anche a discapito di confronti con altri centri e altri teatri che potrebbero insegnare molto.

Il Comunale, robusto di una fama avanguardistica fondata su priorità wagneriane e simili, prosegue la sua storia di capacità e qualità, presto, spesso molto presto raccogliendo le *premières* di Milano, Roma e Torino con interpreti eccellenti o degnissimi. L'Ottocento finisce con la *Tosca* di Puccini, per 12 rappresentazioni dal 17 novembre in poi, la prima essendo stata al Costanzi di Roma il 14 gennaio: cantano Enrico Caruso, Ada Giachetti (di Enrico compagna) ed Eugenio Giraldoni; dirige Leopoldo Mugnone; regge l'impresa ancora il Cesari. Il 27 gennaio del 1901 muore Verdi, a Milano, e il 25 febbraio il Comunale gli dedica un concerto a cura del Liceo Musicale: eseguono il suo *Stabat Mater* e altro la Società Orchestrale Bolognese, l'annesso Corpo Corale, tre maestri di coro e due voci di soprano e mezzosoprano, quel Martucci che sta per lasciare Bologna dopo averla inondata di concerti antologici di tutte le musiche possibili, del presente e del passato prossimo.

Il *Rigoletto* del tardo 1901 reca il nome di un'altra impresa, quella di Giuseppe Belletti (vecchia conoscenza, del resto). Anche l'*Adriana Lecouvreur* di Cilea approda presto ai lidi del Comunale, dal porto di partenza in quel di Milano appena l'anno prima (l'anno, anche, di *Pelléas et Mélisande*, atteso invano fino

who was about to leave Bologna after having inundated it with anthological concerts featuring all possible music from the present and recent past.

The *Rigoletto* of late 1901 bore another name, that of Giuseppe Belletti (an old acquaintance, for that matter). Cilea's *Adriana Lecouvreur* also arrived quickly at the Comunale, coming from Milan just the year before (also the year of *Pelléas et Mélisande*, awaited, however, in vain until 1947). Toscanini was also welcomed, in 1904, thanks to the Società del Quartetto: the programme included Wagner, Beethoven's violin concerto, performed by local wizard Arrigo Serato and moreover, truly unprecedented, the *ouverture* from Mozart's *Marriage of Figaro*. Joyful, and strange, tidings for Puccini's *Madama Butterfly* a year after the La Scala débâcle: it was conducted by Toscanini, who had the courage to make two reforms, bringing in not just any musicians but the most skilled and renowned, even from afar, and blocking access to the theatre to ladies with overly adorned, wide, bulky hair, rousing protest as well as altercations. In this regard, still in 1905, Vittorio Gnecchi's *Cassandra* premiered on 5 December: a star cast, Toscanini at the podium, a 'theatre conductor' worthy of mention by Carlo Muzio; and then attacks, recriminations, lots of press and official stamped paper for Strauss's *Salome*, staged in Dresden four days later, plagiarising and plagiarised one will never know (although the resemblances are there, and still garner surprise).

The world premieres of the time include Mancinelli's *Paolo e Francesca*, the *Semirâma* by the emerging Bologna native Respighi, Puccini's *La rondine* (Italian premiere), the Futurist Francesco Balilla Pratella's *Fabiano*. Standing out among the revivals are Monteverdi's *Orfeo* (in the edition by Giacomo Orefice), Cimarosa's *Il matrimonio segreto*, Orazio Vecchi's *Amfiparnaso* (harmonic comedy, not serious opera), *I nemici* by Guido Guerrini (teacher at the Liceo), Adolfo Gandino's *Imelda* (winner of the 'Cincinnato

al 1947). Benvenuto anche Toscanini, nel 1904, grazie alla Società del Quartetto: in programma Wagner, il concerto per violino di Beethoven affidato a un mago della scuola locale come Arrigo Serato e fra l'altro, davvero inaudito, l'*ouverture* delle mozartiane *Nozze di Figaro*. Buone nuove, e strane, per la *Madama Butterfly* di Puccini l'anno seguente la *débâcle* scaligera: la dirige Toscanini, che ha il coraggio di fare due riforme, evocando strumentisti non qualsifossero ma i più valenti e rinomati del paese, anche da lontano, e impedendo l'accesso a teatro alle signore dai cappelli troppo adorni, larghi, ingombranti e suscitanti proteste nonché alterchi. A proposito, ancora nel 1905, precisamente il 5 dicembre, ha luogo la prima della *Cassandra* di Vittorio Gnecchi: un *cast* di cartello, Toscanini sul podio, una figura di "direttore di scena" degna di essere menzionata nella persona di Carlo Muzio; e poi attacchi, ritorsioni, gran carta stampata e carta bollata con la *Salome* di Strauss, andata in scena a Dresda quattro giorni dopo, plagiante e plagiata non si saprà mai (però le somiglianze ci sono, e sorprendono ancora).

Fra le prime assolute dell'epoca figurano *Paolo e Francesca* di Mancinelli, la *Semirâma* dell'emergente bolognese Respighi, *La rondine* di Puccini (in prima nazionale), il *Fabiano* del futurista Francesco Balilla Pratella. Fra i recuperi spiccano l'*Orfeo* di Monteverdi (nella trascrizione di Giacomo Orefice), *Il matrimonio segreto* di Cimarosa, l'*Amfiparnaso* di Orazio Vecchi (commedia armonica, non melodramma), *I nemici* di Guido Guerrini (docente al Liceo), l'*Imelda* di Adolfo Gandino (opera vincitrice del concorso "Cincinnato Baruzzi"). Più che notevoli i direttori, Gaetano Bavagnoli, Antonio Guarnieri, Gino Marinuzzi, Tullio Serafin, sempre Toscanini; e i cantanti, senza dubbio fra i più famosi del *parterre*. Un caso particolare, di bravura e versatilità, è quello

Baruzzi' competition). Conductors beyond worthy of note, Gaetano Bavagnoli, Antonio Guarnieri, Gino Marinuzzi, Tullio Serafin, still Toscanini, and singers doubtless among the most famous of the *parterre*. A special case of bravura and versatility is that of the mezzo soprano Conchita Supervia, who in November-December 1921 sang first Rossini's *Cenerentola* and then Bizet's *Carmen*. Among the so-to-speak side figures, we find Cesare Razzani, choreographer and stage director for Rossini's *Mosè*, Mario Frigerio theatre conductor of the above-mentioned *Imelda* in 1936, Domenico Messina director from 1936 on.

Special news? The *Leonidoff Russian Ballet* tour in 1921 and, finally, Mozart's *Marriage Figaro* in 1940, for the first time in its 154 years. A white hope? Among the assistant conductors for *Crepuscolo degli dei* in 1935 we find the young Francesco Molinari Pradelli. A memory? Bellini's *Norma*, staged in 1935 to commemorate the author one hundred years after his death, with a first-rate company conducted by Marinuzzi: Gina Cigna, Francesco Merli, Ebe Stignani, Tancredi Pasero. Asking how they might have sung is not to ask entirely in vain: two years later, at the EIAR in Turin, the soprano, mezzo soprano and bass sang the opera again, recording it, and so it can still be heard today (although with a different tenor, Giovanni Breviario, and conductor, Vittorio Gui). And, finally, a scandal: on 14 May 1931, as the conductor entered to conduct a concert, but having refused to play the fascist hymn and royal march, a foolish fascist slapped him across the face and gave him a push, provoking the wrath of Mussolini himself: the conductor was the sixty-four-year-old Toscanini, who then left Italy until the end of the regime and the war.

p. 140 | 28 novembre 1947. Manifesto per *Belfagor*. Teatro Comunale di Bologna – Fondazione.

p. 143 | 15 novembre 1950. Manifesto per *Il trovatore*. Museo internazionale e biblioteca della musica di Bologna.

p. 140 | 28 November, 1947. Poster for *Belfagor*. Teatro Comunale in Bologna – Fondazione.

p. 143 | 15 November, 1950. Poster for *Il trovatore*. International museum and library of music in Bologna.

CITTA' DI BOLOGNA

TEATRO COMUNALE

(Ente Autonomo)

Vale l'abbonamento completo

STAGIONE LIRICA AUTUNNO 1950

Mercoledì 15 novembre 1950 alle ore 21 prec.

SERATA A PREZZI POPOLARI

IL TROVATORE

Dramma in 4 parti di S. Cammarano - Musica di GIUSEPPE VERDI (Propr. Ricordi)

PERSONAGGI E INTERPRETI

Il Conte di Luna . . .	CARLO TAGLIABUE
Leonora	CATERINA MANCINI
Azucena	*EBE STIGNANI*
Manrico	JOSE' SOLER
Ferrando	LUCIANO NERONI
Ines	ILIA TOMESANI
Ruiz	MARIANO CARUSO
Un vecchio zingaro . . .	ALFONSO NANNI
Un messo	ERMINIO BENATTI

Compagne di Leonora - Familiari del Conte - Uomini d'arme - Zingari e Zingare

---

Maestro Concertatore e Direttore d'Orchestra

FRANCESCO MOLINARI PRADELLI

Maestro del coro: **ARISTIDE GIUNGI** *Regista:* **CARLO PICCINATO**

Maestri collaboratori: **L. Bianchi-Rosa - A. Brainovich - P. Margarito**

M.o rammentatore: L. MOROSINI - *Aiuto regista:* A. CARBONI

ORCHESTRA E CORO DEI SINDACATI BOLOGNESI

Bozzetti e scene di ERCOLE SORMANI

Direttore di scena: L. RONCARATI *Direttore dei macchinisti:* ROBERTO BASSI *Capo sarto:* A. DE MARNI

FORNITORI: Costumi: Casa d'Arte Cerratelli di Firenze - Attrezzi: Tani di Firenze - Calzature: Sacchi di Firenze - Parrucche: J. De Rossi di Bologna - Macchinari: F.lli Bassi di Bologna - Istrumenti: Ricordi & C. di Milano; Borsari-Sarti di Bologna

PREZZI

Poltrone	L. 900	Palchi di III. ordine laterali . .	L. 1.800
Poltroncine	„ 700	Palchi di IV. ordine centrali . .	„ 1.500
Loggione numerato 1. e 2. fila . .	„ 200	„ „ IV. „ laterali . .	„ 1.000
„ „ altre file . . (compreso ingresso e tasse erariali)	„ 100	Palchi di V. ordine centrali . .	„ (Esauriti)
Palchi di I. e II. ordine centrali . .	„ 2.500	„ „ V. „ laterali (oltre l'ingresso) . .	„ (Esauriti)
„ „ I. e II. „ laterali . .	„ 1.800	Ingresso ai palchi	„ 300
Palchi di III. ordine centrali . .	„ (Esauriti)	Ingresso ai palchi di V. ordine . . (tutti comprese tasse)	„ 150

IN PLATEA NON VI SONO POSTI IN PIEDI

La vendita dei biglietti si inizia Lunedì 13 corr. - Orario della biglietteria dalle 10 alle 12,30 e dalle 16 alle 19 e, nei giorni di spettacolo, ininterrottamente dalle 10 in poi (telef. 22999)

A SPETTACOLO INIZIATO È RIGOROSAMENTE VIETATO L'ACCESSO ALLA SALA

Tipografia RIZZOLI - Bologna

del mezzosoprano Conchita Supervía che nel novembre-dicembre del 1921 canta prima *La Cenerentola* di Rossini e poi la *Carmen* di Bizet. Fra le figure per così dire *a latere*, ecco infine Cesare Razzani coreografo e direttore di scena per il *Mosè* di Rossini, Mario Frigerio regista della citata *Imelda* nel 1936, Domenico Messina regista dal 1936 in poi.

Qualche novità? I *Balli Russi Leonidov* in viaggio nel 1921 e, alla buon'ora, *Le nozze di Figaro* di Mozart nel 1940, qui mai eseguite in 154 anni di vita. Una promessa? Fra i maestri sostituti del *Crepuscolo degli dei* nel 1935 compare il giovane Francesco Molinari Pradelli. Una memoria? La *Norma* di Bellini che nello stesso 1935 commemora la scomparsa dell'autore cent'anni dopo, con una compa-

Fallì l'impresa?

This ('the endeavour failed') is what Don Alvaro, in Piave and Verdi's *Forza del destino*, was supposed to sing, thinking back to his parents' noble plans in the recitative before the romance 'O tu che in seno agli angeli', but since the phrase (which in Italian can also mean 'the company failed') would have been bad luck for any endeavour or impresario or company, whatever you want to call it, it was changed to 'it was a vain endeavour' ('fu vana impresa'). Since before the rise of artistic directors, general directors, artistic consultants and musical directors, opera seasons were created by, simply, impresarios. How, at the Comunale of Bologna, until the late twentieth century?

tro Comunale - Bologna
DEL GIORNO
BOLOGNA
TEATRO COMUNAL
ENTE AUTONOMO
STAGIONE LIRICA UFFICIALE
6 NOVEMBRE 1958 - 4 GENNAIO 1959
Giovedì 13 novembre 1958 - ore 21 precise
COMMEMORAZIONE PUCCINIANA
IN SERATA DI GALA
ANCIULLA DEL WEST
Opera in tre atti di Guelfo Civinini e Carlo Zangarini (dal dramma di David Belasco)
Musica di GIACOMO PUCCINI
(proprietà Ricordi)
Minnie
Jack Rance, sceriffo
Dick Johnson (Ramerrez)
Nick, cameriere della Polka
Sonora
Trin
Sid
Bello
Harry
Joe
Gigliola Frazzoni
Giangiacomo Guelfi
Roberto Turrini
Franco Ricciardi
Silvio Maionica
Giorgio Giorgetti
Vittorio Pandano
Armando Manelli
Igino Zangheri
Angelo Mercuriali
Cesare Masini Sperti
Franco Bordoni
Virgilio Carbonari
Gino Calò
Lola Pedretti
Silvio Maionica
Gino Calò
Fioro Ferrari
meticcio della banda Ramerrez
Uomini del campo
in California - Un campo di minatori, nei giorni della febbre dell'oro
CONCERTATORE E DIRETTORE D'ORCHESTRA
CO CAPUANA
NNINI
Regista: ALDO MIRABELLA VASSA
Assistente regista: ALDO CARBONI
PREZZI
E' gradito l'abito da sera

gnia di prim'ordine guidata da Marinuzzi: Gina Cigna, Francesco Merli, Ebe Stignani, Tancredi Pasero. Come avranno cantato non è proprio domanda vana: due anni dopo all'EIAR di Torino il soprano, il mezzosoprano e il basso ricantarono l'opera registrandola, insomma permettendole di risuonare ancor oggi (diversi il tenore, Giovanni Breviario, e il direttore, Vittorio Gui). E infine una vergogna: quando, il 14 maggio 1931, al direttore che stava entrando per dirigere un concerto ma s'era rifiutato di far suonare l'inno fascista e la marcia reale uno stolto fascista diede uno schiaffo e uno spintone, suscitando l'ira di Mussolini stesso; e il direttore era il sessantaquattrenne Toscanini, che poi lasciò l'Italia fino alla fine del regime e della guerra.

The age of sovereign munificence superseded (typical in any case of capitals with courts), it was an age of individual figures, businessmen, career men, theatre men, certainly possessed of instinct, possibly skill, almost all names lost in the void, and already back then, probably, without much history.

Unlike today when everything and everyone is specified, these impresarios are documented in individual operas, not individual seasons (unless the records are to be interpreted as recording the names for one production, the others being implied). Domenico Lanza is documented in 1764, but still in 1768, like a patron of the past, it was the Marquess Giuseppe Zagnoni acted as impresario. Other names follow: Valentino Masieri, Luigi Becchetti, Carlo

Fallì l'impresa?

È così che don Alvaro, nella *Forza del destino* di Piave e Verdi, doveva cantare ricordando i regali progetti dei genitori nel recitativo precedente la romanza «O tu che in seno agli angeli», ma siccome la frase era di malaugurio per ogni impresa o impresario o impresariato d'opera che dir si volesse, dovette ripiegare su «Fu vana impresa». Perché prima dell'avvento dei direttori artistici, dei sovrintendenti, dei consulenti artistici, dei direttori musicali a costruire le stagioni d'opera erano, semplicemente, gli impresari. Come, al Comunale di Bologna, fino al '900 avanzato? Passati i tempi della munificenza sovrana (tipici comunque delle capitali con corte), a provvedere erano singoli personaggi, uomini d'affari, uomini in carriera, uomini di teatro, dotati di fiuto certo e di competenza forse, nomi quasi tutti scomparsi nel nulla, e già allora, probabilmente, senza troppa storia.

Diversamente dagli usi odierni che specificano tutto e tutti, quegli impresari sono rimasti documentati alle singole opere, non alle singole stagioni (a meno che le testimonianze non intendessero fare certi nomi una volta per tutte, cioè una volta per sottintendere altre volte): Domenico Lanza è documentato nel 1764, ma ancora nel 1768, a mo' di antico mecenate, fa da impresario il marchese Giuseppe Zagnoni. Seguono altri nomi: Valentino Masieri, Luigi Becchetti, Carlo Berti per questa o quell'opera, e solo all'inizio dell'800 alcuni nomi cominciano a restare più anni, Luigi Antonini dal 1801 al 1804, Carlo Redi dal 1822 al 1825 e poi ancora nel 1836 e 1839, Alessandro Lanari dal 1836 al 1859 in più occasioni (spesso anche come responsabile solo del vestiario), fino al famoso Luigi Scalaberni che dal 1864 in poi presiedette anche al famoso *Lohengrin* del 1871. Altri nomi nel Novecento, come Enea Pasquali che nel 1917 collaborò con Sonzogno per *La rondine* di Puccini. A volte gli impresari sono due, magari anche tre, certo per difendersi dai citati e non rari fallimenti: nel 1840, per esempio, è segnato prima Carlo Baldini e poi Antonio Brunetti, cioè l'uno dopo e non insieme con l'altro.

Berti for this or that opera, and it was not until the beginning of the nineteenth century that a few names began to persist for longer periods, Luigi Antonini from 1801 to 1804, Carlo Redi from 1822 to 1825 and then again in 1836 and 1839, Alessandro Lanari from 1836 to 1859 on multiple occasions (often also as in charge solely of the costumes), up to the famed Luigi Scalaberni who from 1864 on also presided over the celebrated *Lohengrin* of 1871. Other names in the twentieth century, like Enea Pasquali who collaborated with Sonzogno in 1917 on Puccini's *La rondine*. Sometimes there were two, or even three, impresarios, undoubtedly a defence against the above-noted and frequent failures: in 1840, for example, Carlo Baldini is recorded first, then Antonio Brunetti - so one after the other and not together.

But the idea that an opera venture was also perceived as a trouble, danger, a risk or even as a tool of personal power is confirmed by the dizzying number of collectives: a Società di Cantanti e Ballerini stands out from 1779 on, then, in 1799, an Impresa del Governo, then a Società dei Suonatori o dei Cantanti o dei Signori, a 'Società dei Signori e intera Orchestra' in 1842 (Carlo Alberto Cappelli managing the theatre) and more simply Professori d'orchestra in 1848. The agreeable Società del dottor Balanzone in 1875, followed, in the twentieth century, by the Società cittadina, the Società Corale Euridice, the Società Corale Orfeonica, the Comitato cittadino and, finally, in fateful 1935, the more austere Gestione del Comune di Bologna. After the war, while still making use of various (like Emilio Ragazzini) and often obscure impresarios, the institutional figure of general director appeared: Riccardo Nielsen from 1946 to 1950 and Pino Donati from 1950 to 1956.

A Strange Repertoire and Permanent Orchestra

Strange to say, Leoncavallo's *Pagliacci*, which stood as a manifesto of Verismo at its 1892 Milan premiere and had acquired

Ma che un'impresa d'opera fosse avvertita anche come una grana, un pericolo, un rischio, o anche uno strumento di potere personale, è dimostrato dagli invero numerosi casi di collettività: fin dal 1779 spicca una Società di Cantanti e Ballerini, poi nel 1799 una Impresa del Governo, quindi una Società dei Suonatori o dei Cantanti o dei Signori, una «Società dei Signori e intera Orchestra» nel 1842 (reggendo il teatro Carlo Alberto Cappelli) e più semplici Professori d'orchestra nel 1848. Simpatica la Società del dottor Balanzone nel 1875, cui seguono, nel pieno Novecento, la Società cittadina, la Società Corale Euridice, la Società Corale Orfeonica, il Comitato cittadino, e infine, nel fatale 1935, la più austera Gestione del Comune di Bologna. Finita la guerra, pur sempre servendosi di impresari diversi (come Emilio Ragazzini) e spesso oscuri, finalmente compaiono le figure istituzionali dei sovrintendenti: Riccardo Nielsen dal 1946 al 1950 e Pino Donati dal 1950 al 1956.

Strano repertorio e orchestra stabile

Strano a dirsi, quei *Pagliacci* di Leoncavallo che dalla prima milanese del 1892 costituivano il manifesto del Verismo e avevano acquisito enorme popolarità al Comunale arrivarono solo nel 1945, poche settimane dopo la Liberazione: l'8 giugno, in coppia con la solita *Cavalleria rusticana* e prima di una *Madama Butterfly* che doveva sospendere

enormous popularity at the Comunale, was not staged there until 1945, a few weeks after the Liberation: 8 June, paired as usual with *Cavalleria rusticana* and the premiere of a *Madama Butterfly* that suspended the theatre's activity. The curtain did not open again until 22 October 1946, with a father of the nation, Verdi, an epic opera, *Nabucco* and the most famous chorus in the world, the plaintive but always melodious prisoners of the third act, freed in the fourth. Other local premieres followed: *Così fan tutte*, *Pelléas et Mélisande*, *Fidelio*, *The Abduction from Seraglio*, *Der Freischütz*, *Fedora*; world premieres like Luigi Ferrari Trecate's *Buricchio* and Guido Guerrini's *L'arcangelo*; works outside the repertoire like Respighi's *Belfagor*; single-composer concerts for Beethoven, Strauss, Schönberg and Martucci; with such conductors as Molinari Pradelli, Giulini and Cantelli, pianists like Cortot, Proietti, Benedetti Michelangeli and Gieseking, various musicians like the violinist Menuhin, the cellist Oblach, the guitarist Segovia, and singers like Di Stefano, Taddei, Tebaldi and Simionato.

1949 was a concert-centric year, featuring seventeen programmes sometimes opened by 'old' revisited pieces (Monteverdi by Malipiero, Bach by Gui, Frescobaldi by Ghedini) and a ballet programme drawn from La Scala. Opera returned in November and December, with six titles and an impressive twenty-three performances, a true au-

p. 144 | 29 novembre 1957. Gigliola Frazzoni e Gianni Raimondi, *La bohème*. Direttore d'orchestra: Armando La Rosa Parodi. Regia: M. Lanfranchi.

p. 145 | 13 novembre 1958. Gigliola Frazzoni, *La Fanciulla del West*. Direttore d'orchestra: Franco Capuana. Regia: A. Mirabella Vassallo.

p. 146 | 22 ottobre 1959. Stagione Sinfonica Autunnale. Terzo concerto di Igor Stravinskij.

p. 149 | 16, 21 dicembre 1960. Nicola Rossi Lemeni, *Boris Gudonov*. Direttore d'orchestra: Oliviero De Fabritiis. Regia: M. Sablijc.

p. 144 | 29 November, 1957. Gigliola Frazzoni and Gianni Raimondi, *La bohème*. Orchestra's conductor: Armando La Rosa Parodi. Direction: M. Lanfranchi.

p. 145 | 13 November, 1958. Gigliola Frazzoni, *La Fanciulla del West*. Orchestra's conductor: Franco Capuana. Direction: A. Mirabella Vassallo.

p. 146 | 22 October, 1959. Fall Symphonic Season. Third concert of Igor Stravinsy.

p. 149 | 16 and 21 December, 1960. Nicola Rossi Lemeni, *Boris Gudonov*. Orchestra's conductor: Oliviero De Fabritiis. Direction: M. Sablijc.

l'attività del teatro. Solo il 22 ottobre del 1946 si riaprì il sipario, con un padre della nazione come Verdi, un'opera epica come *Nabucco*, il coro più famoso del mondo, i lamentosi ma sempre canori prigionieri del terzo atto liberati nel quarto. In seguito, altre prime locali: *Così fan tutte*, *Pelléas et Mélisande*, *Fidelio*, *Il ratto dal serraglio*, *Il franco cacciatore*, la stessa *Fedora*; prime assolute come il *Buricchio* di Luigi Ferrari Trecate e *L'arcangelo* di Guido Guerrini; opere fuori repertorio come il *Belfagor* di Respighi; concerti monografici per Beethoven, Strauss, Schönberg e Martucci; con il contributo di direttori come Molinari Pradelli, Giulini e Cantelli, pianisti come Cortot, Proietti, Benedetti Michelangeli e Gieseking, strumentisti vari come il violinista Menuhin, il violoncellista

tumn season that would repeat in 1950 and 1952. In 1951, Opera popped up early, with a spring season and then another autumn one, ending with Pergolesi's *Lo frate 'nnamorato*, but with the title changed to the unambiguous *Il fratello innamorato* ('The brother in love') and so not subject to prurient misinterpretation (the original title was meant to mean 'the brother in love' but can be misread as 'the friar in love' due to regional differences). In 1952, the chorus master of the growing chorus (now numbering seventy) was the great Gianni Lazzari, who later became a fixture and very productive at RAI; he remained until 1955, joined in 1954 by Bruno Pizzi, who remained until 1959 in alternation with

Oblach, il chitarrista Segovia, cantanti come Di Stefano, Taddei, Tebaldi e Simionato.

Il 1949 passa molto concertistico, con 17 programmi a volte aperti da pezzi "antichi" rivisti (Monteverdi da Malipiero, Bach da Gui, Frescobaldi da Ghedini) e un programma ballettistico di provenienza scaligera; l'opera riprende la scena in novembre e dicembre, con sei titoli e ben 23 spettacoli, vera e propria stagione d'autunno che si ripeterà nel 1950 e nel 1952. Nel 1951 la lirica fa capolino presto, con una stagione di primavera e poi un'altra d'autunno terminante con *Lo frate 'nnamorato* di Pergolesi dal titolo tradotto, *Il fratello innamorato*, e quindi non passibile di pruriginoso fraintendimento. Nel 1952 come maestro di un coro crescente (oggi ammontante a 70 elementi) fa capolino un grande nome, quello di Gianni Lazzari poi stabile e tanto produttivo alla RAI; e resta fino al 1955, raggiunto già nel 1954 da Bruno Pizzi che resterà fino al 1959 alternandosi a Vincenzo Giannini presente dal 1956 al 1958. Importante il 1953, se non per altro per l'avvento, sul podio, di una leggenda della concertazione, l'arte di Sergiu Celibidache. In estate il Comunale si trasferisce a Rimini per due opere e quattro concerti, ma la stagione rimane autunnale potendo vantare la prima bolognese di *Don Giovanni* e del *Fra' Gherardo* di Pizzetti. Notevole la ripresa di un'opera bolognese come *Don Carlos*, primo basso quel Boris Christoff che tornerà a inaugurare la stagione 1954 con *Boris Godunov*. Dopo un'annata concertistica popolata anche da Elisabeth Schwarzkopf, brilla di novità la *Kovàncina* di Musorgskij, primi bassi i bulgari Raffaele Arié (Ivan) e Christoff (Dositeo) accanto a Fedora Barbieri.

Nel 1956 il modello stagionale è fissato, anche grazie al ritorno di un sovrintendente come Cappelli (in carica fino al 1964/65) che costruisce una volta per tutte un'orchestra stabile (oggi ammontante a 95 strumentisti). E il cartellone può annoverare l'Adriana Lecouvreur della

Vincenzo Giannini, there between 1956 and 1958. 1953 was an important year, if only for the rise to the podium of a legendary conductor, Sergiu Celibidache. In the summer, the Comunale moved to Rimini for two operas and four concerts, but the official season remained in autumn, boasting the Bologna premiere of *Don Giovanni* and Pizzetti's *Fra' Gherardo*. The revival of the Bologna opera *Don Carlos* is worthy of note, its lead bass Boris Christoff, who returned to open the 1954 season with *Boris Godunov*. After a concert-heavy year that included Elisabeth Schwarzkopf, Mussorgsky's *Khovanshchina* glittered with innovation, its lead basses the Bulgarians Raffaele Arié (Ivan) and Christoff (Dositeo), alongside Fedora Barbieri.

In 1956, the seasonal model became fixed, in part due to the return of Cappelli as general director (remaining until 1964/65) who established a permanent orchestra once and for all (now numbering ninety-five). The playbill included Olivero's Adriana Lecouvreur, Frazzoni's Minnie, Corelli's Calaf, Rubinstein's Beethoven, Ciccolini's Prokofiev, Gino Brandi's Schumann, the local premieres of the *Queen of Spades* (with Scotto and Pederzini) and the *Magic Flute*, German, French and English ballets, the world premiere of Rossellini's *Guerra* and Liviabella's *Antigone*, concerts at the Giardini Margherita and the Palazzo dello Sport, regional tours as well as in Lausanne. By this point, the figure of the conductor had long been joined by that of the director, and here we find Aldo Mirabella Vassallo, Sandro Bolchi, Enzo Colosimo, Antonello Madau Diaz and Pier Luigi Pizzi. No less important was the chorus master, who of course needed to be permanent: from 1960 to 1968, Gaetano Riccitelli filled the role,

p. 150 | 31 gennaio – 5 febbraio 1967. Adriana Lazzarini, *Carmen*. Direttore d'orchestra: Pierre Dervaux. Regia: Alberto Arbasino. Scene: Vittorio Gregotti. Costumi: Giosetta Fioroni. Maestro del coro: Gaetano Riccitelli.

p. 150 | 31 January - 5 February, 1967. Adriana Lazzarini, *Carmen*. Orchestra's conductor: Pierre Dervaux. Direction: Alberto Arbasino. Set designer: Vittorio Gregotti. Costume designer: Giosetta Fioroni. Chorus master: Gaetano Riccitelli.

Olivero, la Minnie della Frazzoni, il Calaf di Corelli, il Beethoven di Rubinstein, il Prokofiev di Ciccolini, lo Schumann di Gino Brandi, le prime locali della *Dama di picche* (con Scotto e Pederzini) e del *Flauto magico*, balletti tedeschi e francesi e inglesi, la prima assoluta della *Guerra* di Rossellini e dell'*Antigone* di Liviabella, concerti ai Giardini Margherita e al Palazzo dello Sport, *tournées* in provincia e regione ma anche a Losanna. È già tempo, ormai, che accanto alla figura del maestro concertatore compaia quella del regista: ecco allora Aldo Mirabella Vassallo, Sandro Bolchi, Enzo Colosimo, Antonello Madau Diaz, Pier Luigi Pizzi. Né da meno sarà il maestro del coro, che ovviamente dev'essere stabile: dal 1960 al 1968 è Gaetano Riccitelli, con una parentesi di Leone Magiera che più tar-

with Leone Magiera stepping in briefly, later returning twice for a few years.

In 1963/64, the autumn season extended to winter, but there was little opera: the autumn closed with *Parsifal* on 11 December and a concert on the 14th of the same month, winter opened on 4 January with a concert, but then came *La forza del destino* on 3 February, conducted by Molinari Pradelli and directed by Carlo Maestrini. Lots of symphonic music (up to Bennici, Magaloff, Pollini), concerts for elementary and middle schools, a Beijing Opera tour, Celibidache conducting on various occasions (including the Mexican composer Silvestre Revueltas's *Sensemaya*), opera making its return in October with two Puccinis and a Verdi. Carlo Maria Badini

di tornerà ancora due volte per qualche annata.

Con il 1963/64 la stagione d'autunno è anche d'inverno, ma lirica assai poco: chiusa quella autunnale con il *Parsifal* dell'11 e un concerto del 14 dicembre, la nuova comincia il 4 gennaio con un concerto ma il 3 febbraio accoglie già *La forza del destino*, direttore Molinari Pradelli e regista Carlo Maestrini. Molta sinfonica (fino a Bennici, Magaloff, Pollini), concerti per le scuole primarie e medie, una *tournée* dell'Opera di Pechino, diverse presenze di Celibidache (anche a dirigere *Sensemaya* del messicano Silvestre Revueltas),

stepped into Cappelli's shoes as general director: on 20 December 1965, a season that was regular in its own way began with Del Monaco's *Otello*, continued with Cimarosa and Donizetti and created a triptych with Ravel's *L'heure espagnole*, Falla's *El retablo de maese Pedro* and Ghedini's *La pulce d'oro*, all making their Bologna premiere and the first two manifestly translated, until February. There were many concerts in 1965, even *Il canzoniere internazionale dei ribelli* by Sergio Liberovici and directed by Aldo Trionfo and

4 luglio 1971

e l'opera riprende quota solo nell'ottobre con due Puccini e un Verdi. Alla sovrintendenza sostituisce Cappelli Carlo Maria Badini: il 20 dicembre 1965 una stagione a suo modo regolare comincia con l'*Otello* di Del Monaco, prosegue con Cimarosa e Donizetti, compone un trittico con *L'ora spagnola* di Ravel, *Il teatro dei pupi di Mastro Pietro* di Falla e *La pulce d'oro* di Ghedini, operine in prima bolognese tutte e visibilmente tradotte le prime due, fino a febbraio. Molti i concerti del 1965, perfino *Il canzoniere internazionale dei ribelli* a cura di Sergio Liberovici con la regia di Aldo Trionfo e un *recital* dell'*habitué* Rubinstein. L'opera riprende in autunno e finalmente stabilisce una periodicità destinata a resistere nel tempo: fino al 1966 avanzato con Humperdinck, Debussy, l'indimenticato *Lohengrin*, un dittico di Bartók e Dallapiccola, mescolandosi alla sinfonica e aprendosi al sacro della *Missa solemnis* di Beethoven e del *Messiah* di Händel. E il Barocco di Monteverdi e Scarlatti? E la generazione dell'Ottanta con Pizzetti, Malipiero e Casella (a parte il bolognese Respighi)? E gli austro-tedeschi e i russi del Novecento? In lista d'attesa.

Un Comunale esponenziale

È dal 1964/65 che regge il timone del Comunale Carlo Maria Badini, politico e operatore zelante di testa e di mano che lo reggerà fino al 1977 con l'eventuale consulenza del maestro Valentino Bucchi e poi, dal 1971 al 1977 stesso, di Piero Rattalino. In questi anni il Comunale matura: gli spettacoli comunicano oltre piazza

p. 152 | Pierre Dervaux.

p. 153 | 16 dicembre 1967. Manifesto per *La Fanciulla del West*. Museo internazionale e biblioteca della musica di Bologna. 13 novembre 1971. Manifesto per *Otello*. Museo internazionale e biblioteca della musica di Bologna.

p. 154 | 31 ottobre – 24 novembre 1971. Disegno di Maria Antonietta Gambaro, *Lohengrin*. Direttore d'orchestra: Francesco Molinari Pradelli. Regia: Sandro Sequi. Scene e costumi: Maria Antonietta Gambaro. Maestro del coro: Fulvio Angius.

a recital by the *habitué* Rubinstein. Opera returned in the fall and finally established a lasting rhythm: until late 1966 with Humperdinck, Debussy, the unforgettable *Lohengrin*, a Bartók and Dallapiccola diptych, mixing with symphonic music and embracing religious with Beethoven's *Missa solemnis* and Händel's *Messiah*. And Monteverdi and Scarlatti's Baroque? And the generation of the 80s, Pizzetti, Malipiero and Casella (Bologna native Respighi aside)? And the twentieth-century Austro-Germans and Russians? On the waiting list.

An Exponential Comunale

In 1964/65, Carlo Maria Badini took the helm at the Comunale. A politician and keen of hand and mind, he remained as general director until 1977, with the possible guidance of the maestro Valentino Bucchi and then, from 1971 to 1977, of Piero Rattalino. The Comunale matured during this period: its performances expanded beyond Piazza Verdi, up to the courtyard of the Terribilia and the Archiginnasio, the Teatro La Ribalta and the Teatro Celebrazioni, the churches of S. Domenico and S. Michele in Bosco, the Collegio di Spagna and Parco Nord, the Conservatorio and Piazza Maggiore and the quarters in general; but also outside the city: Ravenna, Siena, Lausanne, Copenhagen, Cairo and Budapest. There were also numerous programmatic cycles: between the two poles of

p. 152 | Pierre Dervaux.

p. 153 | 16 December, 1967. Poster for *La Fanciulla del West*. International museum and library of music in Bologna. 13 November, 1971. Poster for *Otello*. International museum and library of music in Bologna.

p. 154 | 31 October - 24 November, 1971. Drawing by Maria Antonietta Gambaro, *Lohengrin*. Orchestra's conductor: Francesco Molinari Pradelli. Direction: Sandro Sequi. Set and costume designer: Maria Antonietta Gambaro. Chorus master: Fulvio Angius.

Verdi, fino al cortile del Terribilia e dell'Archiginnasio, ai teatri della Ribalta e delle Celebrazioni, alle chiese di S. Domenico e S. Michele in Bosco, al Collegio di Spagna e al Parco Nord, al Conservatorio e a Piazza Maggiore e ai quartieri in genere; e oltre la città, fino a Ravenna, Siena, Losanna, Copenaghen, Il Cairo, Budapest. Numerosi anche i cicli programmatici: fra i due poli dei concerti jazz e delle Feste Musicali ideate da Tito Gotti (popolate da Tagliavini, Ephrikian, Vartolo), accanto alle diverse attività esterne e collaterali, i concerti cameristici e sinfonici sono tanti da doversi suddividere a seconda della stagione in primaverili, estivi e così via, e gli spettacoli di balletto, prima pressoché occasionali, diventano regolari. Bastano *Giselle* e *La Sylphide* con Carla Fracci nel 1967/68?

La stagione lirica, bellamente invernale fra la fine dell'autunno e la primavera, mantiene una sua cifra austera, di particolare concezione straniero-modernistica. Tutto sommato il repertorio classico-romantico scarseggia, se Rossini, Bellini e Donizetti sono presenti con i soliti ma pochi capolavori e lo stesso Verdi, dopo *Rigoletto* e *Traviata* e l'assai bolognese *Don Carlos*, segna un po' il passo. Wagner è sempre il benvenuto, e fra le novità o rarità compaiono opere di Musorgskij, Janáček, Busoni, Šostakovič, Hindemith, Veretti, Weill, Berio. Bel colpo è la *Carmen* di Bizet che troneggia dal 31 gennaio al 5 febbraio del 1967: la dirige Pierre Dervaux, la cantano Adriana Lazzarini e Gastone Limarilli, soprattutto la mette in scena Alberto Arbasino, suscitando un polverone di critiche e chiacchiere grazie a espedienti fra cui il baritono Renato Cesari che canta il torero Escamillo con una E gigantesca sul petto non è certo il più clamoroso (costumi di Giosetta Fioroni, scene di Vittorio Gregotti). Ed è antesignano, un intellettuale e scrittore e teatrante come Arbasino, della rivoluzione registica pronta a conquistare il XX secolo che finisce e il XXI che comincia (finirà, poi?). Senza nulla togliere a registi, scenografi e costumisti di concezione ora conservatrice e più spesso progressista come Beppe Menegatti,

jazz concerts and the Feste Musicali conceived by Tito Gotti (featuring Tagliavini, Ephrikian, Vartolo), alongside various external and side activities, there were so many chamber concerts and symphonic performances that they need to be divided in terms of a spring season, summer season, and etc., and ballet, initially occasional, became a regular part of the programme. Are *Giselle* and *La Sylphide* with Carla Fracci in 1967/68 enough?

The opera season, comfortably concentrated in winter, between late autumn and early spring, maintained its austere character, foreign-modernist in conception. On the whole, the classical-romantic repertoire was in short supply, with Rossini, Bellini and Donizetti present with the usual but few masterpieces and Verdi himself, after *Rigoletto* and *Traviata* and the Bolognese *Don Carlos*, a bit just ticking over. Wagner was always welcomed with open arms, and among the novelties or rarities we find operas by Mussorgsky, Janáček, Busoni, Shostakovich, Hindemith, Veretti, Weill and Berio. Bizet's *Carmen* was a coup, reigning from 31 January to 5 February, 1967: conducted by Pierre Dervaux, sung by Adriana Lazzarini and Gastone Limarilli and, most importantly, staged by Alberto Arbasino, drawing a cloud of criticism and chatter around his use of various ploys, among which the baritone Renato Cesari singing the bullfighter Escamillo with a giant E on his chest was hardly the most sensational (costumes by Giosetta Fioroni, sets by Vittorio Gregotti). Arbasino, intellectual, writer, actor, was a forerunner of the directorial revolution that conquered the twentieth century as it closed and the twenty-first as it began (which, too, will end, and then?). Not forgetting the sometimes conservative, more often progressive directors, set designers and costume designers like Beppe Menegatti, Filippo Crivelli, Sandro Sequi, Piero Zuffi, Ezio Frigerio, Virginio Puecher, Gianfranco De Bosio, Giorgio Marini, Pasquale Grossi and Filippo Sanjust.

p. 157 | 27 ottobre 1972. Andrés Segovia. Concerto.

p. 157 | 27 October, 1972. Andrés Segovia. Concert.

ENTE AUTONOMO TEATRO COMUNALE - BOLOGNA

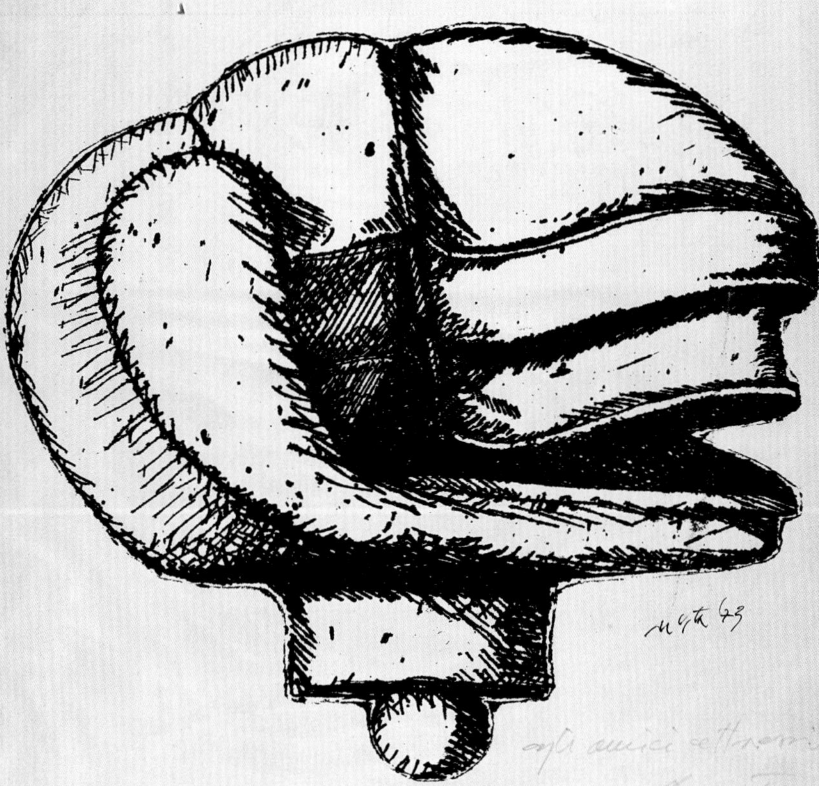

STAGIONE LIRICA 1973-74

15-18-21-23-26 dicembre

SERGHEJ PROKOFIEV

L'ANGELO DI FUOCO

Maestro Concertatore Direttore
ZOLTAN PESKO

Regìa
VIRGINIO PUECHER

Allestimento scenico e costumi
LUCIANO DE VITA

Filippo Crivelli, Sandro Sequi, Piero Zuffi, Ezio Frigerio, Virginio Puecher, Gianfranco De Bosio, Giorgio Marini, Pasquale Grossi, Filippo Sanjust.

E ora qualche caso per una ragione o per l'altra superiore alla media, in un panorama che come maestro del coro vede e vedrà Fulvio Angius dal 1968 al 1973 e dal 1983 al 1987, Fulvio Fogliazza dal 1972 al 1982, Leone Magiera dal 1980 al 1982, Giovanni Acciai nel 1982. Nella stagione 1967/68, oltre all'imprevisto Donizetti della *Pía de' Tolomei*, due capolavori verdiani con due giovani baritoni bolognesi: in *Aída* canta Dino Dondi, nativo di Casalecchio di Reno, già Nabucco e Rodrigo, ben piazzato anche alla Scala; e in *Rigoletto*, al posto dello scritturato Peter Glossop, ha successo Franco Bordoni, bella voce spesso ospite del Comunale (dei personaggi della *Bohème* passando da Colline a Schaunard e quindi a Marcello). Il 1968/69 squaderna un grande *Don Carlos* con un concittadino di classe e gioventù come Ruggero Raimondi e un allestimento dei *Puritani* di Bellini dove Luciano Pavarotti fa faville accanto a Mirella Freni. Seguono *Wozzeck*, la bella *Turandot* di Luciano De Vita, *La rondine* di Puccini con la regia di Raoul Grassilli (opera, si sa, data in prima a Bologna nel 1917), concerti di Riccardo Muti e Giorgio Zagnoni, un *Lohengrin* in italiano (uno degli ultimi, forse, ma certo non in senso qualitativo), la raggiante *Figlia del reggimento* cantata dalla Freni, il *Billy Budd* di Britten. Fra tanto, due picchi ulteriori sono una novità assoluta e un allestimento nuovissimo: *Per Massimiliano Robespierre* di Giacomo Manzoni, quattro recite fra il 17 e il 25 aprile del 1975 per la regia di Puecher; e il *Faust* di Gounod, nove recite fra il 13 e il 28 febbraio 1976 magnificamente cantate da Raimondi, Freni, Prior sotto la bacchetta di Reynald Giovaninetti. Ronconi il regista, Pizzi lo scenografo e costumista: uno spettacolo memorabile, grandoperistico e terrificante, quasi più goethiano che gounodiano.

Nel 1977 a Badini succede Giorgio Festi, come redattore del giornale di bordo, e dopo qualche tempo di Piero Rattalino il secondo

p. 158 | 15, 18, 21, 23, 26 dicembre 1973. Manifesto per *L'angelo di fuoco*. Teatro Comunale di Bologna – Fondazione.

And now a few cases for one reason or another above average, in a period that saw and would see chorus masters like Fulvio Angius from 1968 to 1973 and from 1983 to 1987, Fulvio Fogliazza from 1972 to 1982, Leone Magiera from 1980 to 1982 and Giovanni Acciai in 1982. For the 1967/68 season, besides the surprising staging of Donizetti's *Pía de' Tolomei*, two Verdi masterpieces with two young local tenors: singing in *Aída*, Dino Dondi, from Casalecchio di Reno, previously Nabucco and Rodrigo, well established also at La Scala, and, in *Rigoletto*, in place of the otherwise engaged Peter Glossop, Franco Bordoni, a beautiful voice often heard at the Comunale (in *La bohème*, passing from Colline to Schaunard and then to Marcello). In 1968/69, a grand *Don Carlos* with the elegant young Bologna native Ruggero Raimondi and a staging of Bellini's *I puritani* in which Luciano Pavarotti shone alongside Mirella Freni. These were followed by *Wozzeck*, Luciano De Vita's captivating *Turandot*, Puccini's *La rondine*, conducted by Raoul Grassilli (an opera, as we know, that premiered in Bologna in 1917), concerts by Riccardo Muti and Giorgio Zagnoni, an Italian *Lohengrin* (one of the last, perhaps, but certainly not in terms of quality), the radiant *Figlia del reggimento* sung by Freni and Britten's *Billy Budd*. Amidst so much, there were still two additional high points, in the form of a total novelty and a fresh new staging: Giacomo Manzoni's *Per Massimiliano Robespierre*, with four performances between 17 and 25 April, 1975 directed by Puecher; and Gounod's *Faust*, with nine performances between 13 and 28 February, 1976, magnificently sung by Raimondi, Freni and Prior under the baton of Reynald Giovaninetti. Ronconi directing, Pizzi as set and costume designer: a memorable, terrifying, grand opera experience, almost more Goethe than Gounod.

In 1977, Badini was succeeded by Giorgio Festi as the writer of the captain's log and, after Piero Rattalino served for some time as

p. 158 | 15, 18, 21, 23, 26 December, 1973. Poster for *The Fiery Angel*. Teatro Comunale in Bologna – Fondazione.

timoniere ovvero direttore artistico sarà Loris Azzaroni (1980-83). Dopo un *Oberto, conte di S. Bonifacio* che dà conto dell'esordio operistico di Giuseppe Verdi, Ronconi e Pizzi tornano con un mirabile *Orfeo ed Euridice* di Gluck, Ligeti offre a Bologna la prima italiana del quanto meno surrealista *Gran Macabro*, un direttore ciaikovskiano come Vladimir Delman si occupa di *Così fan tutte*, Ton Koopman rilegge *Die Zauberflöte*, Cobelli e Balò esaltano *La damnation de Faust* di Berlioz (Eva Robins, transessuale, nei panni guardatissimi di Lucifero), Roberto De Simone sospende *Don Giovanni* fra Siviglia e Napoli (non è su Napoli che apre il sipario il primo *Don Juan*, quello di Tirso de Molina?). Epoca di registi, insomma, e di che levatura: a conferma, ecco nella stagione 1984/85 l'apertura novembrina con l'*Armide* di Gluck a firma di Filippo Sanjust (protagonista una Kabaivanska distratta dal Verismo), poi l'*Attila* di Verdi a firma di Lamberto Puggelli e l'indimenticabile *Doktor Faust* di Ferruccio Busoni, a firma a sorpresa di Werner Herzog (quante candele in scena!). È l'ultima stagione sovrintesa da Festi (dimissionario per forti contrasti interni al consiglio d'amministrazione); ed è la prima di Carlo Fontana (1984/85-1989/90), che per un po' tiene come direttore artistico Maria Francesca Siciliani (1983-85).

Per chiudere il ventesimo

Come nuovo direttore artistico Fontana avrà Gianni Tangucci (1985/86-1986/87), come direttore principale Riccardo Chailly (1985-1993/94), come maestro del coro Piero Monti (1986-2002). Ecco dunque un *Requiem* di Verdi diretto da Chailly, verso la fine di una stagione sinfonica che annovera anche il vecchio Delman, Rattle, Sinopoli, Frübeck de Burgos e Maazel (Lorin con i Münchner

p. 161 | 19 febbraio - 6 marzo 1974. Raina Kabaivanska, *La traviata*. Direttore d'orchestra: Armando Gatto. Regia: Mauro Bolognini. Scene e costumi: Pier Luigi Pizzi.

helmsman, or artistic director, in came Loris Azzaroni (1980-83). After an *Oberto, conte di S. Bonifacio* celebrating Giuseppe Verdi's opera debut, Ronconi and Pizzi returned with an exquisite staging of Gluck's *Orfeo ed Euridice*, Ligeti offered Bologna the Italian premiere of the at best Surrealist *Gran Macabro*, the Tchaikovskian conductor Vladimir Delman took on *Così fan tutte*, Ton Koopman reinterpreted *Die Zauberflöte*, Cobelli and Balò elevated Berlioz's *La damnation de Faust* (with the transsexual Eva Robins as a much-watched Lucifer), Roberto De Simone suspended *Don Giovanni* between Seville and Naples (did the curtain of the first *Don Juan*, that of Tirso de Molina, not open on Naples?). It was an age of directors, in short, and of what calibre: confirmation is found in the 1984/85 November opening with Gluck's *Armide* by Filippo Sanjust (starring a Kabaivanska distracted by Verismo), then Verdi's *Attila* by Lamberto Puggelli and Ferruccio Busoni's unforgettable *Doktor Faust*, surprisingly directed by Werner Herzog (how many candles on stage!). It was the last season overseen by Festi (outgoing due to strong disagreements within the administrative council) and the first of Carlo Fontana (1984/85-1989/90), who kept Maria Francesca Siciliani (1983-85) on as artistic director for awhile.

Bringing the Twentieth Century to a Close

For the new artistic director, Fontana chose Gianni Tangucci (1985/86-1986/87), for principal conductor, Riccardo Chailly (1985-1993/94) and for chorus master, Piero Monti (1986-2002). And so we find Verdi's *Requiem* conducted by Chailly, towards the end of a symphony season that also included Delman, Rattle, Sinopoli, Frübeck de Burgos and Maazel (Lorin with the

p. 161 | 19 February - 6 March, 1974. Raina Kabaivanska, *La traviata*. Orchestra's conductor: Armando Gatto. Direction: Mauro Bolognini. Set and costume designer: Pier Luigi Pizzi.

Symphoniker in Weber, Hindemith e Brahms). Bella ricca la stagione 1985/86, con 9 opere, 10 concerti da camera, 19 concerti sinfonici, 6 balletti e 5 Feste Musicali. Fra le opere non può non spiccare il Verdi dei *Vespri siciliani*, dove Ronconi onora da par suo la tradizione del *grand-opéra* senza giammai cascare nella convenzione del genere: corrusco, Chailly vi concerta Susan Dunn, Verdiano Luchetti, Leo Nucci e Bonaldo Giaiotti, voci belle, fresche, metaforicamente variopinte come le scene di Pasquale Grossi. Annunciata straordinaria, *La traviata* della stagione 1986/87 delude certa stampa, specie a causa della Violetta di Fiamma Izzo D'Amico che, propiziata da Rodolfo Celletti, esibisce più voce che musicalità e maturità. Ma pochi mesi dopo il Comunale ospita la prima assoluta del *Trionfo della notte* commissionato al quarantenne Adriano Guarnieri e applaude senza riserve al *Capriccio* di Strauss messo in scena da Ronconi con Margherita Palli e Carlo Diappi, versatile ed elegante primadonna la Kabaivanska che ormai è per tutti "la Ràina".

Non di sola opera vive un teatro, e le plurime attività del Comunale procedono nella stagione 1987/88 con Luigi Ferrari al posto di Tangucci (fino al 1990/91): Solti dirige il *Requiem* di Verdi, Muti porta la Filarmonica della Scala ad aprire la celebrazione del IX centenario dell'Università di Bologna, Wagner torna imperioso con la prima partitura del *Ring des Nibelungen* per la regia di Pier'Alli; la cameristica, invece, smette la sua autonomia e s'accorpa con quella del ciclo "Conoscere la musica" (d'origine comunque comunale). A proposito di attività non operistica, nel 1988/89 Chailly avvia il suo fecondo rapporto bolognese con Bruckner, mentre alle celebrazioni accademiche partecipano anche Pollini, Richter, Berio come autore e direttore, Luciano Simoni come autore della vasta *Missa solemnis* in prima assoluta.

Formatosi al Piccolo di Milano e poi cimentatosi anche a Venezia, nel 1990 Fontana

Münchner Symphoniker, Weber, Hindemith and Brahms). The 1985/86 season was packed with nine operas, ten chamber music concerts, nineteen symphonic concerts, six ballets and five music festivals. Among the operas, Verdi stands out with a *Vespri siciliani* in which Ronconi honoured the grand opera tradition as one would expect without relying on the genre's conventions: a glittering Chailly arranged Susan Dunn, Verdiano Luchetti, Leo Nucci and Bonaldo Giaiotti, voices as beautiful, fresh and metaphorically colourful as Pasquale Grossi's sets. An extraordinary announcement: the 1986/87 season's *La traviata* was a disappointment to some in the press, largely due to the Violetta sung by Fiamma Izzo D'Amico who, favoured by Rodolfo Celletti, displayed more voice than musicality and maturity. But a few months later, the Comunale hosted the world premiere of forty-year-old Adriano Guarnieri's commissioned *Trionfo della notte* and unconditionally applauded Strauss's *Capriccio*, staged by Ronconi with Margherita Palli and Carlo Diappi, and the versatile, elegant prima donna Kabaivanska, by then know to everyone as simply 'Raina'.

A theatre does not live on opera alone, and the varied activity of the Comunale continued in the 1987/88 season with Luigi Ferrari in place of Tangucci (until 1990/91): Solti conducted Verdi's *Requiem*, Muti brought La Scala's Philharmonic Orchestra to open the celebration of the ninth centenary of the University of Bologna, Wagner returned in force with the first score of the *Ring des Nibelungen* and Pier'Alli directing. Chamber music, however, ceased its independent role and joined the 'Conoscere la musica' series (in any case, of municipal origin). In regard to activity outside the sphere of opera, in 1988/89, Chailly began his fruitful relationship with Bruckner, while the academic celebrations included the participation of Pollini, Richter, Berio as composer and conductor, Luciano Simoni as composer of the

p. 162 | 18 febbraio – 4 marzo 1975. Mirella Freni, *Faust*. Direttore d'orchestra: Reynald Giovaninetti/Angelo Campori. Regia: Luca Ronconi. Scene e costumi: Pier Luigi Pizzi.

p. 162 | 18 February - 4 March, 1975. Mirella Freni, *Faust*. Orchestra's conductor: Reynald Giovaninetti/Angelo Campori. Direction: Luca Ronconi. Set and costume designer: Pier Luigi Pizzi.

torna nella sua città, alla Scala dove sostituisce un bolognese, Badini, e quindi la stagione 1990/91 sarà governata dal suo sostituto, Sergio Escobar: già lungamente obliato, Mozart vi campeggia con *Don Giovanni* e *Il flauto magico*, mentre la Freni brilla nell'*Evgenij Onegin* diretto da Delman e Raimondi fa altrettanto nel *Mosè* diretto da Daniele Gatti con regia, scene e costumi di Hugo De Ana (quell'enorme piede su cui passano persone); e il superbo *Capriccio* di Strauss passa a un gigante della concertazione come Christian Thielemann. Escobar firma la stagione 1991/92 con Gioachino Lanza Tomasi alla direzione artistica (fino al 1995/96): dopo il *Werther* di Chailly e De Ana, il 10 gennaio *Tancredi* apre i festeggiamenti cittadini (e nazionali) per i duecento anni dalla nascita di Rossini. L'anno dopo termina la tetralogia di Wagner, e sulla linea neoregistica di Pier'Alli si muovono anche Lluis Pasqual e Jonathan Miller che firmano rispettivamente il *Trittico* di Puccini e la *Maria Stuarda* di Donizetti. Ma quello è un anno di tripudio registico, che vanta anche i contributi di De Simone, Ronconi e Cobelli.

Il bilancio di chiusura è in pareggio, nel 1993 che riagguanta Thielemann ma come direttore ospite principale. La stagione 1994/95 gli fa cesellare *Der Rosenkavalier* da par suo, mentre ai concerti sinfonici partecipano Ciccolini e Sokolov come fior di pianisti per il *Quinto* di Saint-Saëns e il *Primo* di Čajkovskij. L'anno dopo Thielemann raddoppia con un *Tristan und Isolde* da manuale, anzi da leggenda (su ripiani sghembi rispetto al palcoscenico e un enorme globo di pianeta), avendo come colleghi Bertini, Bolton, Oren, Peskó, Steinberg. A Escobar e Lanza Tomasi intanto sono succeduti Felicia Bottino (1995/96-1999/2000) e di nuovo Gianni Tangucci (1996/97-1999/2000): il 23 novembre del 1996 Thielemann lascia Richard per Giuseppe e architetta un *Otello* formidabile, complice la regia di Henning Brockhaus. Il belcanto? Provvedono *I puritani* di Bellini con Edita

p. 165 | 13, 14 novembre 1974. Karlheinz Stockhausen, *Adorazione per due solisti e orchestra.*

vast *Missa solemnis*, presented in world premiere.

Trained at the Piccolo in Milan and then active in Venice as well, Fontana returned to his home city in 1990, to take up the reins at La Scala where he replaced the Bologna native Badini, and so the 1990/91 season was directed by his replacement, Sergio Escobar: by then long forgotten, Mozart re-took centre stage with *Don Giovanni* and *The Magic Flute*, while Freni shone in *Eugene Onegin* conducted by Delman, and Raimondi did the same in *Mosè* conducted by Daniele Gatti with direction, costumes and set design by Hugo De Ana (with that enormous foot that people climbed over), and the superb *Capriccio* by Strauss passed to a giant among conductors, Christian Thielemann. Escobar led the 1991/92 season, with Gioachino Lanza Tomasi as artistic director (until 1995/96): after the *Werther* by Chailly and De Ana, the local (and national) bicentennial celebration of Rossini's birth opened with *Tancredi* on 10 January. The next year marked the conclusion of Wagner's four-opera cycle and, taking an approach to directing similar to that of Pier'Alli, were Lluis Pasqual and Jonathan Miller, for respectively, Puccini's *Trittico* and Donizetti's *Maria Stuarda*. But that was a year of directorial triumph, also boasting the participation of De Simone, Ronconi and Cobelli.

In 1993, the closing balance was a draw, with Thielemann temped back once more, but this time as guest principal conductor. In 1994/95, he made *Der Rosenkavalier* shine, as one would have expected, while the symphonic concerts saw performances by Ciccolini and Sokolov as pianists for Saint-Saëns's *Quinto* and Tchaikovsky's *Primo*. The next year, Thielemann redoubled his efforts with a textbook, actually legendary *Tristan und Isolde* (on platforms unaligned with the stage and an enormous globe), working with Bertini, Bolton, Oren, Peskó and Steinberg. In the meantime, Escobar and Lanza Tomasi were replaced by Felicia Bottino (1995/96-1999/2000) and a returning Gianni Tangucci (1996/97-1999/2000): on 23 November 1996, Thielemann left Richard

p. 165 | 13 and 14 November, 1974. Karlheinz Stockhausen, *Adoration for two soloists and orchestra.*

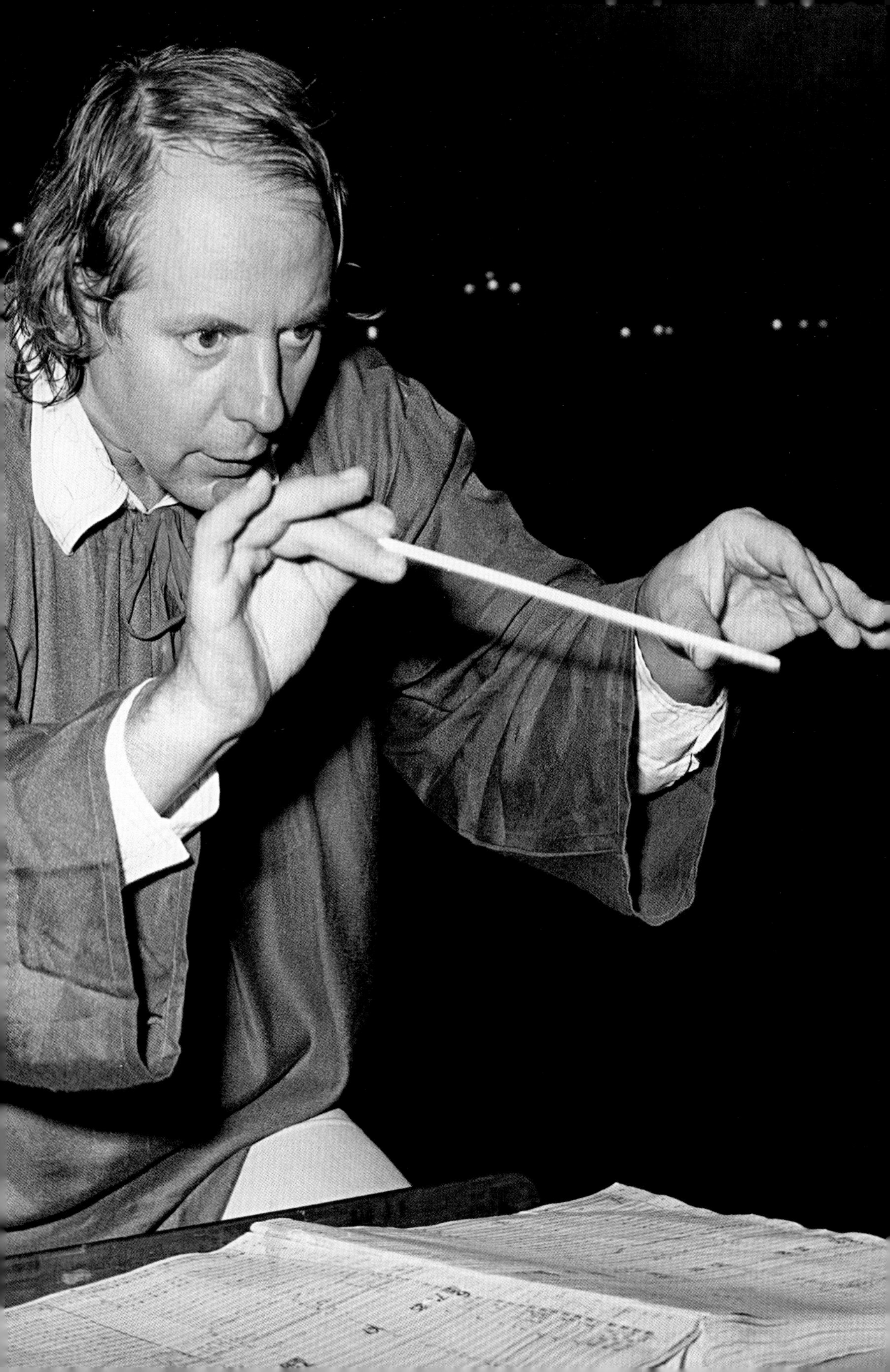

Gruberova e la *Linda di Chamounix* con Mariella Devia (che partecipa anche alle *Nozze di Figaro* di De Bosio). Quattordici, intanto, i concerti sinfonici che alla Basilica dei Servi portano *La resurrezione* di Mahler.

Daniele Gatti è il nuovo direttore musicale della stagione 1997/98 (tal sarà fino al 2006/07), che la apre con una notturna *Turandot* degnissima di Hugo de Ana e della sua *grandeur*, la prosegue con l'asciutto *Simon Boccanegra* di Pier'Alli, e lasciando *Il campiello* di Wolf-Ferrari a Bartoletti, il *Don Carlos* a Inbal, il *Don Pasquale* a Benini si tiene il *Don Giovanni* di chiusura. Nel 1998 il Comunale avvia la metamorfosi in Fondazione di diritto privato e il 6 dicembre s'impone con un grandioso *Don Sébastien, roi de Portugal*, ennesimo frutto della fantasia inesauribile ma sempre duttile di Pizzi; seguono un recupero come *La cena delle beffe* di Giordano e due opere di gran repertorio come *La bohème*

for Giuseppe and engineered a formidable *Otello*, directed by Henning Brockhaus. And bel canto? Here we find Bellini's *I puritani* with Edita Gruberova and *Linda di Chamounix* with Mariella Devia (who also performed in De Bosio's *Marriage of Figaro*). Meanwhile, there were fourteen symphonic concerts, bringing Mahler's *La resurrezione* to the Basilica dei Servi.

Daniele Gatti stepped up as the new music director in 1997/98 (remaining until 2006/07), opening the season with a *Turandot* directed by Hugo De Ana worthy of its grandeur, followed by a lean *Simon Boccanegra* by Pier'Alli, who, leaving Wolf-Ferrari's *Il campiello* to Bartoletti, *Don Carlos* to Inbal and *Don Pasquale* to Benini, took the helm again for *Don Giovanni*, closing the season. In 1998, the Comunale began its transformation into a private foundation and on 6 December it presented a grand *Don Sébastien, roi de Portugal*, the umpteenth product of Pizzi's boundless but al-

p. 166 | 26 marzo – 10 aprile 1976. *Le nozze di Figaro*. Direttore d'orchestra: Zoltán Peskó. Regia: Virginio Puecher. Bozzetto di scena per il primo atto.

p. 166 | 26 March - 10 April, 1976. *The Marriage of Figaro*. Orchestra's conductor: Zoltán Peskó. Direction: Virginio Puecher. Scene sketch for the first act.

e la *Tosca* di Puccini, con cantanti primari e comprimari di valore (Alessandro Busi si disimpegna benone come Benoit e Sagrestano). E Gatti scatta con l'amato Schumann, in due programmi e quattro serate esibendone tutto il sinfonismo con la capacità di un'orchestra di livello eccellente. La stagione successiva, l'ultima del secolo, Gatti spazia: fra Puccini, Strauss nella lirica e Mahler, Bach, Beethoven, Verdi (sinfonie e cori), Wagner (*ouvertures* e altro), Schubert, Mozart nella sinfonica, con la chicca di un suo proprio *Divertimento per oboe, due corni e archi* in prima assoluta.

Volti nuovi

Con il 28 dicembre 2000 è nuovo il sovrintendente (già direttore artistico), ma dal 23 maggio dello stesso anno era già nuovo il direttore artistico: Matteo D'Amico è questo e Luigi Ferrari quello, entrambi per due stagioni. Non più Lirica, ma Lirica e Balletto titola il cartellone, che difatti consta di cinque opere di Wagner, Rossini, Donizetti, Verdi (due volte), Rimskij-Korsakov e dei balletti *Romeo e Giulietta* di Prokofiev e *Comoedia Canti* su musiche di Bruno Moretti, Šostakovič e Bach. Quanto alla sinfonica, brillano le ospitate: dal Maggio viene Mehta, dalla Scala Muti, dal Kirov Gergiev; mentre le cosiddette altre manifestazioni toccano i 44 programmi (a volte con più esecuzioni) e annoverano fra l'altro il bolognesissimo *Trionfo di Clelia* poi emigrante a Lugo.

La stagione 2001/02 è caratterizzata da registi come Squarzina, Vick e Carsen, ma quella successiva registra altri cambi ai vertici: Stefano Mazzonis Di Pralafera alla sovrintendenza e Vincenzo De Vivo alla direzione artistica, l'uno e l'altro fino al 2005/06; e Marcel Seminara alla guida del coro, dal 2002 stesso al 2006. Fra le opere, ecco un asciutto *Giulio Cesare* di Händel commesso a un "barocchista" come Rinaldo Alessandrini, con benedette voci tutte italiane, e una sorridente *Sposa venduta* di Janáček commessa alla Komische Oper di Berlino. Decisiva

ways supple imagination. It was followed by a revival of Giordano's *La cena delle beffe* and two grand repertoire operas: Puccini's *La bohème* and *Tosca*, with first-class leads and seconds (Alessandro Busi was an excellent Benoit and Sagrestano). And Gatti began with the beloved Schumann, in two programmes and four evenings, showing off all of his symphonism through the skill of an exceptional orchestra. The next season, the last of the century, Gatti ranged widely, with Puccini and Strauss (operas), Mahler, Bach, Beethoven, Verdi (symphonies and choirs), Wagner (*ouvertures* and more), symphonic works by Schubert and Mozart and the treat of his own *Divertimento per oboe, due corni e archi* in world premiere.

New Faces

On 28 December 2000, a new general director came on board (previously artistic director), and on 23 May of the same year, a new artistic director: Matteo D'Amico, the former, Luigi Ferrari, the latter, both for two seasons. The theatre programme was no longer headed Opera but rather Opera and Ballet, and indeed comprised five operas by Wagner, Rossini, Donizetti, Verdi (two) and Rimskij-Korsakov and the ballets *Romeo and Juliet* by Prokofiev and *Comoedia Canti* with music by Bruno Moretti, Shostakovich and Bach. In the realm of symphonic music, the programme glittered with guest conductors: Mehta came from Il Maggio, Muti from La Scala, Gergiev from the Kirov; while the other offerings reached forty-four (sometimes with multiple performances) and included the Bolognese *Trionfo di Clelia* which then emigrated to Lugo.

The 2001/02 season featured directors like Squarzina, Vick and Carsen, but the next one came with further changes at the top: Stefano Mazzonis Di Pralafera as general director and Vincenzo De Vivo as artistic director, until 2005/06, and Marcel Seminara as chorus master, from 2002 to 2006. Among the operas, a lean staging of Händel's *Giulio Cesare*, featuring the 'Baroque' Rinaldo Alessandrini and heav-

per il futuro musicale di Bologna è l'inaugurazione del Teatro-Auditorium Manzoni, con un programma che definire eclettico è poco, se Lucio Dalla vi canta *Caruso* e quando Gatti lascia il podio per la tastiera si miagola il *Duetto dei gatti* di Rossini (meglio da Rossini, trattandosi di un rifacimento altrui). La stagione 2002/03 è l'ultima di Vladimir Yurowski come direttore ospite (al posto di Thielemann dal 1999/2000) e la prima di Marcel Seminara come maestro del coro dopo la lunga era Monti. La stagione seguente va a pescare *I masnadieri* di Verdi e *Gli amici di Salamanca* di Schubert, e fa benissimo fra l'iniziale *Elisir d'amore* e il finale *Rigoletto* anche se le compagnie di canto non sembrano sempre all'altezza della situazione e di certa tradizione. Trionfante l'abbrivio della sinfonica al Manzoni, con Viktoria Mullova che suona il concerto per violino di Brahms, né rimane indietro l'ottavo concerto della serie dove il doppio concerto di Brahms accoppia Shlomo Mintz e Mischa Maisky.

La stagione 2004/05 conta un'altra figura, il direttore principale ospite (che è Carlo Rizzi), e soprattutto un nuovo presidente, Sergio Cofferati che subentra a Giorgio Guazzaloca come sindaco della città e quindi presidente del comunal teatro. Il 21 settembre il Conservatorio consegna al Bibiena la prima rappresentazione moderna del *Re Enzo* di Respighi, deliziosa opera eroicomica data un secolo prima e poi più; e il 13 novembre la lirica comincia con un eroismo che di delizie non sa che farsi, la *Leonore* di Beethoven ovvero la prima versione di *Fidelio*. Mutuato dall'Opera di Anversa, l'allestimento di Anthony Bacher per la regia di Francisco Negrin non è figurativo, realistico, modellato sul libretto, ma nemmeno troppo audace o tanto peggio nemico del testo drammatico: basti quel grande alveare-prigione composto di rettangoli stretti e alti ciascuno contenente la figura di un uomo a dare l'idea dello spettacolo, certo un po' troppo rigido e

enly voices, all Italian, and an agreeable *Sposa venduta* by Janáček, with the Komische Oper of Berlin. The opening of the Teatro-Auditorium Manzoni was decisive for the musical future of Bologna, with a programme it would be understatement to describe as eclectic, Lucio Dalla singing *Caruso* and Gatti leaving the conductor's podium for the keyboard, meowing out the *Duetto dei gatti* by Rossini (although not exactly, since broadly reworked). The 2002/03 season was Vladimir Yurowski's last as guest conductor (having replaced Thielemann in 1999/2000) and the first of Marcel Seminara as chorus master after the long Monti era. The subsequent season fished out Verdi's *I masnadieri* and Schubert's *Die Freunde von Salamanka* and did quite well between the opening *Elisir d'amore* and concluding *Rigoletto*, even if the singers did not always seem up to the challenge and a certain tradition. The momentum of symphonic music at the Manzoni was triumphant, with Viktoria Mullova playing a Brahms violin concert, nor did the eighth concert of the series lag behind, its double Brahms concert pairing Shlomo Mintz and Mischa Maisky.

The 2004/05 season saw the arrival of a new guest principal conductor (Carlo Rizzi) and above all a new president, Sergio Cofferati, who succeeded Giorgio Guazzaloca as mayor of Bologna and so as president of the city theatre. On 21 September, the Conservatorio brought the Bibiena the first modern staging of Respighi's *Re Enzo*, a delightful mock-heroic opera from a century before. On 13 November, the opera began with a heroism that had no place for delights, Beethoven's *Leonore*, the first version of *Fidelio*. The sets by Anthony Bacher (on loan from the Antwerp Opera) for director Francisco Negrin's staging were neither figurative, realistic nor modelled on the libretto, but nor were they too bold or worse the enemy of the dramatic text: the vast warren-prison made up of narrow, tall rectan-

p. 169 | 13, 30 gennaio 1977. Viorica Cortez, *Oberto Conte di San Bonifacio*. Direttore d'orchestra: Zoltán Peskó. Regia: Gianfranco De Bosio. Scene e costumi: Maria Antonietta Gambaro.

p. 169 | 13 and 30 January, 1977. Viorica Cortez, *Oberto Conte di San Bonifacio*. Orchestra's conductor: Zoltán Peskó. Direction: Gianfranco De Bosio. Set and costume designer: Maria Antonietta Gambaro.

Ente Autonomo
Teatro Comunale
di Bologna

Assessorato turismo Regione Emilia Romagna
Assessorato turismo comune di Bologna
Compartimento delle ferrovie di Bologna
Comitato città d'arte

Feste Musicali a Bologna 1978

Rete ferroviaria
del Compartimento di Bologna

Componibile n. 3

IL TRENO

will iT be
a Round trip
or just one wAy?
that depends on where It is
you're goiNg.

DI JOHN CAGE

Alla ricerca del silenzio perduto:

tre escursioni per treno preparato,
variazioni su un tema di Tito Gotti, di John Cage
Con l'assistenza di Juan Hidalgo e Walter Marchetti

Sere del:

26/6/1978 Bologna - Porretta - Bologna
27/6/1978 Bologna - Ravenna - Bologna
28/6/1978 Ravenna - Rimini - Ravenna

freddo ma non irrelabile all'opera stessa (come invece accade spesso, oggi, con impianti scenici talmente strani da negare, anzi rinnegare la più semplice delle storie). I valenti complessi orchestrali e corali del Comunale sono diretti da Daniele Gatti, con la consueta precisione di lettura.

Annunciata prima di Pasqua, cioè alla fine di marzo ovvero almeno un paio di mesi prima del solito, la stagione lirica 2005/06 si profila particolarmente equilibrata (nuovo maestro del coro Paolo Vero, fino al 2010). Da Rossini al Verismo tocca Verdi due volte e alcuni altri compositori significativi una volta cadauno: infatti apre con *La traviata* e più tardi metterà in scena *Nabucco*, ma intanto ospita Rossini, Giordano e Puccini. Tralascia Wagner, ma sul fronte non italiano accoglie Mozart e addirittura Bernstein: consapevole della ricorrenza mozartiana (il 250° della nascita), opta dunque per il rarissimo *Ascanio in Alba*; e pago per il suc-

gles each containing the figure of a man was enough to provide an idea of the show, which was, yes, a bit too rigid and cold, but not alien to the opera itself (as is instead often the case today, with sets so strange that they negate, indeed reject the simplest of stories). The able orchestral and choral groups of the Comunale were conducted by Daniele Gatti with his usual interpretive precision.

Announced before Easter, or at the end of March, at least a couple of months earlier than usual, the 2005/06 opera season was particularly well balanced (new chorus master Paolo Vero, until 2010). From Rossini to Verismo, with two Verdi operas and a few other important composers once each: *La traviata* opened the season with *Nabucco* further down the line and Rossini, Giordano and Puccini in between. Wagner was left out, but on the non-Italian front were Mozart and even Bernstein: with a Mozart anniversary to celebrate (250 years since his birth), the rare

p. 170 | 26, 27, 28 giugno 1978. Manifesto per "Il treno di John Cage". Teatro Comunale di Bologna – Fondazione.

p. 171 | 14 gennaio – 28 febbraio 1978. Manifesto per la mostra "Visconti: il teatro". Museo internazionale e biblioteca della musica di Bologna.

p. 170 | 26, 27, 28 June, 1978. Poster for 'Il treno di John Cage' ('The train of John Cage'). Teatro Comunale in Bologna – Fondazione.

p. 171 | 14 January – 28 February, 1978. Poster for the exhibition 'Visconti: il teatro' ('Visconti: the theatre'). International museum and library of music in Bologna.

cesso colto qualche mese prima con il *Porgy and Bess* di Gershwin ritiene opportuno insistere con il musical raggiungendo quell'altro capolavoro del Novecento americano che è *West Side Story*. Il contemporaneo? Eccolo qua con *Un segreto d'importanza* di Sergio Rendine (testo di Lorenzo Arruga), opera breve accoppiata alle *Scene dalla vita di Mozart* del vecchio Lortzing (un coetaneo di Bellini che nel 1832 elaborò certe musiche di Wolfgang Amadeus ma senza far loro vedere il palcoscenico): dittico che è un altro omaggio a Mozart, austriaco figlio di un tedesco che musicò tanta poesia italiana e a Bologna passò e ripassò giovanetto, con grande e documentata soddisfazione sua e altrui. Un programma logico e lineare, come si vede, che sul versante esecutivo, infine, segnala la presenza di Gatti, Ronconi, Flórez, Raimondi e Colombara, con qualche ripresa di carattere tradizionale come quella dell'*Andrea Chénier* affidato alle cure spettacolari di Giancarlo Del Monaco.

Due in uno

Da novembre a giugno con un paio di pause in dicembre e in maggio, la sorpresa di un'appendice in settembre, un nuovo sovrintendente e un nuovo maestro del coro: ecco la sintesi della stagione lirica 2006/07, che riesce a servirsi dei contributi delle Fondazioni Carisbo e del Monte. Le pause sono tali liricamente parlando, ché in quei mesi il teatro alimenta la sua parallela stagione sinfonica (al Teatro Manzoni) con quattro e quattro concerti: in primavera si legge, fra le altre, la presenza di Ciccolini che esegue il *Terzo* di Beethoven e di Hogwood che si fa carico della messa *Dell'incoronazione* di Mozart, in inverno è la volta del direttore musicale

p. 173 | 20 dicembre 1978 – 5 gennaio 1979. Karl-Walther Boehm, *Parsifal*. Direttore d'orchestra: Gustav Kuhn/Wilhelm Wodnankj. Regia: Flavio Ambrosini. Scene: Michele Canzoneri. Costumi: Dorilea Bignotti. Coreografia: Amedeo Amodio.

Ascanio in Alba was selected. And, happy with the success of Gershwin's *Porgy and Bess* a few months earlier, it was deemed opportune to stage another musical, this time that other twentieth-century American masterpiece, *West Side Story*. And the contemporary? It showed up in the form of Sergio Rendine's *Un segreto d'importanza* (text by Lorenzo Arruga), a short opera paired with *Scene dalla vita di Mozart* by Lortzing (a contemporary of Bellini who had selected some of Wolfgang Amadeus's music for the opera in 1832, but never brought it to the stage): a diptych that served as another homage to Mozart, the Austrian son of a German who set so much Italian poetry to music and was in Bologna more than once in his youth, to the great and documented satisfaction of himself and others. It was a logical linear programme, as is clear, that, on the executive side, signalled the involvement of Gatti, Ronconi, Flórez, Raimondi and Colombara, with a few revivals of a traditional sort, such as *Andrea Chénier*, entrusted to the spectacular care of Giancarlo Del Monaco.

Two in One

From November to June with a couple of breaks in December and May, the surprise of a September appendix, a new general director and a new chorus master: that is the summary of the 2006/07 opera season, which received support from both the Fondazione Carisbo and the Fondazione del Monte. The breaks were only such lyrically speaking, since in those months the theatre nourished its parallel symphonic season (at the Teatro Manzoni) with four concerts each: in the spring, we find, among others, Ciccolini playing Beethoven's *Third* and Hogwood with Mozart's *Coronation Mass*; in the winter, music director Gatti took on all of the symphonies of Tchaikovsky (and

p. 173 | 20 December, 1978 – 5 January, 1979. Karl-Walther Boehm, *Parsifal*. Orchestra's conductor: Gustav Kuhn/Wilhelm Wodnankj. Direction: Flavio Ambrosini. Set designer: Michele Canzoneri. Costume designer: Dorilea Bignotti. Choreography: Amedeo Amodio.

Gatti che affronta l'integrale delle sinfonie di Čajkovskij (e qualcos'altro ancora di Pëtr Il'ič). Laborioso come sempre, Gatti inaugura la stagione con *La carriera di un libertino* di Stravinskij, per sei recite: il capolavoro del teatro d'opera novecentesco s'avvale di una regia inevitabilmente trasgressiva, a nome di Calixto Bieito in collaborazione con il Festival Mozart di La Coruña. In gennaio, a rivincita del repertorio e per ben otto recite, viva *La bohème* di Puccini,

still more by Pyotr Ilyich). Industrious as ever, Gatti opened the season with six performances of Stravinsky's *The Rake's Progress*: the masterpiece of twentieth-century opera availed itself of the inevitably transgressive direction of Calixto Bieito in collaboration with the Festival Mozart of La Coruña. In January, and for a full eight performances, the repertoire struck back with Puccini's *La bohème* di Puccini, in the sure hands of Lorenzo Mariani and Willy Orlandi. But up

p. 174 | 13 aprile – 6 maggio 1982. *Don Giovanni*. Direttore d'orchestra: Zoltán Peskó. Regia: Roberto De Simone. Scene: Mario Carosi. Costumi: Odette Nicoletti.

p. 175 | 13 aprile – 6 maggio 1982. Costume di Odette Nicoletti per il personaggio Zerlina. *Don Giovanni*.

p. 174 | 13 April – 6 May, 1982. *Don Giovanni*. Orchestra's conductor: Zoltán Peskó. Direction: Roberto De Simone. Set designer: Mario Carosi. Costume designer: Odette Nicoletti.

p. 175 | 13 April – 6 May, 1982. Costume for the Zerlina character by Odette Nicoletti. *Don Giovanni*.

p. 176 | 29 novembre – 13 dicembre 1984. Raina Kabaivanska, *Armide*. Direttore d'orchestra: Alan Curtis. Regia: Filippo Sanjust. Coreografia: Shirley Wynne.

p. 177 | 17 aprile - 5 maggio 1984. Katia Ricciarelli, *Lucrezia Borgia*. Direttore d'orchestra: Gabriele Bellini. Regia: Filippo Crivelli. Scene e Costumi: Petrika Ionesco.

p. 176 | 29 November – 13 December, 1984. Raina Kabaivanska, *Armide*. Orchestra's conductor: Alan Curtis. Direction: Filippo Sanjust. Choreography: Shirley Wynne.

p. 177 | 17 April – 5 May, 1984. Katia Ricciarelli, *Lucrezia Borgia*. Orchestra's conductor: Gabriele Bellini. Direction: Filippo Crivelli. Set and costume designer: Petrika Ionesco.

a firma sicurissima di Lorenzo Mariani e Willy Orlandi. Ma riecco Stravinskij, in marzo, anche se non da solo né in un'opera vera e propria: trattasi del balletto *Pulcinella* e di un "capriccio teatrale" di Ferruccio Busoni, *Arlecchino ossia le Finestre*, che tambureggiano alquanto sulla regia di Lucio Dalla (figurante anche fra gli interpreti di canto).

Ed ecco la promessa appendice, che prosegue la linea "leggera" già avviata a Bologna con Gershwin e Bernstein brillando stavolta con *My Fair Lady*, il musical di successo di Frederick Loewe e Alan Jay Lerner, dal 25 al 30 tutti i giorni e addirittura due volte il sabato 29. Il neo-maestro del coro? Paolo Vero, in carica fino al 2010. La nuova guida? È Marco Tutino, affermato operista, a reggere la stagione fino al 25 gennaio 2011, in sé facendo convergere le due storiche figure del sovrintendente e del direttore artistico secondo un modello poi molto fortunato. Da notare, nel 2007, un *Simon Boccanegra* diretto dal giovanissimo Michele Mariotti a novembre e a dicembre uno spettacolo di richiamo che titola *Roberto Bolle & Friends*. Molte le altre manifestazioni, dal 21 settembre 2007 all'estate 2008 come le presenze di coro e orchestra al Rossini Opera Festival e un'escursione al Festival di Santander. Buona nuova e bella sorpresa reca il 2008: una vivace costola d'orchestra, ovviamente senza venir meno al suo posto, si dà la forma di un'orchestra speciale che nel 2017 assumerà il nome preciso di Orchestra Filarmonica di Bologna, avendo a presidente Giorgio Zagnoni e direttore artistico Hirofumi Yoshida, con un consiglio direttivo di cinque membri e una

cropped Stravinsky again, in March, although not on his own nor with one of his opera's: instead, it was his ballet *Pulcinella*, paired with Ferruccio Busoni's 'theatrical caprice' *Arlecchino ossia le Finestre*, which popped under the direction of Lucio Dalla (also one of the singers).

And now the promised appendix, which followed the 'light' direction already begun in Bologna with Gershwin and Bernstein, this time shining with *My Fair Lady*, the hit musical by Frederick Loewe and Alan Jay Lerner, running every day from the 25th to the 30th and even twice on Saturday the 29. The new chorus master? Paolo Vero, who remained until 2010. The new head? Marco Tutino, an established opera composer, who led the season until 25 January 2011, bringing together in his own person the two historical positions of general director and artistic director, a pairing that was to become a highly successful model. Of special note in 2007 were the *Simon Boccanegra* conducted by a very young Michele Mariotti in November and then, in December, the major draw *Roberto Bolle & Friends*. There were numerous other events, from 21 September 2007 to summer 2008, such as the participation of the chorus and orchestra in the Rossini Opera Festival and an excursion to the Festival Internacional de Santander. 2008 brought innovation and surprise: a lively orchestral group, of course without deserting its place, took the shape of a special orchestra that took the more precise name in 2017 of Orchestra Filarmonica di Bologna, with Giorgio Zagnoni as president and Hirofumi Yoshida as artistic director, a five-member board and a five-member committee (programmes

pp. 178-179 | 2, 4, 9, 14, 16, 18 aprile 1985. *Doktor Faust*. Direttore d'orchestra: Zoltán Peskó. Regia: Werner Herzog. Scene e costumi: Henning von Gierke.

pp. 180-181 | 9 febbraio 1986. *I vespri siciliani*. Direttore d'orchestra: Riccardo Chailly. Regia: Luca Ronconi. Scene e costumi: Pasquale Grossi.

p. 183 | 15 febbraio 1987. Raina Kabaivanska, *Capriccio*. Direttore d'orchestra: Ralf Weikert. Regia: Luca Ronconi. Scene: Margherita Palli. Costumi: Carlo Diappi. Coreografie: Federico Amato.

pp. 178-179 | 2, 4, 9, 14, 16, 18 April, 1985. *Doktor Faust*. Orchestra's conductor: Zoltán Peskó. Direction: Werner Herzog. Set and costume designer: Henning von Gierke.

pp. 180-181 | 9 February, 1986. *I vespri siciliani*. Orchestra's conductor: Riccardo Chailly. Direction: Luca Ronconi. Set and costume designer: Pasquale Grossi.

p. 183 | 15 February, 1987. Raina Kabaivanska, *Capriccio*. Orchestra's conductor: Ralf Weikert. Direction: Luca Ronconi. Set designer: Margherita Palli. Costume designer: Carlo Diappi. Choreography: Federico Amato.

commissione di altrettanti (nei programmi cicli al Manzoni, concerti di promozione sociale, *tournée* in Giappone).

A inaugurare la 246ª stagione lirica del Comunale di Bologna è, il 15 novembre 2008,

including performance series at the Manzoni, community concerts, Japan tours).

The 246th opera season at the Comunale in Bologna was opened on 15 November 2008 by a very rare, very German and very

pp. 184-185 | 14, 17, 19, 22, 25, 27, 29 novembre 1987. *Das Rheingold (L'oro del Reno)*. Direttore d'orchestra: Peter Schneider. Regia, scene e costumi: Pier'Alli.

p. 186 | Aprile-maggio 1988. Costume di Yannis Kokkos per il personaggio di un Grande di Spagna. *Don Carlo*.

p. 187 | 1, 5, 13, 16, 21, 24, 27, 30 aprile, 3 maggio 1988. *Don Carlo*. Direttore d'orchestra: Myung-Whun Chung. Regia: Andrei Serban. Scene e costumi: Yannis Kokkos. Coreografie: Sandra Mingardo.

pp. 184-185 | 14, 17, 19, 22, 25, 27, 29 November, 1987. *Das Rheingold (The gold of the Rhine)*. Orchestra's conductor: Peter Schneider. Direction, set and costume designer: Pier'Alli.

p. 186 | April-May, 1988. Costume by Yannis Kokkos for the character of a Great Man of Spain. *Don Carlo*.

p. 187 | 1, 5, 13, 16, 21, 24, 27, 30 April and 3 May, 1988. *Don Carlo*. Orchestra's conductor: Myung-Whun Chung. Direction: Andrei Serban. Set and costume designer: Yannis Kokkos. Choreography: Sandra Mingardo.

un'opera molto rara, molto tedesca, molto romantica: *Der Vampyr* di Heinrich Marschner nacque nel 1828 e fin dal titolo si propose come la continuazione degli spiriti fantastici e soprannaturali proposti dal *Franco cacciatore* di Weber; e a Bologna sopraggiunge nell'allestimento di Pizzi con la direzione di Roberto Abbado. Da parte sua l'opera di repertorio, quella italiana che rimane sempre la più amata si chiama *I puritani* e s'avvale dell'allestimento di Pier'Alli, della direzione del giovane Michele Mariotti (fresco direttore principale del teatro e tale fino al 2018), del protagonismo tenorile di Juan Diego Flórez.

Un'interessante parentesi novecentesca è quella del 17 febbraio: *Il sogno di una notte di mezz'estate* di Britten passa a Bologna dalla natia Venezia e vanta la regia di un teatrante assolutamente inglese come David Pountney (il beniamino del festival di Wexford agisce anche come librettista e traduttore). Tra marzo e aprile, riecco i massimi nomi dell'operismo italiano (non più Puccini, però, ché forse al festeggiato del 2008 è bastato il *Trittico* del marzo scorso): *La gazza ladra* di Rossini proviene dal Rossini Opera festival, dove la sua singolare caratura semiseria è stata trattata dal regista Damiano Michieletto (22 marzo); il *Rigoletto* di Verdi è invece un allestimento del Comunale stesso, già noto e giustamente viste la competenza e la fantasia di Giancarlo Cobelli (29 aprile). Sul podio? L'instancabile Bruno Bartoletti. Sul palcoscenico? L'inossidabile Leo Nucci. In chiusura, il 19 giugno, *Le nozze di Figaro* di Mozart: lo spettacolo proviene dall'Opéra National di Bordeaux con la regia di Robert Carsen che è moderna, spoglia, senza costumi, ciprie e parrucche.

In piena crisi economica, in mezzo a una crisi specifica rappresentata dallo scontento dei lavoratori del teatro, la stagione 2009/10 retta da Tutino con Mariotti largheggia di Puccini e balletti, esalta un *Idomeneo, re di Creta* con il te-

p. 189 | 2, 4, 7, 13, 15 dicembre 1988. *Die Walküre (La Walkiria)*. Direttore d'orchestra: Riccardo Chailly. Regia, scene e costumi: Pier'Alli. Movimenti mimici: Sandra Mingardo.

Romantic opera: Heinrich Marschner's *Der Vampyr* was written in 1828 and right from the title we see that it is was a continuation of the fantastical and supernatural spirits of the earlier staging of Weber's *Der Freischütz*; sets by Pizzi, conducted by Roberto Abbado. As for repertory opera, the best-loved Italian opera has always been *I puritani*, presented here with sets by Pier'Alli, conducted by the young Michele Mariotti (the theatre's new principal conductor, remaining until 2018) and starring the tenor Juan Diego Flórez.

On 17 February, an interesting twentieth-century interlude: Britten's *A Midsummer Night's Dream* came to Bologna from its native Venice, directed by the utterly English David Pountney (the darling of the Wexford Festival also served as librettist and translator). Between March and April, the greatest names in Italian opera returned (not Puccini, however, the triptych staged the previous March having been, perhaps, enough for the guest of honour in 2008): Rossini's *La gazza ladra* came from the Rossini Opera festival, where its singular serio-comic weight was entrusted to Damiano Michieletto (22 March); the staging of Verdi's *Rigoletto* was instead the Comunale's own, already famed and rightly so thanks to the skill and imagination of Giancarlo Cobelli (29 April). At the podium? The tireless Bruno Bartoletti. On the stage? The timeless Leo Nucci. On 19 June, the season closed with Mozart's *The Marriage of Figaro*, coming from the Opéra National of Bordeaux and directed by Robert Carsen in a modern, spare iteration without costumes, face powder or wigs.

At the height of the financial crisis and in a crisis of its own in the form of theatre workers' discontent, the 2009/10 season led by Tutino and Mariotti was thick with Puccini and ballets, elevated an *Idomeneo, re di Creta* with the tenor Francesco Meli (and Davide Livermore directing), and held a

p. 189 | 2, 4, 7, 13, 15 December, 1988. *Die Walküre (The Walkirye)*. Orchestra's conductor: Riccardo Chailly. Direction, set and costume designer: Pier'Alli. Mimic movements: Sandra Mingardo.

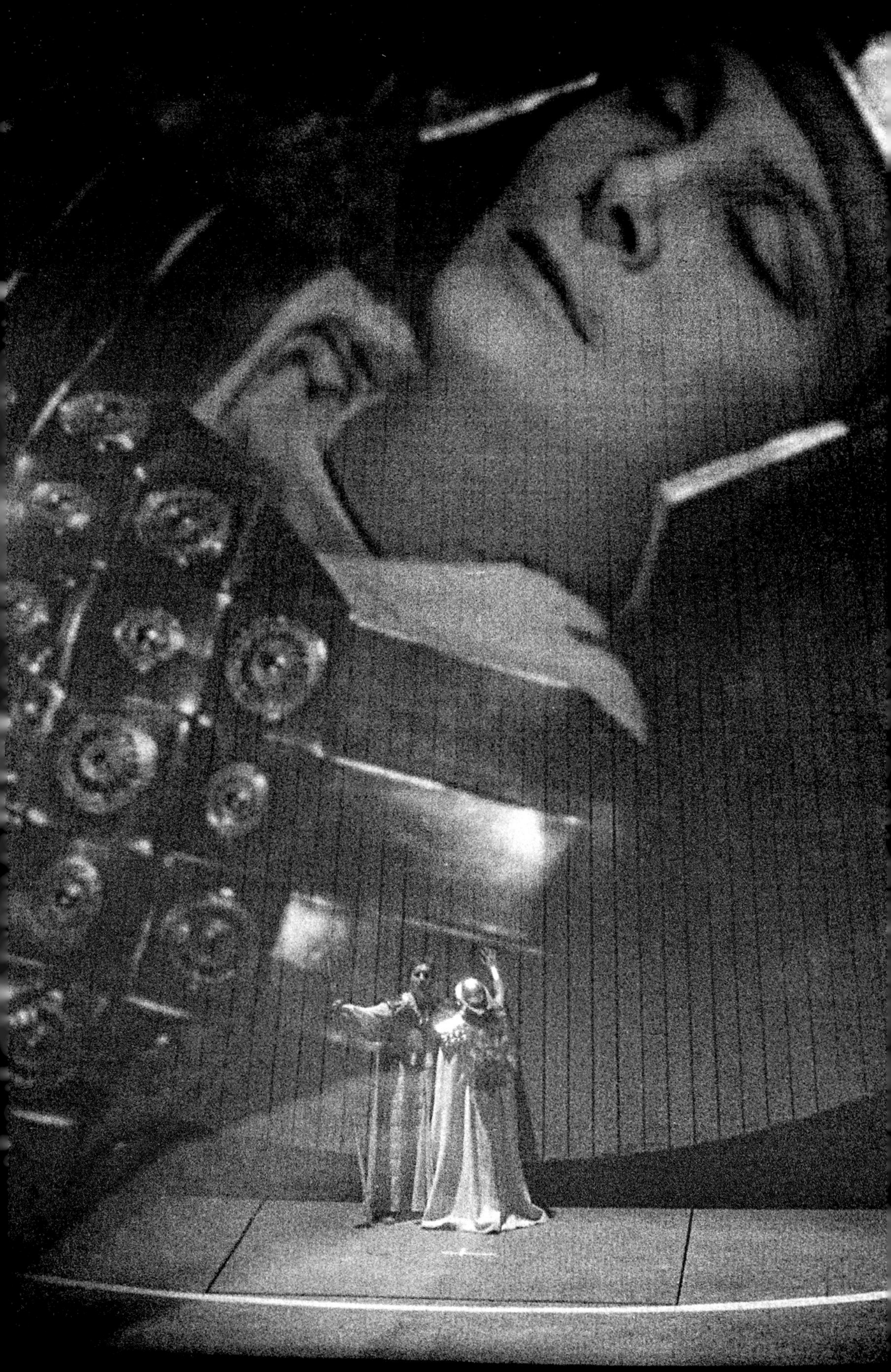

nore Francesco Meli a protagonista (e Davide Livermore regista), lancia un *Buon Compleanno Maestro* allo scomparso Luciano Pavarotti con una bella frotta di cantanti presentata da Lucio Dalla e con incasso all'ANT.

Quinario con rimalmezzo

La crisi nazionale e internazionale non accenna a scemare, il Comune di Bologna è commissariato, il teatro naviga in acque torbide. Il Comunale prende due decisioni: separare nuovamente le due figure principali, che nel 2011 sono Francesco Ernani da gennaio e Nicola Sani da maggio (nuovo maestro del coro, per due anni, Lorenzo Fratini); e congedare l'antica "stagione di carnevale" estesa dal tardo autunno alla primavera (e oltre) in favore di una stagione coincidente con l'anno stesso, una stagione annuale o magari solare, da un gennaio al suo dicembre. È il *Tannhäuser* di Dresda, cioè la prima e quindi rarissima edizione del capolavoro wagneriano del 1845, a inaugurare la stagione il 16 gennaio, cui seguono balletti e opere fra cui la novità assoluta di Lorenzo Ferrero, quel commissionato *Risorgimento!* che il 5 aprile partecipa alle celebrazioni per l'unità d'Italia. Nella sinfonica, intanto, spicca Mariotti che propone al Manzoni un Brahms prediletto da Abbado: il *Canto del destino* e la *Nenia* lasciano stupefatti gli spettatori, avvezzi all'opulenza del relativo sinfonismo e concertismo. Fra le altre manifestazioni un concerto per il quindicinale dalla scomparsa di Mariele Ventre, uno per Tristan Murail, uno per la rassegna estiva del "Cinema ritrovato".

Notevole rilancio e notevole continuità registra il teatro negli anni a venire, così rassicurato fino al 2017 da Ernani e Sani (Ernani e Sani, il quinario con rimalmezzo del titolino). Nel 2012 *Jakob Lenz* di Wolfgang Rihm si fa

p. 190 | 5, 7, 9, 12, 15, 17, 19, 22 febbraio 1989. Luciano Pavarotti, *Un ballo in maschera*. Direttore d'orchestra: Gustav Kuhn. Regia: Sonja Frisell. Scene e costumi: John Conklin.

Buon Compleanno Maestro concert at the death of Luciano Pavarotti with a fine crowd of singers presented by Lucio Dalla and all of the evening's proceeds going to the ANT, the Italian cancer foundation.

Pentasyllabic Line with Internal Rhyme

The national and international crisis was showing no sign of abating, the Municipality of Bologna was put under a commissioner, theatre was in a time of trouble. The Comunale made two decisions: it re-separated its two heads, who were, in 2011, Francesco Ernani from January and Nicola Sani from May (the new chorus master was, for two years, Lorenzo Fratini), and it said goodbye to the old 'carnival season' extending from late autumn to the spring (and beyond), replacing it with a year-long season, a solar season, running from January to December. The Dresden *Tannhäuser*, which is to say the first and so very rare edition of Wagner's 1845 masterpiece, opened the season on 16 January, followed by ballets and operas, including a new work commissioned from Lorenzo Ferrero, *Risorgimento!*, presented on 5 April in celebration of Italian Unity. Mariotti stood out in the realm of symphonic music at the Manzoni with Brahms, a favourite of Abbado: the Schicksalslied and Nänie left audiences amazed, inured to the opulence of the relative symphonism and concert orchestration and performance. The programme also included a concert for the fifteenth anniversary of the death of Mariele Ventre, one for Tristan Murail and one for the summer festival 'Cinema ritrovato'.

In the years to come, the theatre was distinguished for a noteworthy relaunch and noteworthy continuity, ensured until 2017 by Ernani and Sani (Ernani and Sani, the pentasyllabic line with

p. 190 | 5, 7, 9, 12, 15, 17, 19, 22 February, 1989. Luciano Pavarotti, *Un ballo in maschera*. Orchestra's conductor: Gustav Kuhn. Direction: Sonja Frisell. Set and costume designer: John Conklin.

spazio tra Puccini e Mozart, mentre ricompare l'indimenticabile ma spesso dimenticato *Trovatore* di Verdi. Nel 2013 il teatro celebra sé stesso (un vecchio di 250 anni), due icone di sempre come Verdi e Wagner (nati nel 1813), due maestri del Novecento come Bruno Maderna (1920-1973) e Luciano Berio (1925-2003). Nuovo maestro del coro Andrea Faidutti, comincia il *Macbeth* di Bob Wilson, segue *Der Fliegende Holländer* di Yannis Kokkos, di novità brilla il *Divorzio all'italiana* di Giorgio Battistelli (da Nancy). Già secondo, Wagner diventa primo nel 2014, con l'audace e discusso *Parsifal* di Romeo Castellucci responsabile di regia, scene, costumi e luci, a capo di nove spettacoli fra cui novità di Andrea Molino e Michel Jarrell. Ma c'è posto anche per la tremenda *Lady Macbeth del distretto di Mcensk* diretta da Vladimir Ponkin, per un meraviglioso *Lago dei cigni* nella cui coreografia Andrej Petrov inserisce illustri frammenti storici (Lev Ivanov, Marius Petipa, Aleksandr Gorskij), una sinfonica che omaggia la musica russo-sovietica da tutti i pori dell'orchestra, del pianoforte, del violino, anche del clarinetto.

Due le novità del 2015, a buona firma italiana di Alessandro Solbiati (nel Bibiena) ed Emanuele Casali (all'Arena del Sole): principiata con *Un ballo in maschera* dalla doppia emme, Mariotti e Michieletto, la stagione trova forse la sua acme nella *Jenůfa* di Janáček concertata da Juraj Valčuha e messa in scena da Alvis Hermanis, ma in luglio ha modo di alimentare il genere del musical con la bella *Evita* di Andrew Lloyd Webber, scrigno di una gemma come «Don't cry for me, Argentina». Due anche quelle del 2016 (stagione aperta e chiusa da Mariotti con *Attila* e *Werther*), di Pippo Delbono il fiammante *Vangelo, opera contemporanea* e le non nuovissime *Luci mie traditrici* di Sciarrino.

È sempre un bel nodo da sciogliere, l'allestimento di un'opera contemporanea. Ma l'approdo al Comunale di Bologna, il 14 giu-

p. 193 | 5, 6, 7, 8, 10, 11, 12, 13, 14 aprile 1990. *La bohème*. Direttore d'orchestra: Gianluigi Gelmetti. Regia: Giancarlo Cobelli. Scene e costumi: Maurizio Balò.

internal rhyme of the title for this section). In 2012, Wolfgang Rihm's *Jakob Lenz* found a place for itself between Puccini and Mozart, while the unforgettable but often forgotten *Trovatore* by Verdi reappeared. In 2013, the theatre celebrated itself (now a venerable 250 years old), two timeless icons, Verdi and Wagner (born in 1813) and two twentieth-century masters, Bruno Maderna (1920-1973) and Luciano Berio (1925-2003). With a new chorus master, Andrea Faidutti, it began with a *Macbeth* by Bob Wilson followed by a *Der Fliegende Holländer* by Yannis Kokkos, and a shining new entry, Giorgio Battistelli's *Divorzio all'italiana* (from Nancy). Previously second, Wagner took centre stage in 2014, with the bold and much talked about *Parsifal* directed by Romeo Castellucci, who also handled the sets, costumes and lights, followed by nine other shows including new work by Andrea Molino and Michel Jarrell. But there was also room for the tremendous *Lady Macbeth del distretto di Mcensk* conducted by Vladimir Ponkin, a splendid *Swan Lake* choreographed by Andrej Petrov, who added illustrious historical fragments (Lev Ivanov, Marius Petipa, Aleksandr Gorskij) and symphonic music that paid homage to Russian-Soviet music bursting from every pore of the orchestra, piano, violin and even clarinet.

There were two new arrivals in 2015, Italian works by Alessandro Solbiati (at the Bibiena) and Emanuele Casali (at the Arena del Sole). The season, which began with *Un ballo in maschera* by the two Ms, Mariotti and Michieletto, may have reached its height with Janáček's *Jenůfa*, orchestrated by Juraj Valčuha and with sets by Alvis Hermanis, but in July it fed the musical genre with Andrew Lloyd Webber's captivating *Evita* and its gem 'Don't cry for me, Argentina'. There were also two new arrivals in 2016 (a season opened and closed by Mariotti with *Attila* and *Werther*): Pippo Delbono's blazing *Vangelo, opera contemporanea* and the not particularly new *Luci mie traditrici* by Sciarrino.

The staging of a contemporary opera is

p. 193 | 5, 6, 7, 8, 10, 11, 12, 13, 14 April, 1990. *La bohème*. Orchestra's conductor: Gianluigi Gelmetti. Direction: Giancarlo Cobelli. Set and costume designer: Maurizio Balò.

gno, di *Luci mie traditrici* di Salvatore Sciarrino, largamente positivo, deve averlo tagliato di netto, il nodo, più che sciolto con fatica, perché alla benevola vigilanza dell'autore s'è aggiunto il contributo, fondamentale, di un maestro concertatore e direttore d'orchestra più che affidabile, esperto dello stile in genere e della partitura in particolare. Stupisce, non si può negare, un'apertura di sipario che sembra un mattutino quadretto goldoniano, o se si vuole anche, ma leggermente, pirandelliano: interno borghese, sedie e tavolini, quadri alle pareti, perfino una carta geografica, e quanto ai personaggi atteggiamenti e movimenti di tutti i giorni, fra l'altro con spunti e soluzioni di carattere comico, perfino farsesco (quando si gira impettiti, si inciampa, si stramazza a terra o altrove). Ma Jürgen Flimm, il regista, concepisce lo spettacolo come un lento *progress* verso il dramma più nero, meno borghese e più macabro, meno verosimile e più visionario possibile. Alla selezionata orchestra del Comunale (senza oboi né corni) provvede Marco Angius, laborioso e profondo conoscitore di una partitura che dura circa settanta minuti ma forse esige anni e anni di approccio. Sala lodevolmente abbastanza piena: successo di autentica stima per l'insigne compositore e di lieta sorpresa per un'opera nuova e complessa ma tutta capita e goduta.

Più tradizionale la stagione 2017, l'ultima interamente retta da Sani: fra le sue punte *La voix humaine* di Poulenc, protagonista un'attrice come Anna Caterina Antonacci, e il *Peter Grimes* di Britten, ispirato regista Cesare Lievi. Quanto al sinfonico, Mariotti vuole ricordare Jean Sibelius a 150 dalla nascita con un concerto monografico comprendente la seconda sinfonia e il concerto per violino (con Viktoria Mullova). Quanto al balletto, la Fura dels Baus suona fuori ma gioca dentro casa con *El amor brujo* del grande, poco eseguito Manuel De Falla.

always difficult knot to untangle. But the, largely positive, arrival of Salvatore Sciarrino's *Luci mie traditrici* at the Comunale di Bologna, on 14 June, must have just cut straight through that knot, rather than slowly untangling it, since the benevolent vigilance of the author was joined by the fundamental contribution of an eminently reliable master conductor, expert in the style in general and the score in particular. The curtain opening onto what seemed like a Goldoni, or even, but just slightly, Pirandello morning scene was, it must be said, astonishing: middle-class interior, chairs, little tables, pictures on the walls, even a map, and as for the characters, everyday behaviour and movements as well as some comical, even farcical, elements (turning stiffly, tripping, falling to the floor or elsewhere). But the director, Jürgen Flimm, conceived of the opera as a slow progression towards darker, less middle-class, more macabre drama, less plausible, as visionary as possible. The Comunale's orchestra, tailored to the show (no oboes, no horns), was led by Marco Angius, possessed by deep, hard-won knowledge of a score that lasts around seventy minutes but perhaps demands years and years of contemplation. The auditorium was commendably quite full: a success for the audience's true esteem for the composer and slight surprise over a new complex opera however fully understood and enjoyed.

The 2017 season, the last led entirely by Sani, was more traditional: among its high points, Poulenc's *La voix humaine*, starring Anna Caterina Antonacci, and Britten's *Peter Grimes*, with inspired direction by Cesare Lievi. As for symphonic music, Mariotti celebrated Jean Sibelius 150 years after his birth with a single-composer concert that included his second symphony and violin concerto (with Viktoria Mullova). And as for ballet, the Fura dels Baus, for whom it was an away game but they played as if at home, in *El amor brujo* by the great, rarely performed Manuel De Falla.

p. 194 | 3, 6, 9, 11, 13, 15, 17 marzo 1990. *Siegfried*. Direttore d'orchestra: Peter Schneider. Regia, scene e costumi: Pier'Alli.

p. 194 | 3, 6, 9, 11, 13, 15, 17 March, 1990. *Siegfried*. Orchestra's conductor: Peter Schneider. Direction, set and costume designer: Pier'Alli.

Diciotto

Saranno i soliti corsi e ricorsi, e sarà anche un bene: una cinquantina d'anni fa il melodramma classico-romantico è rifiorito alla grande, dopo le lunghe fortune dell'opera verista; e ora, senza attentare in nulla a un Rossini o a un Donizetti, l'opera verista riprende un suo democratico posto (se poi accanto alla commedia e al dramma barocco tanto meglio). La Scala ha aperto con *Andrea Chénier*, il Comunale con *La bohème*; e non si stia a sindacare su Realismo, Verismo, Naturalismo e via dicendo, perché quello che conta è il torno di tempo, allorquando, morente o morto il Grande Vecchio, bisognava pur andare avanti, quasi alla cieca se non per altro per l'evidente impossibilità di confrontarsi con lui (che di confronti ne accettava uno solo, Wagner). Come altrove e come ogni altra opera del suo autore, *La bohème* è di casa a Bologna (anche se, curiosamente, Puccini presenziò a tutte le sue prime del Comunale tranne quella), ma che fosse messa a capo della stagione (una stagione, ormai si sa, non più accavallata a due anni ma distribuita lungo un anno solo), questa è la novità, il sintomo delle rinnovate fortune della Giovane Scuola. Che, sia detto per inciso, ha ancora molti affezionati cultori da accontentare.

Alla nuova produzione firmata da Mariotti e Vick seguono *Les dialogues des Carmélites*: uno spettacolo eccellente, curato nei particolari ma anche indovinato nell'assieme, nient'affatto calligrafico ma nemmeno decostruttivo e ricostruttivo a piacere, non fedele alla lettera ma sicuramente sensibile allo spirito di una civiltà come quella francese tanto attaccata alla Rivoluzione, di un narratore-drammaturgo come Bernanos, di un musicista-drammaturgo come Poulenc. È opera lunga, storica, corale, che la regia di Olivier Py ha trattato con ogni chiarezza in una cornice visiva asciutta, disadorna, spaziosa, monocroma: niente che caratterizzasse luoghi e tempi da Terrore, certo, ma nient'altro di attualistico o prosaico che disturbasse l'andamento della vicenda; e spesso nere le pareti, con pannelli scorrenti, e tutti grigi e talvolta neri i personaggi. Il canto,

Eighteen

Along with the usual ebbs and flows, a gift: around fifty years ago, classical-Romantic melodrama made a big comeback, after a long period of Verist opera; and now, without undermining Rossini or Donizetti, Verist opera is retaking its democratic place (if also alongside comedy and Baroque drama, all the better). La Scala opened with *Andrea Chénier*, the Comunale with *La bohème*; and one does not get into criticising Realism, Verismo, Naturalism and so on, since what counts is time circling back, when, the grand old man dead or dying, it was still necessary to move forward, almost blindly, if not for other reasons than for the clear impossibility of comparison with him (since in the realm of comparisons, he accepted only one, Wagner). As elsewhere and as with every other opera by its composer, *La bohème* is right at home in Bologna (even though, oddly, Puccini was present at all of his premieres at the Comunale except that one), but putting it at the head of a season (a season, we now understand, no longer straddling two years but distributed along one only): that was new, the symptom of the renewed fortunes of the Young School. Which, incidentally, still has a great many devoted fans to satisfy.

The new production by Mariotti and Vick was followed by *Les dialogues des Carmélites*: an excellent show, with close attention to detail but also cleverly done on the whole, not calligraphic in the least but neither deconstructive or reconstructive at will, not faithful to the letter but surely sensitive to the spirit of the French culture, so attached to the Revolution, of a narrator-dramatist like Bernanos and a musician-dramatist like Poulenc. It is a long, historical, choral work, which Olivier Py's direction treated with utter clarity in a spare, unadorned, spacious, monochrome visual frame: nothing that characterised the places and times of The Terror, of course, but neither anything actualistic or prosaic that would disturb the development of the story. The walls were mostly black, with sliding panels; the costuming all grey and sometimes black.

eccolo: limpidissimo quello corale, istruito da Faidutti, dall'*Ave Maria* al *Salve Regina* mediante l'*Ave verum*, e tale da sorprendere, quasi, il pubblico, e strappargli convintissimi applausi finali; e buono quello solistico, di specialisti quasi tutti francesi.

Dopo un buon *Simon Boccanegra* di tradizione e i romantici *Capuleti e Montecchi* immersi in un bar, con tanto di bancone e biliardo, il mese di giugno riporta una delle opere più complesse di tutto il repertorio e care al Comunale, *Don Carlo*. Complesso il dramma, sempre difficile l'allestimento: Henning Brockhaus e Nicola Rubertelli vogliono una scena scura, nerastra, ferrigna, sopra un fondo che sembra ora un prezioso damasco antico e ora una fitta rete metallica, comunque dando un'idea di oppressione, ostilità, soffocamento giustissima per l'opera. Su tanto dramma, la concertazione dei disciplinatissimi complessi del teatro effettuata da Mariotti sembra sparire: ma solo perché sempre giusta e mai velleitaria, sempre sensibile e mirabilmente, magnificamente prevedibile.

E poi musical. *West Side Story* di Leonard Bernstein va in scena l'11 luglio come coproduzione con la Bernstein School of Musical Theater di Bologna. La ricetta del successo non è una sola: qua la bravura intrinseca di tutti, cantanti e recitanti e ballanti; là l'efficacia e l'efficienza della messinscena; e dappertutto un impegno d'assieme totale, mirabilmente quasi maniacale, che rende sciolto, veloce, coinvolgente un testo invero piuttosto lungo, al punto da impedire allo spettatore di distrarsi, di pensare un attimo agli affari suoi, quasi quasi di ricordarsi di dover respirare. Un centinaio di persone ha lavorato allo spettacolo, impossibile da citarsi al completo (eppure in tanto lavoro sarebbe bastato un niente per rallentare qualcosa e disincantare qualcuno). A capo Gianni Marras, primo e presumibilmente entusiastico "motore" del perfetto organismo, con la coreografia di Gillian Elizabeth Bruce e la scenografia di Giada Abiendi. Quanto alla ricetta, ecco l'ultimo ingrediente: prove su prove, dedizione infinitesimale, nulla di nulla mai lasciato al caso.

As for song: the choral music, led by Faidutti, was crystalline, from the *Ave Maria* to the *Salve Regina* with the *Ave verum* in between, almost taking the audience by surprise, stirring them to wild applause at the end; the solos were also quite good, almost all by French singers.

After a good, traditional *Simon Boccanegra* and the romantic *Capuleti e Montecchi*, set in a bar, complete with counter and billiards, the month of June brought one of the most complex operas in the entire repertoire and beloved by the Comunale: *Don Carlo*. Complicated drama, difficult sets. Henning Brockhaus and Nicola Rubertelli opted for a dark, blackish, iron-like set on a ground that seemed sometimes like fine old damask and sometimes like dense metal mesh, creating a sense of oppression, hostility and suffocation appropriate to the opera. With so much drama, Mariotti's orchestration of the highly disciplined theatrical ensembles seemed to disappear, but only because always correct and never foolish, always sensitive and admirably, magnificently predictable.

And then the musicals. Leonard Bernstein's *West Side Story* opened on 11 July, co-produced with the Bernstein School of Musical Theater of Bologna. More than one recipe for success was followed: the intrinsic bravura of everyone involved, singers, actors, dancers; the effective and efficient sets and total, admirable, almost maniacal overall dedication throughout that rendered a text to be honest quite long, fluid, quick and engaging, such that the audience had no chance to get distracted and think about something else, even almost forgetting to breathe. Around one hundred people worked on the production; it would be impossible to list them all (and yet in the midst of so much work the slightest thing would have been enough to slow something down or disillusion someone). Directed by Gianni Marras, the first and presumably enthusiastic 'driver' of the perfect team, with choreography by Gillian Elizabeth Bruce and sets by Giada Abiendi. The final ingredient? Endless rehearsals, infinite dedication and nothing, but nothing, ever left to chance.

Dopo l'estate, la stagione ha ripreso e ha chiuso con Donizetti e Mozart. Il Comunale possedeva un buon allestimento della *Fille du régiment*, datato 2004, e l'ha giustamente riprodotto il 9 novembre affidando la ripresa della regia di Emilio Sagi a Valentina Brunetti. Niente Francia da Ottocento, sulla scena, ma molta Italia di mezzo Novecento: tutto gradevole, simpatico, misurato, sciolto, nonostante, forse, troppi passi da marcetta e troppi saluti militareschi; e anche l'ottimo, ovviamente maturo coro maschile istruito da Andrea Faidutti era vestito alla moderna e non dava proprio l'idea degli smilzi soldatini di piombo che dovrebbero costituire "l'undecimo ch'egual non ha". Sagace amministratore dello spettacolo era Yves Abel, sinfonista brillante e accompagnatore attento. Artisti principali Hasmik Torosyan, Maxim Mironov e Federico Longhi, letteralmente coperti di applausi: il soprano per l'agilità spericolata, il tenore per l'acutezza e la gentilezza della voce, il baritono per il gesto e la comunicativa.

Infine, il 15 dicembre il Comunale ha rivisto quel capolavoro che è *Don Giovanni*. Le scene di Alexandre de Dardel hanno risparmiato: molto povero, il palcoscenico, e va bene; ma quel fondale ruvido e grigio, quel niente davanti, quelle lampadinucce che salivano e scendevano davano un'impressione generale di nudità e di squallore più da film che da melodramma. Buon per il regista Jean-François Sivadier, se il protagonista era il basso-baritono Simone Alberghini: un giovane uomo dall'aspetto privilegiato, nobile, alto e prestante; e senza dubbio un attore nato. Ogni movimento, e quanti! era chiaro, ampio, disinvolto, aristocratico, solenne o comico all'occasione, che Giovanni dovesse lusingare Anna o vessare Leporello, acchinarsi a terra o sfilarsi improvvisamente o anche spogliarsi quasi del tutto al cospetto del "vecchio [giudice] infatuato" (modello papabile il Raimondi filmato da Losey). Concertando anche Vito Priante, Federica Lombardi, Salome Jicia e Paolo Fanale nell'amplesso della correttissima compagine coral-orchestrale del Comunale, Michele Mariotti ha scelto una via interpretativa media fra l'austerità di

After the summer, the season re-opened and ended with Donizetti and Mozart. The Comunale possessed a good staging of the *Fille du régiment*, dated 2004, and it has rightly staged it on 9 November entrusting the filming of Emilio Sagi's direction to Valentina Brunetti. On the stage, no France from 1800, but a lot of Italy from the mid-1900: everything was pleasant, funny, measured, loose, despite, perhaps, there were too many marching steps and too many military greetings; and also the excellent, obviously mature male chorus instructed by Andrea Faidutti was dressed in a modern way that did not give the idea of the thin lead soldiers that should constitute 'the eleventh who is unmatched'. Yves Abel, brilliant symphonist and caring accompanist, was the wise manager of the show. The main artists, Hasmik Torosyan, Maxim Mironov and Federico Longhi were warmly applauded: the soprano for her daring agility, the tenor for the sharpness and kindness of his voice, the baritone for his gestures and his communicative power.

Finally, on 15 December, the Comunale has again staged the masterpiece that is *Don Giovanni*. The scenes of Alexandre de Dardel were thin: the stage was very bare, and that's fine; but that grey and rough backdrop, that nothingness on the front of it, those little lamps that went up and down gave a general impression of a nudity and a squalor more like a film than a melodrama. Lucky for the director Jean-François Sivadier, the protagonist was the bass-baritone Simone Alberghini: a young man with a privileged, noble, tall and lending look; and without a doubt a hell of an actor. Each movement, and how many!, was clear, ample, casual, aristocratic, solemn or comical on occasion... Giovanni should flatter Anna or harass Leporello, or bow to the ground or take off suddenly or even undress almost entirely in the presence of the "old [judge] infatuated" (papabile model is the Raimondi filmed by Losey). By coordinating also Vito Priante, Federica Lombardi, Salome Jicia and Paolo Fanale who are part of the Comunale choral-orchestral team, Michele Mariotti has chosen an

Furtwängler e la geometria di Abbado: sdegnosa della comicità caricata che sarebbe tipica di Leporello e piuttosto cauta nell'incalzare sia del serio che del soprannaturale. Il pubblico non ha lesinato applausi; e ha degnamente salutato l'addio di un Mariotti che il teatro stesso ha ufficialmente ringraziato per la lunga, onesta e felice militanza.

interim interpretation between Furtwängler's austerity and Abbado's geometry: disdainful of the excessive comedy that it would be typical of Leporello and rather cautious in advancing both the serious and the supernatural. The public has not spared applause, paying a proper tribute to the farewell of Mariotti. The theatre itself officially thanked him for his long, honest and happy militancy.

Il nuovo secolo

The New Century

Chiedilo
marinai

utti i mari, chiedilo al
e attraversò l'oceano.

pp. 202-203 | 1, 3, 5, 6, 7, 9, 14, 16 dicembre 2000. *Der Fliegende Holländer (L'Olandese Volante)*. Direttore d'orchestra: Daniele Gatti. Regia, scene e costumi: Yannis Kokkos. Luci: Guido Levi.

pp. 204-205 | 18, 20, 22, 24, 25, 27 marzo 2007. *Pulcinella, Arlecchino*. Direttore d'orchestra: David Agler. Regia: Lucio Dalla. Scene e costumi: Italo Grassi. Luci: Daniele Naldi. Coreografie: Luciano Cannito.

pp. 202-203 | 1, 3, 5, 6, 7, 9, 14, 16 December, 2000. *Der Fliegende Holländer (The Flying Dutchman)*. Orchestra's conductor: Daniele Gatti. Direction, set and costume designer: Yannis Kokkos. Lights: Guido Levi.

pp. 204-205 | 18, 20, 22, 24, 25, 27 March, 2007. *Pulcinella, Arlecchino*. Orchestra's conductor: David Agler. Direction: Lucio Dalla. Set and costume designer: Italo Grassi. Lights: Daniele Naldi. Choreography: Luciano Cannito.

DI VINO

pp. 200-201, 206, 207 | 16, 19, 21, 22, 24, 26 gennaio 2010. *Salome.* Direttore d'orchestra: Nicola Luisotti. Regia: Gabriele Lavia. Scene: Alessandro Camera. Costumi: Andrea Viotti.

pp. 208-209 | 21, 23, 24, 25, 27, 28 febbraio 2010. *Idomeneo, re di Creta.* Direttore d'orchestra: Michele Mariotti. Regia: Davide Livermore. Scene: Santi Centineo. Costumi: Giusi Giustino.

pp. 210-211 | 16, 18, 20, 23, 25, 27, 29 gennaio 2011. *Tannhäuser.* Direttore d'orchestra: Stefan Anton Reck. Regia e luci: Guy Montavon. Scene: Edoardo Sanchi. Costumi: Amélie Haas.

pp. 200-201, 206, 207 | 16, 19, 21, 22, 24, 26 January, 2010. *Salome.* Orchestra's conductor: Nicola Luisotti. Direction: Gabriele Lavia. Set designer: Alessandro Camera. Costume designer: Andrea Viotti.

pp. 208-209 | 21, 23, 24, 25, 27, 28 February, 2010. *Idomeneo, re di Creta.* Orchestra's conductor: Michele Mariotti. Direction: Davide Livermore. Set designer: Santi Centineo. Costume designer: Giusi Giustino.

pp. 210-211 | 16, 18, 20, 23, 25, 27, 29 January, 2011. *Tannhäuser.* Orchestra's conductor: Stefan Anton Reck. Direction and lights: Guy Montavon. Set designer: Edoardo Sanchi. Costume designer: Amélie Haas.

pp. 212-213 | 5, 7, 10, 12, 14, 16 aprile 2011. *Risorgimento!*. Direttore d'orchestra: Michele Mariotti. Regia: Giorgio Gallione. Scene: Tiziano Santi. Costumi: Claudia Pernigotti. Luci: Andrea Oliva. Movimenti coreografici: Giovanni Di Cicco. Contributi video: Francesco Frongia.

pp. 214-215 | 13, 14, 16, 17, 19, 20, 21 marzo 2013. *Der Fliegende Holländer (L'Olandese Volante)*. Direttore d'orchestra: Stefan Anton Reck. Regia, scene e costumi: Yannis Kokkos. Luci: Guido Levi. Video: Eric Duranteau.

pp. 216-217 | 11, 12, 13, 14, 15, 16 giugno 2013. *Divorzio all'italiana*. Direttore d'orchestra: Daniel Kawka. Regia: David Pountney. Scene e costumi: Richard Hudson. Luci: Fabrice Kebour. Video: fettFilm.

pp. 212-213 | 5, 7, 10, 12, 14, 16 April, 2011. *Risorgimento!*. Orchestra's conductor: Michele Mariotti. Direction: Giorgio Gallione. Set designer: Tiziano Santi. Costume designer: Claudia Pernigotti. Lights: Andrea Oliva. Choreography: Giovanni Di Cicco. Video contributions: Francesco Frongia.

pp. 214-215 | 13, 14, 16, 17, 19, 20, 21 March, 2013. *Der Fliegende Holländer (The Flying Ducthman)*. Orchestra's conductor: Stefan Anton Reck. Direction, set and costume designer: Yannis Kokkos. Lights: Guido Levi. Video: Eric Duranteau.

pp. 216-217 | 11, 12, 13, 14, 15, 16 June, 2013. *Divorzio all'italiana*. Orchestra's conductor: Daniel Kawka. Direction: David Pountney. Set and costume designer: Richard Hudson. Lights: Fabrice Kebour. Video: fettFilm.

pp. 218-219 | 8, 9, 10, 11, 13, 14 maggio 2014. *Il lago dei cigni*. Direttore d'orchestra: Felix Krieger. Allestimento del Kremlin Ballet. Coreografia e regia: Andrej Petrov. Con frammenti di coreografie di Lev Ivanov, Marius Petipa e Aleksandr Gorskij. Scene: Stanislav Benedictov. Costumi: Olga Polijanskaja.

pp. 218-219 | 8, 9, 10, 11, 13, 14 May, 2014. *Swan Lake*. Orchestra's conductor: Felix Krieger. Setting-up by Kremlin Ballet. Choreography and direction: Andrej Petrov. With pieces of choreography by Lev Ivanov, Marius Petipa and Aleksandr Gorskij. Set designer: Stanislav Benedictov. Costume designer: Olga Polijanskaja.

pp. 220-221 | 17, 18, 19, 21, 22, 23 aprile 2015. *Jenůfa*. Direttore d'orchestra: Juraj Valčuha. Regia e scene: Alvis Hermanis. Costumi: Anna Watkins. Luci: Gleb Filshtinsky. Video: Ineta Sipunova.

pp. 222-223 | 16, 17, 18 luglio 2015. *Evita*. Direttore d'orchestra: Stefano Squarzina. Regia: Gianni Marras. Direzione Musicale: Shawna Farrell. Coreografie: Gillian Bruce. Scene: Giada Abiendi. Costumi: Massimo Carlotto. Luci: Daniele Naldi.

pp. 220-221 | 17, 18, 19, 21, 22, 23 April, 2015. *Jenůfa*. Orchestra's conductor: Juraj Valčuha. Direction and set designer: Alvis Hermanis. Costume designer: Anna Watkins. Lights: Gleb Filshtinsky. Video: Ineta Sipunova.

pp. 222-223 | 16, 17, 18 July, 2015. *Evita*. Orchestra's conductor: Stefano Squarzina. Direction: Gianni Marras. Musical direction: Shawna Farrell. Choreography: Gillian Bruce. Set designer: Giada Abiendi. Costume designer: Massimo Carlotto. Lights: Daniele Naldi.

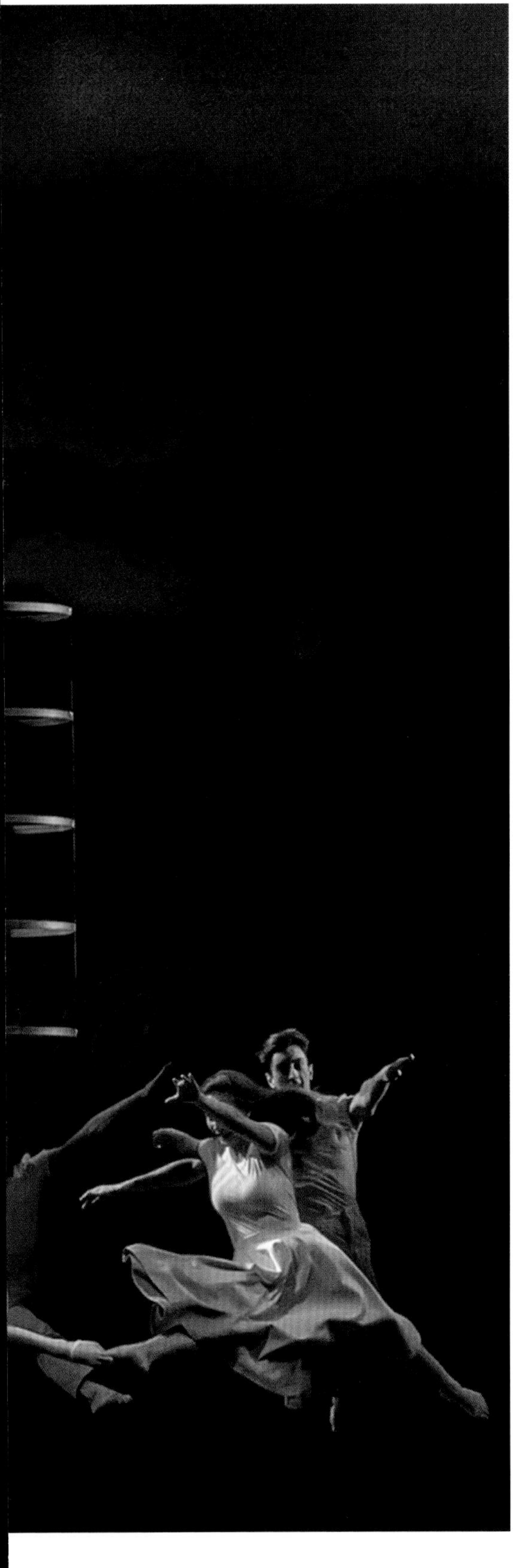

pp. 224-225 | 11, 13, 14, 16 marzo 2018. *Dialogues des Carmélites*. Direttore d'orchestra: Jérémie Rhorer. Regia: Olivier Py. Scene e costumi: Pierre-André Weitz. Luci: Bertrand Killy.

pp. 226-227 | 11, 12, 13, 14, 15, 17 luglio 2018. *West Side Story*. Direttore d'orchestra: Timothy Brock. Regia: Gianni Marras. Direzione artistica: Shawna Farrell. Coreografie: Gillian Bruce. Scenografie: Giada Abienti. Costumi: Massimo Carlotto. Luci: Daniele Naldi.

pp. 224-225 | 11, 13, 14, 16 March, 2018. *Dialogues des Carmélites*. Orchestra's conductor: Jérémie Rhorer. Direction: Olivier Py. Set and costume designer: Pierre-André Weitz. Lights: Bertrand Killy.

pp. 226-227 | 11, 12, 13, 14, 15, 17 July, 2018. *West Side Story*. Orchestra's conductor: Timothy Brock. Direction: Gianni Marras. Artistic direction: Shawna Farrell. Choreography: Gillian Bruce. Set designer: Giada Abienti. Costume designer: Massimo Carlotto. Lights: Daniele Naldi.

16

IN BOLOGNA

NEL NUOVO PUBLICO TEATRO

LA PRIMAVERA DELL' ANNO 1763.

SI RAPPRESENTA IL DRAMMA INTITOLATO

IL TRIONFO DI CLELIA

Del celebre Signor Abate Pietro Metastasio Poeta Cesareo

LA MUSICA SARA'

Del Signor Cavaliere Cristofano Gluk al servizio delle MM. LL. II. RR.

GLI ATTORI SARANNO

Signora Antonia Girelli Aguillar. — *Signor Giovanni Manzoli.*
Signora Cecilia Grassi. — *Signor Giuseppe Tibaldi.*
Signor Giovanni Toschi. — *Signor Gaetano Ravanni.*

Inventore, e Direttore de' Balli Monsù Augusto Hus Mastro della Reale Corte di S. M. il Re di Sardegna, eseguiti dalli seguenti.

Madam Mimì Gambuccj fà Rier, Virtuosa di Ballo di S.A.R. l' Infante di Spagna Duca di Parma ec. ec. ec. — Monsù Augusto Hus suddetto.
Signora Maria Ester Boccherinj. — Signor Onorato Vigarò.
Madamoiselle Ippolita Prin. — Signor Antonio Porri Fiorentino.

Signora Anna Dosi.
Signora Marianna Corticelli.
Sig.ra Girolama Monignani.
Signora Geltrude Santoli.
Signor Francesco Marcuzzi.
Signor Giovanni Ferrareli.
Signor Bartolomeo Ruggieri.
Signor Francesco Ponci.
Monsù Francesco Rasetti.
Signor Vincenzo Bertarini.
Signor Vincenzo Tagliavini.
Signor Vincenzo Tinti.
Signor Angelo Giacomazzi.
Signora Maria Marcuzzi.
Signora Giuditta Galassi.
Signora Giuseppa Tomasini.
Signora Anna Costa.

E FUORI DE' CONCERTI

Signora Costanza Tinti Salamon. — Signor Francesco Salamon detto di Vienna.

Il Vestiario sarà tutto nuovo di ricca, e vaga invenzione del Signor Pietro Antonio Biagi Bolognese.

Il Teatro, e Mutazioni di Scene sono invenzione del Sig. Cavaliere Antonio Galli Bibiena Bolognese, primo Architetto, ed Ingegniere Teatrale delle Maestà Loro Imperiali.

Il Mecanismo Teatrale è Opera del Signor Petronio Nanni Machinista Bolognese.

Le Recite, che si rappresentaranno nelli giorni del Mese di Maggio saranno li 14. 15. 17. 18. 22. 23. 24. 28. 29. 31.
Nelli giorni del Mese di Giugno saranno li 2. 4. 5. 6. 7. 8. 9. 11. 12. 14. 15. 18. 19. 21. 22. 25. 26., e 29.

In BOLOGNA per il Sassi Successore del Benacci. *Con licenza de' Superiori.*

Maîtres et Premières

Maîtres et Premières

Gluck e *Il trionfo di Clelia*

> In Bologna / Nel nuovo publico teatro / Inventato dal celebre Sig. Cavaliero Antonio Galli Bibiena Bolognese, primo / Architetto, ed Ingegnere Teatrale delle LL. MM. II. RR. / la primavera dell'anno 1763. / Si rappresenta il dramma intitolato / *Il trionfo di Clelia* / Del celebre Signor Abbate Pietro Metastasio Poeta Cesareo. / La musica sarà / Del Signor Cavaliero Cristofaro Gluck al servizio delle MM. LL. II. RR. / Gli attori saranno / Signora Antonia Girelli Aguillar. / Signora Cecilia Grassi. / Signor Giovanni Toschi. / Signor Giovanni Manzoli. / Signor Giuseppe Tibaldi. / Signor Gaetano Ravanni. / Inventore, e Direttore de' Balli Monsieur Augusto Hus Mastro della Reale Corte / di S.M. il Re di Sardegna, eseguiti dalli seguenti / [...]

Così un manifesto annunciò per il 14 maggio del 1763 e per 27 repliche fino al 29 giugno l'andata in scena al Comunale di Bologna dell'opera richiesta a Gluck dal conte Luigi Bevilacqua che rappresentava il nuovissimo teatro. L'occasione era di gran lustro, per il commissionante e per il commissionato, per la città ambiziosa e per

p. 228 | 14 maggio 1763. Manifesto inaugurale delle attività del Teatro con *Il trionfo di Clelia*. Teatro Comunale di Bologna – Fondazione.

Gluck and *Il trionfo di Clelia*

> In Bologna / At the new public theatre / Invented by the celebrated Bolognese Antonio Galli Bibiena, / Architect, and Theatre Engineer of the LL. MM. II. RR. / the spring of the year 1763. / Presents the drama titled / *Il trionfo di Clelia* / By the celebrated Pietro Metastasio, Caesarean Poet. / The music will be / By Cristofaro Gluck in the service of the MM. LL. II. RR. / The actors will be / Antonia Girelli Aguillar. / Cecilia Grassi. / Giovanni Toschi. / Giovanni Manzoli. / Giuseppe Tibaldi. / Gaetano Ravanni. / Inventor and Director of Dances, Augusto Hus Headmaster of the Royal Court / of His Majesty the King of Sardinia, performed by / [...]

So read a poster announcing the opening on 14 May 1763 (to be followed by twenty-seven performances ending 29 June) at the Comunale of Bologna of the work commissioned from Gluck by the Count Luigi Bevilacqua, on behalf of the new theatre. It was a highly prestigious occasion for commissioner, commissioned, ambitious city and celebrated master alike. Gluck

p. 228 | 14 May, 1763. Inaugural poster of the activities of the Theatre with *Il trionfo di Clelia*. Teatro Comunale in Bologna – Fondazione.

il maestro celebrato. Gluck scelse un libretto metastasiano appena proposto alla corte di Vienna con musica di Hasse, a celebrare il «felicissimo parto di S.A.R. l'arciduchessa Isabella di Borbone», nel 1762; e terminò la composizione, sebbene cautamente, prima della partenza. Il viaggio lo fece in compagnia del violinista Karl Ditters von Dittersdorf e di Chiara Marini, già primadonna a Praga, con la madre, compagnia non scevra di amabili galanterie e di più concreta conoscenza fra i due giovani ventiquattrenni. Tappe principali furono Neustadt, Graz, Lubiana, Gorizia, Mestre; a Venezia arrivarono alla mezzanotte della domenica delle Palme, ma se le donne si fermarono un po' gli uomini vi soggiornarono addirittura una settimana, nella speranza di ascoltare musica nuova che fu vanificata dalla chiusura dei teatri (né compensata da un modesto oratorio modestamente eseguito all'Ospedale o Conservatorio degli Incurabili).

A Bologna Gluck dovette completare la partitura considerando certe caratteristiche ed esigenze degli esecutori, che ascoltò subito a casa di Bevilacqua. Ma lavorava di mattina e di sera, per concedersi diporti vari nel pomeriggio. Con Ditters, presentato come semplice allievo, fece visita al mitico Farinelli, musico pugliese del 1705 ritirato a Bologna da due anni, affabilissimo, ricco di gloria e di danaro, cui il ricordo del contralto Vittoria Tesi conciliò ancora di più il giovane Karl. Quindi si presentò al venerato Padre Martini, umile francescano richiesto di pareri da tutta l'Europa musicale per la dottrina sconfinata. Sempre, comunque, si recava al caffè, spesso ai concerti che si tenevano nelle chiese verso il tramonto, molto applauditi, e poi altrove, all'aperto, durante i festeggiamenti indetti per la Madonna di S. Luca, in musicale compagnia per esempio del castrato Nicolini. Così se ne sarebbe sovvenuto Ditters:

chose a Metastasio libretto that had been just presented at the court of Vienna with music by Hasse, in celebration of the 'successful birth of [a child to] Her Royal Highness the archduchess Isabella of Bourbon' in 1762; he completed the composition, albeit tentatively, before his departure. He travelled in the company of the violinist Karl Ditters von Dittersdorf and Chiara Marini, who had been prima donna in Prague, and her mother, a group not lacking in pleasant gallantries and the possibility of a closer relationship between the two young twenty-four-year-olds. Their main stops were Neustadt, Graz, Ljubljana, Gorizia and Mestre. They arrived in Venice at midnight on Palm Sunday, but while the women only stayed a little while, the men remained for a full week, in hopes of hearing new music, dashed by the closure of the theatres (but compensated by a modest oratory modestly performed at the Ospedale or Conservatorio degli Incurabili).

In Bologna, Gluck must have completed the score with consideration of the particular features and requirements of the performers, who he heard immediately at Bevilacqua's home. But he worked in the morning and evening, in order to give himself time for various diversions in the afternoon. With Ditters, introduced simply as a student, he visited the legendary Farinelli, a musician from Puglia (born 1705) who had retired to Bologna two years before, an affable, successful, wealthy man, whose memories of the contralto Vittoria Tesi recommended him even further to the young Karl. Then he introduced himself to the venerated Father Martini, a humble Franciscan whose guidance was sought by all of musical Europe for his boundless musical culture. He was, in any case, always at the café and often in attendance at the, much lauded, concerts held in the churches around sunset, as well as elsewhere, outdoors, during the new celebrations in honour of the Madonna of St. Luke, in the musical company of, among others, the castrato Nicolini. This is how Ditters remembered it:

p. 231 | 1 novembre 1867. Manifesto per il *Don Carlos* e per il balletto *La Peregrina*. Museo internazionale e biblioteca della musica di Bologna.

p. 231 | 1st November, 1867. Poster for *Don Carlos* and for the dance *La Peregrina*. International museum and library of music in Bologna.

(C)

BOLOGNA

GRAN TEATRO COMUNALE

Impresa Scalaberni

VENERDÌ SERA 1.° NOVEMBRE 1867 ALLE ORE 8

AVRÀ LUOGO

LA QUARTA RAPPRESENTAZIONE

dell'applauditissima grand'Opera-Ballo

DON CARLOS

dell'illustre Maestro Cav. GIUSEPPE VERDI, diretta dal Celebre Maestro

Cav. ANGELO MARIANI.

PERSONAGGI	ATTORI	PERSONAGGI	ATTORI
FILIPPO II, Re di Spagna	*Giovanni Capponi*	LA PRINCIPESSA EBOLI	*Antonietta Fricci Neri Baraldi*
DON CARLOS, infante di Spagna	*Giorgio Stigelli*	TEBALDO, Paggio d' Elisabetta	*Rosina Bruzzone*
RODRIGO, Marchese di Posa	*Antonio Cotogni*	LA CONTESSA D'AREMBERG (mima)	*Giulia Astolfi*
IL GRANDE INQUISITORE	*Luigi Rossi*	IL CONTE DI LERMA	*Carlo Casarini*
UN FRATE	*Pietro Milesi*	UN ARALDO	*N. N.*
ELISABETTA DI VALOIS	*Teresina Stolz*		

Nel terzo Atto dell'Opera suddetta, si eseguirà il Balletto

LA PEREGRINA

Composto dal Prof. CARLO DE-BLASIS, *nel quale danzerà la di Lui allieva, Prima Ballerina assoluta di Rango Francese*

ERMINDA LAMBERTINI

PERSONAGGI	ATTORI	PERSONAGGI	ATTORI
REGINA DELLE ACQUE	*Carolina Salvioni Rossi*	PERLA NERA	*Serafina Giovesi*
PERLA BIANCA	*Erminda Lambertini*	PESCATORE	*Rinaldo Rossi*
PERLA ROSSA	*Giovannina Bassi*	PAGGIO	*Margherita Murazzani*

Tritoni – Ondine – Perle ecc.

PREZZO DEL BIGLIETTO D'INGRESSO alla Platea Lire 3. - detto al Loggione Lire 1. - detto dei Posti Riservati, non compresa l'entrata Lire 5.

Nei giorni, in cui avranno luogo le Rappresentazioni del **DON CARLOS**, l'impresa serbera sino alle ore 7 di sera posti riservati, e palchi a disposizione delle persone che arriverranno cogli ultimi treni.

Bologna 31 Ottobre 1867.

Tipografia di Giuseppe Vitali.

Si sparse voce che il giorno successivo durante la messa un virtuoso tedesco si sarebbe esibito al violino. Quando uscimmo dalla chiesa sentimmo due signori che dicevano fra loro: "Domattina sentiremo un virtuoso tedesco"; e l'altro rispose: "Temo, che si farà canzonar, dopo che abbiamo sentito quel bravo Spagnoletti". Ma quando il giorno dopo suonai un concerto, composto da me, non fui deriso come aveva previsto quel signore. Gluck, il signor Bevilacqua e il signor Manzoli si congratularono con me per il generale applauso che avevo avuto da tutti gli ascoltatori. Gluck raccontò che lui con intenzione si era posto vicino ai due critici del giorno prima per sentire il loro giudizio, e allora l'uno avrebbe esclamato: "Per Dio! quel ragazzo suona come un angelo". E l'altro avrebbe soggiunto: "Com'è mai possibile, che una tartaruga tedesca possa arrivare a tale perfezione?". Dopo di che egli s'era presa la libertà di dire al secondo: "Signor, con permissione! anch'io sono una tartaruga tedesca, ma con tutto questo ho l'onore di scrivere l'Opera nuova per l'apertura del teatro ristabilito". Quello allora si era scusato, del tutto guarito dal pregiudizio che gli era stato insegnato sulla nazione tedesca.

Word got around that a German virtuoso would be playing the violin the next day during Mass. As we were leaving the church, we heard two men talking amongst themselves: 'Tomorrow we will hear a German virtuoso', to which the other replied, 'I fear that he will be made fun of, since we have heard that excellent Spagnoletti.' But when I played a concert the next day, composed by myself, I was not derided as that man had predicted. Gluck, Bevilacqua and Manzoli all congratulated me for having been applauded by the entire audience. Gluck told of how he had intentionally placed himself near the two critics from the day before to hear their judgement, and the one had exclaimed: 'My God! That young man plays like an angel!'. To which the other added: 'How is it possible that a German turtle has achieved such perfection?'. After which he took the liberty of saying to the latter: 'Sir, if you will! I, too, am a German turtle, but in spite of all of this it has been my honour to write the new opera for the opening of the new theatre.' The man then apologised, entirely cured of the prejudice he had been taught against the German nation.

Dopo l'apprezzato concerto in S. Paolo e l'annesso episodio, un altro episodio riguardante Nicolini, sempre a memoria di Ditters:

After the applauded concert at S. Paolo and that little vignette, another episode occurred, involving Nicolini, also remembered by Ditters:

Egli era, secondo il carattere di molti giovani castrati, vivace, ardito, allegro, chiacchierone e arrogante. Camminava come era sua abitudine con la testa per aria. Voltammo a un angolo per prendere un'altra strada, e passammo vicino a un mendicante. Nicolini, che non se n'era accorto,

He was, in keeping with the character of many young castrati, lively, bold, cheerful, talkative and arrogant. He walked, as was his habit, with his head in the clouds. We turned a corner to go down a different street and passed close by a beggar. Nicolini, who did not realise this, tripped over his feet,

inciampò nei suoi piedi, così quasi da cadere. Pieno di rabbia gridò con voce squillante: "Eh! cane d'un orbo maledetto!". Il mendicante, che lo credette una donna per via della voce da soprano, rispose a tono: "Eh! donnaccia da strada! perché strapazzi un povero orbo mendicante?". Noi tutti scoppiammo a ridere, ma temevamo che Nicolini se la prendesse col povero diavolo. Quegli invece prese la sua borsa, ne tolse due lire e le mise in mano al mendicante con queste parole: "E allora, vecchio, se l'hai già indovinato, eccoti due lire d'elemosina". Il cieco, quando davvero sentì le monete nella mano, si raccolse con gratitudine, chiuse le mani sulla stampella e disse: "Dio vi ricompensi! e vi dia in cambio la grazia che vi convertiate come la Santa Maddalena, che lasciate la vostra vita disonesta e facciate pentimento". Se prima già avevamo riso, ora dovevamo ridere ancora dieci volte tanto. Fu una delle scene più buffe della mia vita. La storiella presto si diffuse per tutta Bologna, e da quel momento Nicolini fu chiamato "la Santa Magdalena".

almost falling over. Full of rage, he yelled in a piercing voice: 'Hey! Dog of a damned blind man!' The beggar, who thought he was a woman, due to his high soprano's voice, retorted: 'Hey! Streetwalker! Why are you mistreating a poor blind beggar?' We all burst out laughing, but we were afraid that Nicolini would take it out on the poor devil. Instead, he found his purse, removed two lire from it and put them in the beggar's hand with these words: 'And so, old man, if you've already guessed it, here are two lire in alms for you.' When the blind man felt that there were really two coins in his hand, he accepted gratefully, clenched his crutch and said: 'May God repay you and give you in exchange the grace to convert like the Holy Magdalene, to leave your dishonest life and be penitent.' If we had laughed before, now we laughed ten times harder. It was one of the funniest things I had ever seen in my life. The story quickly spread all over Bologna, and Nicolini was called the 'Holy Magdalene' forever after.

Dopo 17 prove, si vendettero per la *première* 1.514 biglietti, e 970 all'ultima recita. *Il trionfo di Clelia* ricevette molte buone accoglienze da parte degli ambienti dotti della città, e alcune critiche anche aspre perché chiaramente di parte. Gluck fu contento dei cantanti, pagati del resto secondo il loro valore, e meno dell'orchestra di 56 elementi che a suo avviso non reggeva il confronto con quella di Vienna. Dopo la terza rappresentazione, il maestro partì, rimpinguato di 240 zecchini romani e scortato da una canzonetta dialettale che gli rimava il cognome non tanto al nome del mercenario assoldato dal re d'Egitto quanto al suo senso figurato di essere sciocco e insignificante: «Doman el part el Cluch: / El va per Triest; / Ch'al faga ben prest, / Perché el è un gran Mamaluch». Nondimeno, Bologna si ricordò ancora del suo provvido cavaliere.

After seventeen rehearsals, 1,514 tickets were sold for the premiere, and 970 at the final performance. *Il trionfo di Clelia* was very well received in the city's cultured circles, also garnering a bit of harsh, however clearly biased, criticism. Gluck was content with the singers, who were paid for that matter according to their value, but less so with the fifty-six-musician orchestra, which in his view did not stand up to comparison with the one in Vienna. After the third performance, the maestro left, 240 Roman zecchini richer and accompanied by a little song in dialect that rhymed his surname with a word selected not so much for the meaning 'mercenary hired by the king of Egypt' as in its figurative sense of being stupid and unimportant: 'Tomorrow departs Gluck: / He goes by way of Trieste; / Let him be quick, / Because he is a big Mameluke'. Nevertheless, Bologna still remembers its far-sighted knight.

BOLOGNA

GRAN TEATRO COMUNALE

Impresa Scalaberni

MARTEDÌ SERA 23 MARZO 1869 ALLE ORE 8

(FUORI D'ABBONAMENTO)

PRIMA RAPPRESENTAZIONE STRAORDINARIA

DELLA

MESSA SOLENNE

a quattro parti, con soli, e cori composta da

G. ROSSINI

eseguita dalle Signore SOFIA VERA-LORINI, ERMINIA SPITZER, LAURA HIMÈLA,
Signori CARLO VICENTELLI, GIOVANNI VALLE, TOMMASO COSTA, e coro di uomini, donne e ragazzi,
sotto la direzione musicale del Maestro E. MUZIO.

L'orchestra e cori sono aumentati da amatori che gentilmente si prestano. - L'organo sarà tenuto dal Prof. A. BUSI.

Questa Messa scritta da **ROSSINI** nel **1863** per canto con accompagnamento di **Piano-Forte** ed **Harmonium**, fu eseguita per la prima volta, il **24 Aprile 1865**, nel palazzo del Conte Pillet-Will. Instrumentata dall'Illustre Maestro nel **1865**, esa fu eseguita dagli artisti del **Teatro Italiano** in Parigi, la sera del **28 Febbraio 1869**, ed ora per la **PRIMA VOLTA** in Italia in **Bologna**.

PARTE PRIMA

1. KYRIE CHRISTE { SOLI E CORO, pezzo concertato. Signore *Vera-Lorini, Spitzer, Himèla*. Signori *Vicentelli, Valle, Costa*, e *coro di uomini* e *donne*.
2. GLORIA LAUDAMUS { SOLI E CORO, pezzo concertato. Signore *Vera-Lorini, Spitzer, Himèla*. Signori *Vicentelli, Valle, Costa* e *coro di uomini* e *donne*.
3. GRATIAS. TERZETTO cantato dalla Signora *Himèla* e Signori *Vicentelli* e *Valle*.
4. DOMINE. ARIA cantata dal Signr *Vicentelli*.
5. QUI TOLLIS. DUETTO cantato dalle Signore *Spitzer* e *Himèla*.
6. QUONIAM. ARIA cantata dal Sigor *Valle*.
7. CUM SANCTO. SOLI E CORO. Fug cantata dalle Signore *Vera-Lorini, Spitzer, Himèla*. Signori *Vicentelli, Valle, Costa* con *cori di uomini e donne*.

PARTE SECONDA

8. { CREDO. SOLI E CORO, pezzo concertato eseguito dalle Signore *Vera-Lorini, Spitzer, Himèla*. Signori *Vicentelli, Valle* e *Costa*.
CRUCIFIXUS. ARIA cantata dalla Signora *Vera-Lorini*.
ET RESSURREXIT. *SOLI e CORO pezzo concertato Fuga eseguito dagli artisti e cori.*
9. PRELUDIO RELIGIOSO. PER ORGANO SOLO (Offertorio) eseguito dal Maestro *Alessandro Busi*.
10. SANCTUS. SOLI E CORO senza accompagnamento, eseguito dalle Signore *Vera-Lorini, Spitzer*, Signori *Vicentelli, Valle, Costa* e *cori di uomini e donne*.
11. O SALUTARIS. SOLO cantato dalla Signora *Spitzer*, con accompagnamento di solo Quartetto d'istrumenti a corda con sordini.
12. AGNUS DEI. SOLO E CORO, cantato dalla Signora *Himèla*, con *coro d'uomini e donne*.

BIGLIETTO D'INGRESSO L. 3 -- DI LOGGIONE L. 1 -- DI POSTO RISERVATO L. ~~10~~ 5 -- DI POLTRONA L. ~~20~~ 10.

Nei giorni di Giovedì 25 e Domenica 28 corr. si eseguirà la suddetta Messa.

Al Camerino del Teatro si vendono sin d'ora Chiavi di Palchi e Biglietti di Posto Riservato per la suddette Rappresentazioni.

Bologna 18 Marzo 1869.

L'IMPRESA.

Tipografia di G. Vitali

Verdi e *Don Carlo*

Il 9 marzo del 1842 era andato in scena alla Scala *Nabucodonosor* e il 9 marzo del 1844 alla Fenice era stata la volta di *Ernani*, ma del nuovo *Don Carlos* il 9 marzo del 1867 l'Opéra di Parigi fu in grado di dare soltanto la prova generale. La prima ebbe luogo l'11 marzo, lo stesso giorno e mese che nel 1851 avevan visto la Fenice spellarsi le mani per *Rigoletto*. Davanti alla famiglia imperiale e ai grandi nomi dell'aristocrazia, della borghesia, della diplomazia nonché della cultura, della scienza e dell'arte: ma «non fu un successo!!», esclamò il giorno dopo un autore sempre schietto, nemico della retorica in generale e anche, ma non qui, della litote; e così capitò nelle quarantadue repliche, che tuttavia impinguarono sufficientemente le casse del teatro. Allegramente contraddittorie la stampa e la critica: sul «Figaro» Jules Claretie segnalava il passo in avanti compiuto da Verdi; sul «Moniteur» Théophile Gautier faceva notare come la «potente semplicità» dell'opera fosse innervata da «uno sviluppo straordinario di mezzi armonici, di sonorità ricercate e di forme melodiche nuove»; nel berlioziano «Journal des débats» Ernest Reyer confermava l'idea della maturazione. Buone firme per buone idee, dunque. La sera dopo la *première* Verdi lasciò Parigi, Opéra, *Don Carlos*, così spazientito da autorizzare il taglio del finale quarto là dove il baritono s'era lagnato di doversene star morto a terra mentre succedeva il finimondo della sommossa; e cominciò a riflettere sopra una versione italiana.

Eccola pronta, e bolognese. Il 27 ottobre dello stesso 1867 l'italiano *Don Carlo* s'avvale della versione ritmica di Achille De Lauzières e della direzione, concertazione e gestione di Angelo Mariani (maestro del coro Alessandro Moreschi, direttore della banda Alessandro

p. 234 | 23 marzo 1869. Manifesto per la *Petite Messe solennelle* di Gioachino Rossini. Museo internazionale e biblioteca della musica di Bologna.

Verdi and *Don Carlo*

On 9 March 1842, *Nabucodonosor* opened at La Scala, and on 9 March 1844, *Ernani* at La Fenice, but when it came to *Don Carlos*, on 9 March 1867, the Paris Opera was only ready for the dress rehearsal. The premiere took place on 11 March, the same day and month that La Fenice had premiered *Rigoletto* in 1851. It opened before the imperial family and the big names of the aristocracy, bourgeoisie, diplomatic circles and the spheres of culture, science and art: but 'It was not a success', an author wrote the next day, a writer known for his frankness, enemy of rhetoric in general as well as, although not here, of litotes; and so it continued for the forty-two performances, which nevertheless fattened the theatre's coffers plenty. The press and critics were cheerfully contradictory: in *Figaro*, Jules Claretie remarked that Verdi had made a breakthrough; in *Moniteur*, Théophile Gautier wrote that the 'potent simplicity' of the opera was invigorated by 'extraordinary harmony, sophisticated sonority and new melodic forms' and, in the Berliozian *Journal des débats*, Ernest Reyer also noted that Verdi had matured. Interesting ideas from good writers, therefore. The evening after the premiere, Verdi left Paris, Opera, *Don Carlos*, so impatient as to authorise cutting out the fourth finale, the baritone complaining about having to remain lying dead on the floor while the chaos of the uprising swirled around him, and began to think about an Italian version.

Here there is was ready, and Bolognese. On 27 October 1867, the Italian *Don Carlo* availed itself of the rhythmic version by Achille De Lauzières and the direction, orchestration and management of Angelo Mariani (chorus master, Alessandro Moreschi, orchestra conductor Alessandro Antonelli, stage director

p. 234 | 23 March, 1869. Poster for the *Petite Messe solennelle* by Gioachino Rossini. International museum and library of music in Bologna.

Antonelli, «direttore di scena e riproduttore dei ballabili» Giovanni Bolelli). Davanti a un foltissimo pubblico di bolognesi, di «abitanti delle cento città d'Italia» e forestieri «di varie nazioni», cantano al Comunale Giorgio Stigelli (Carlo), Giovanni Capponi (Filippo), Teresa Stolz (Elisabetta), Antonio Cotogni (Rodrigo), Antonietta Fricci (Eboli), Luigi Rossi (l'Inquisitore) e Pietro Milesi (un Frate). Ed è un successo memorabile, un trionfo quasi senza precedenti. Autorevole critico dell'«Opinione» di Roma, Francesco Flores d'Arcais scrive così:

> È soprattutto nello strumentale che Verdi si manifesta l'uomo dei suoi tempi. [...] Gli effetti immaginati da Verdi sono nuovi ed arditi, e sovra tutto aggiungono forza ed efficacia al dramma. L'istrumentazione del *Don Carlo* sarà una miniera inesauribile per gli studiosi. Pensieri nuovi nel *Don Carlo* ve ne sono a josa, ma non tutti diverranno preda degli organetti. Il duetto tra Filippo II e l'Inquisitore, a ragion di esempio, è un pensiero nuovissimo, ma non lo zufolerete per le vie... La musica del *Don Carlo* ha da cima a fondo questo pregio, ch'è in perfetta armonia colle situazioni drammatiche.

Da parte loro i giornali cittadini spendono parole superlative: la serata è «una festa artistica», l'opera è «un tutto armonico, sonoro, grandioso» e deriva da un'«assoluta unità di concetto», magnifico il «colorito d'istrumentale», il «monumento del progresso vero della scuola italiana» fa sì che «il primato nazionale è salvo [...] almeno per ciò che riguarda la regina di tutte le arti, la musica». Grazie a cantanti tutti eccellenti: un soprano dalla voce purissima, estesa e robusta, un mezzosoprano pari solo alla lontana Malibran (fino a bissare il finale del terzetto, «Trema per te, falso figliuolo», e l'aria «O don fatale»), un baritono sublime ma anche simpaticissimo, un tenore di grande ingegno e «polmoni d'acciaio», un basso tonante ed espressivo. Infine, e non

and player of dances, Giovanni Bolelli). Singing at the Comunale before a huge crowd of Bolognese, visitors 'from Italy's hundred cities' and foreigners 'from various nations' were Giorgio Stigelli (Carlo), Giovanni Capponi (Filippo), Teresa Stolz (Elisabetta), Antonio Cotogni (Rodrigo), Antonietta Fricci (Eboli), Luigi Rossi (the Inquisitor) and Pietro Milesi (a Friar). It was a memorable success, an almost unprecedented triumph. The authoritative critic Francesco Flores d'Arcais wrote, in the *Opinione* of Rome:

> Verdi expresses the man of his times above all in the instrumental. [...] The effects dreamed up by Verdi are new and bold, and above all add force and efficacy to the drama. The instrumentation of *Don Carlo* will be an inexhaustible mine for scholars. *Don Carlo* is packed with new melodies, but not all of them fell victim to the organ grinders. The duet between Filippo II and the Inquisitor, to take an example, is a very new melody, but you do not whistle it in the streets... This is the merit of all of the music of *Don Carlo*, it is in perfect harmony with the work's dramatic situations.

For their part, the city newspapers were superlative: the evening was 'an artistic festival', the opera 'a harmonic, sonorous, grand whole' and derived from 'total conceptual unity', the 'instrumental colour' was magnificent, a 'monument of the true progress of the Italian school' that ensured that 'the national primacy is safe [...] at least for that which concerns that queen of all arts, music'. Thanks to singers who were all without exception excellent: a soprano with a pure, expansive and robust voice, a mezzo soprano equal only to the distant Malibran (to the point of repeating the finale of the terzetto, 'Trema per te, falso figliuolo', and the aria 'O don fatale' in an encore), a sublime but also highly likeable baritone, a brilliant tenor with

guasta, la borsa dell'impresario Scalaberni «trabocca [...] di biglietti di banca, perché può dirsi che ogni sera tutte le città italiane mandano il loro contingente ad applaudire il nome di Verdi» e più precisamente l'impresario «benedice il Cigno di Busseto, perché la media serale degli incassi raggiunge la somma vistosa di cinque mila franchi».

Si tratta della seconda versione dell'opera, la prima integrale (fin dove possibile) in italiano dopo una messinscena londinese del 4 giugno che, già in italiano, aveva tagliato il primo atto, i balli e qualcos'altro. La terza versione in assoluto e seconda italiana è quella che nasce al S. Carlo di Napoli il 6 marzo del 1872 (il 6 marzo del 1853, alla Fenice, era andata in scena *La traviata*), rinnovata di musica nel duetto fra basso e baritono su nuovi versi di Antonio Ghislanzoni (intanto sperimentato come versificatore d'*Aida*) e accorciata un po' all'altezza dell'ultimo duetto fra soprano e tenore. Nel 1882, l'anno del *Parsifal* di Wagner, il povero Méry è già fra i più, ma Du Locle è vivo e desto, sebbene non ineccepibile di comportamento; e con Charles Nuitter che interpola nuovi versi e Angelo Zanardini che rivede la versione di De Lauzières e traduce le aggiunte, Verdi concepisce e stabilisce un'altra versione dell'opera, la quarta in assoluto e la seconda veramente diversa, con l'idea che possa circolare più comodamente entrando nel repertorio corrente. Dunque si taglia tutto il primo atto e si trasferisce la romanza del tenore dal vecchio al nuovo primo atto (modificandola un po'); si sfronda il duetto fra tenore e baritono; il duetto fra basso e baritono, già rifatto per Napoli, lo si conferma come dramma ma lo si varia arditamente come musica; si tagliano il ballo e la scena precedente fra soprano e mezzosoprano, dando posto a un passo strumentale che faccia da preludio al nuovo secondo atto; si cambia la scrittura del soprano nel duettino col basso; prima della sua grande aria si inserisce la confessione della principessa; si recupera, ancorché abbreviata, la scena della sommossa; si snellisce l'assiemistico finale ultimo (invece l'ambiguità di un morto che compare, canta,

'lungs of steel' and a booming, expressive bass. Finally, and this did not hurt, the purse of the impresario Scalaberni was described as 'overflowing [...] with banknotes, since every evening all of the cities of Italy send their contingents to applaud Verdi' and more precisely the impresario 'blesses the Swan of Busseto since the nightly average is reaching the princely sum of five thousand francs'.

This was the second version of the opera, the first full-length (to the degree possible) in Italian, after a London staging on 4 June that, already in Italian, had cut the first act, the dances and more. The third version overall and second Italian opened at S. Carlo in Naples on 6 March 1872 (*La traviata* had opened at La Fenice on 6 March 1853), with updated music for the duet between bass and baritone which had new verses by Antonio Ghislanzoni (meanwhile tested as a writer for *Aida*) and shortened a bit at the final duet between soprano and tenor. In 1882, the year of Wagner's *Parsifal*, poor Méry was already among the many, but Du Locle was alive and well, although not on his best behaviour. And, with Charles Nuitter adding new verses and Angelo Zanardini revising the version by De Lauzières and translating the additions, Verdi conceived and established another version of the opera, the fourth overall and the second that was truly different, with the idea that it would be easier to circulate and enter the current repertoire. And so, the entire first act was cut and the tenor's romance was moved from the old first act to the new one (changing it a bit); the duet between tenor and baritone was trimmed; the duet between bass and baritone, already redone for Naples, was maintained in terms of text but heavily changed in terms of music; the dance and preceding scene between soprano and mezzo-soprano were cut, creating space for an instrumental passage that served as a prelude to the new second act; the soprano's lyrics in the short duet with the bass were changed; the princess's confession was inserted before her grand aria; the uprising scene was brought back, although in abbreviated form; the ensemble final was streamlined (although

predica un po' e allunga le mani, prima Frate e poi Carlo imperatore, non la si vuole chiarire e si fa bene). Insomma, «più concisione e più nerbo», comunica Verdi all'amico Arrivabene il 15 marzo del 1883, in attesa che la Scala, dov'altro mai? provveda all'allestimento.

La stagione d'opera 1883/84, alla Scala, comincia il 26 dicembre con una novità poco musicale, l'adozione dell'elettricità (in programma l'ancora giovinetta e spettacolare *Gioconda* di Ponchielli); ma il 10 gennaio è pronta ad accogliere il nuovo, anzi meglio rinnovato (eppure non ancora ultimo) *Don Carlo* di Verdi. A dirigere l'orchestra e concertare la partitura non è il povero Mariani, morto da una decina d'anni, ma Franco Faccio, serio musicista ormai rassegnato a lasciar perdere la composizione in proprio e a perfezionarsi nell'interpretazione della musica altrui. Bene, anche se non benissimo. Mentre il pubblico degli appassionati applaude, la critica non si smentisce, si divide, rimpiange il primo *Don Carlos*, prodiga riferimenti wagneriani (ci casca anche Filippi, che però elargisce un giudizio complessivo di vero entusiasmo). L'autore, un drammaturgo che di solito mette il naso su tutto, stavolta tutto sommato è stato spettatore anche lui: rimane dietro le quinte; ha minacciato i cantanti, che nell'esaltazione finale non lo trascinino al proscenio a inchinarsi, sorridere, ringraziare; è contento, onde torna alla seconda e anche alla terza recita; poi parte, per la temperatura della riviera, per il silenzio di casa sua, per il pianoforte di *Otello*.

Non paga di Parigi, Bologna, Napoli, Milano, *Don Carlo* conquista anche Modena: in italiano, con l'antico primo atto ma senza il vecchio balletto, il 29 dicembre 1886 va in scena in quel Comunale, direttore Guglielmo Zuelli e protagonista Francesco Signorini. Ultima versione, alla buon'ora; e pronta per una nuova stampa di spartito (doppia, in francese e in italiano ma sempre presso

the ambiguity of a dead man who appears, sings, prays a bit and extends his hands, first Brother and then Emperor Carlo, was left unclear and this was a good thing). In short, 'more concision, more muscle', Verdi wrote to his friend, Arrivabene, on 15 March 1883, waiting for La Scala, where else?, to take care of the staging.

The 1883/84 opera season at La Scala began on 26 December with an innovation unrelated to music: the adoption of electricity (on the calendar, Ponchielli's spectacular and still new *Gioconda*), but on 10 January it was ready for Verdi's new, or rather revised (but still not definitive) *Don Carlo*. Rather than poor Mariani, who had died around ten years before, the orchestra was conducted and score arranged by Franco Faccio, a serious musician by that point resigned to abandoning composition and perfecting his interpretation of others' music. This was fine, even if not great. While the opera enthusiasts applauded, the critics, true to form, split, sighing for the first *Don Carlos*, heavy with Wagnerian references (even Filippi fell for it, although his overall judgement was truly enthusiastic). This time, the author, a dramatist who usually stuck his nose into everything, was by and large a spectator as well: he stayed behind the scenes; he threatened the singers, so that in the final excitement they would not drag him onto the stage to bow, smile and thank; he was happy, when he returned to the second and even third performance; then he left, for the climate of the shore, the silence of his own home and the piano of *Othello*.

Not satisfied with Paris, Bologna, Naples and Milan, *Don Carlo* also conquered Modena: in Italian, with the old first act but without the old dance, it opened at the city's Teatro Comunale on 29 December 1886, conducted by Guglielmo Zuelli and Francesco Signorini as the lead. The final version, at last, and the score ready for a fresh printing (in French

p. 239 | 3 dicembre 1873. Manifesto per *I goti* e per il gran ballo *Le due gemelle*. Teatro Comunale di Bologna – Fondazione.

p. 239 | 3rd December, 1873. Poster for *I goti* and for the great dance *Le due gemelle*. Teatro Comunale in Bologna – Fondazione.

BOLOGNA
TEATRO COMUNALE

Mercoledì 3 Dicembre (8 pom.)

TERZA RAPPRESENTAZIONE

della NUOVA Opera

I GOTI

Poesia di STEFANO INTERDONATO, Musica del Maestro STEFANO GOBATTI.

ARTISTI DI CANTO

LEVIELLI-COLONI LEONIA, BOLIS LUIGI, ROSSI-ROMIATI SILVIO
GIOMMI NUMA, DAZZI ROBERTO, SIMONCELLI LAURA

MAESTRO DIRETTORE DELL' OPERA

Cav. AGOSTINO MERCURI

Dopo l'Opera verrà eseguito il Gran Ballo

LE DUE GEMELLE

del Coreografo ANTONIO PALLERINI con Musica del Maestro A. PONCHIELLI.

Biglietto d'ingr. alla Platea L. 3. -- Logg. ed Arena L. 1. - Posto riserv. L. 5. - Poltr. L. 10.

Bologna 29 Novembre 1873.

L'IMPRESA.

Bologna, Società Tip. dei Comp.

Ricordi). La versione migliore? Quella che, giusta l'autenticità della drammaturgia musicale, è cantata, diretta, suonata, agita, inscenata al meglio, con o senza antefatto, con o senza balletto, con o senza la lingua d'origine. Tanto, la tinta è sempre quella. La versione di maggior successo? Quella bolognese, che tutto sommato è la prima non ancora troppo tagliata e quindi anche la più ricca di musica.

and Italian, but again by Ricordi). The best version? The one that, the authenticity of the musical dramaturgy being correct, is sung, conducted, played, performed and staged best, with or without antecedent, with or without ballet, with or without the original language. Its tinge is always the same. The most successful version? The Bologna one, which was all in all the first that was not overly trimmed and so also the one with the most music.

Rossini e la *Petite Messe solennelle*

Rossini bolognese? Se lo disse lui stesso e vi visse, pur con lunghe parentesi, una cinquantina d'anni. Ma era nato a Pesaro, sarebbe morto a Passy (Parigi), da Bologna scappò atterrito e infuriato dalla cattiveria di una masnada di soldati e mestatori nei disordini della prima guerra d'indipendenza. Del resto alla "sua" Bologna Rossini diede solo una prima assoluta, *L'equivoco stravagante* del 1811, e non al Comunale bensì al Corso. Perché poi? Difficile dirlo, certo quell'anno il Comunale non prosperava: dopo tre opere in giugno (due di Paër e una di Mellara) stette chiuso fino al giugno dell'anno dopo, quando diede *Adelasia e Aleramo* di Mayr. Ma se lo *Stabat Mater* ebbe la prima italiana all'Archiginnasio, nel 1842, la *Petite Messe solennelle* la ebbe al Comunale senz'altro, nonostante la destinazione religiosa.

Capolavoro della vecchiaia, non *péché* ovvero "peccato" (come tante altre musichette dall'aspetto semplice e dimesso) ma vanto della *vieillesse* di Rossini è la *Petite Messe solennelle* per soprano, contralto, tenore, basso e coro a 8 voci. Ad accompagnare il canto furono due pianoforti e un armonium il 14 marzo 1864 a Parigi, prima versione in forma privata; e un'orchestra nella seconda versione, sempre al Théâtre Italien di Parigi nel 1869, il 24 febbraio privatamente e il 28 febbraio pubblicamente. In Italia? Al Comunale di Bologna il 23 marzo dello stesso 1869, direttore Emanuele Muzio e solisti Sofia Vera-Lorini, Erminia Spitzer,

Rossini and the *Petite Messe solennelle*

Rossini Bolognese? He said so himself and lived there, although with long absences, for around fifty years. But he was born in Pesaro, died in Passy (Paris), having escaped Bologna horrified and enraged by the viciousness of a gang of soldiers and schemers during the chaos of the First Italian War of Independence. For that matter, Rossini gave 'his' Bologna only one world premiere, *L'equivoco stravagante* in 1811, and it was not at the Comunale, but at the Corso. Why? It is difficult to say. It is true that that year was not a good one for the Comunale: after three operas in June (two by Paër and one by Mellara), it remained closed until the following June, when it reopened with Mayr's *Adelasia ed Aleramo*. But while the *Stabat Mater* had its Italian premiere at the Archiginnasio, in 1842, the *Petite Messe solennelle* had its debut at the Comunale, in spite of being a religious work.

A masterpiece of old age, not *péché* or 'sin' (like so many other tunes with a simple, modest appearance) but the glory of Rossini's *vieillesse*: the *Petite Messe solennelle* for soprano, contralto, tenor, bass and an eight-voice chorus. The singing was accompanied by two pianos and a harmonium on 14 March 1864 in Paris, an initial version in private form. The second version, with an orchestra, was presented at the Théâtre Italien in Paris in 1869, privately on 24 February, publicly on 28 February. In Italy? At the Comunale of Bologna on 23 March that same year, conducted by Emanuele Muzio and with soloists Sofia Vera-

Laura Himela, Carlo Vicentelli, Giovanni Valle e Tommaso Costa.

Carattere primo dell'opera è la convergenza di spessore contrappuntistico e raffinatezza timbrica, l'uno insolito nell'opera e ora invece reso addirittura programmatico, l'altra non meno consueta se bilanciata fra la corposità delle voci soliste, la partecipazione del coro, l'originale esilità del primo organico strumentale e la trasparente rotondità del secondo (il provvedimento si dovette certo al timore che dopo la sua scomparsa altri provvedesse a orchestrare, magari alla maniera moderna di Berlioz o Liszt). Nella rara padronanza della polifonia all'antica, non è senza fatica che alcune parti emergono dall'omogeneità del contesto: l'assolo del basso che nel *Gloria* canta «Et in terra pax», una splendida pagina di estasi lirica; il commosso, patetico, straziante *Crucifixus*; l'assolo dell'armonium sospeso fra il modello tastieristico di Bach e quello contemporaneo (e parigino) di Franck; il coro a cappella del *Sanctus*, dal sapore dello scherzo sinfonico; l'originale *O salutaris Hostia*, fondato sulla contrapposizione fra la semplicità del canto e la complessità d'accompagnamento; infine il dolce, serenante, ineffabile canto di chiusura che dà voce all'*Agnus Dei*. Grande nell'opera, anche qui Rossini volle calare la classicità della sua poetica musicale, che sapeva sì esser fonte di una musica sensibile alla parola, all'azione, al teatro, anche al sentimento, ma soprattutto rimaneva votata alla celestiale autonomia dei suoi valori formali, capaci di riconoscere e di riassorbire subito tutti i portati espressivi, e quindi si applicava indifferentemente al teatro, alla chiesa, alla camera.

Difatti Filippo Filippi, l'insigne critico della «Perseveranza», esultò davanti all'opera dove Rossini aveva dimostrato di poter «riescire in tutti i generi, in tutti gli stili [riassumendo] tutta la musica passata, presente ed anche un leggero spizzico dell'avvenire». L'avvenire di Wagner? La prima bolognese, ricca di trecento esecutori ma non povera di questioni fra editore e impresario e direttore, fu avvertita come tassello della *querelle* Italia-Germania, leggi Verdi-Wagner. E nonostante tutto il nome di Rossini la sala del teatro non era piena come sarebbe stata di lì a poco con *Lohengrin*.

Lorini, Erminia Spitzer, Laura Himela, Carlo Vicentelli, Giovanni Valle and Tommaso Costa.

The main feature of the opera is its convergence of counterpoint depth and refined timbre, the former unusual in opera and now instead made even programmatic, the latter no less usual if balanced between the fullness of the soloist voices, the participation of the chorus, the original tenuousness of the first instrumentation and the transparent fullness of the second (a measure taken due out of fear that others would orchestrate the work after his death, perhaps in the style of Berlioz or Liszt). In the rare mastery of old-style polyphony, a few aspects emerge with some difficulty from the homogeneity of the context: the bass solo, singing 'Et in terra pax', a splendid passage of lyric ecstasy in the *Gloria*; the emotional, moving, piercing *Crucifixus*; the harmonium solo, partway between the keyboard model of Bach and the contemporary (and Parisian) example of Franck; the a cappella chorus of the *Sanctus*, a bit like a symphonic scherzo; the original *O salutaris Hostia*, based on the counterpoint between the simplicity of the song and the complexity of the accompaniment; finally, the sweet, calming, ineffable closing song of the *Agnus Dei*. Grand in opera, here as well Rossini wanted to tone down the classicism of his musical poetics, which he knew was the source of a form of music sensitive to text, action, theatre and also emotion, but he remained above all devoted to the celestial independence of his formal values, capable of recognising and immediately reabsorbing all expressive results, and so applied himself indifferently to theatre, church and chamber.

Indeed, Filippo Filippi, the distinguished critic for *Perseveranza*, rejoiced in the work, Rossini having shown himself 'able to succeed in all genres, in all styles [running through] all music past, present and even a bit of the future'. The future as represented by Wagner? The Bologna premiere, with 300 performers but not lacking in issues between editor and impresario and conductor, was perceived as part of the Italy-German, read Verdi-Wagner, *querelle*. And in spite of everything, the Rossini name, the house was not as full as it would be shortly after for *Lohengrin*.

2 GIUGNO
AL 12 GIUGNO
1917
LA
RONDINE
MUSICA DI GIACOMO PUCCINI
NUOVA PER L'ITALIA
PRIMA RAPPRESENTAZIONE
TEATRO COMUNALE - - BOLOGNA
2 GIUGNO 1917
Bonazzi

Wagner e *Lohengrin*

Cominciò lì, la storia di Bologna città wagneriana, per non finire mai: ma una gente che nel 1871 festeggiò tanto il *Lohengrin* di Wagner qualcosa di diverso doveva averlo nel sangue e nel gusto, per conoscere e amare tanto Rossini, Bellini, Donizetti, Verdi e poi, quasi di botto, lasciarsi conquistare da Wagner, il forestiero, il tedesco, il nemico del belcanto e del melodramma. Quel qualcosa che stava per entusiasmarsi agli esordienti *Goti* di Gobatti e al *Mefistofele* di Boito maltrattato alla Scala, era lo stesso che alla fondazione del Comunale aveva voluto *Il trionfo di Clelia*, l'opera riformata di un compositore tedesco. La voglia dell'alternativa, forse, che a tutti i costi può anche portar male, ma a costi parziali, per così dire, senza offendere la consuetudine porta anzi benissimo. E quel Comunale che nel 1867 applaudì al *Don Carlo* di Verdi, quattro anni dopo era pronto per applaudire al *Lohengrin* di Wagner. Chi più e chi meno, nel pubblico, chi Richard e non Giuseppe o viceversa, ma poco importa: importa l'assieme, un umor cittadino tutto sommato intelligentemente ancipite; e tanto forte da suscitare uno dei casi musicali più chiassosi dell'epoca, una *querelle* che in Italia, a ben vedere, vive e vegeta ancor oggi. O non è vero che un certo signor Lodovico Dall'Aglio, strumentista di tromba all'occasione e come tale ben accetto a un Toscanini, chiamò le quattro figlie Norma, Isotta, Carmen, Dinora e l'ultimo maschio, per *par condicio*, lo battezzò Carlo Tristano?

All'epoca Bologna non era digiuna di musica nuova: negli anni Quaranta Rossini aveva fatto pervenire al liceo musicale delle musiche austro-tedesche; negli anni Cinquanta l'Accademia Filarmonica aveva programmato concerti dei classici e dei primi romantici viennesi; un giornale di lettere, arti e teatri come «L'arpa» non si limitava a raccontare,

Wagner and *Lohengrin*

The story of Bologna as a Wagner city begins here, and has yet to end. But the people who celebrated Wagner's *Lohengrin* so heartily in 1871 must have had something different in their blood, to know and love Rossini, Bellini, Donizetti and Verdi so deeply and then, almost all of a sudden, let themselves be conquered by Wagner, the foreigner, the German, the enemy of bel canto and melodrama. The something that was about to rhapsodise over the debut of Gobatti's *Goti* and Boito's *Mefistofele*, poorly received at La Scala, was the same that had wanted *Il trionfo di Clelia*, the revised opera of a German composer, at the foundation of the Comunale. The desire for an alternative, perhaps, that if at all costs can also bode ill, at partial cost, so to speak, instead brings quite good luck without offending tradition. And the Comunale that applauded Verdi's *Don Carlo* in 1867 was ready four years later to applaud Wagner's *Lohengrin*. Among the audience, some less, some more, some for Richard and not Giuseppe and vice versa, but this did not matter much: what mattered was the whole, a local mood that was, all in all, intelligently ambiguous, and so strong as to elicit one of the most tumultuous musical episodes of the age, a *querelle* that, looking closely, is still alive and growing in Italy today. Or it is not true that a certain Lodovico Dall'Aglio, a trumpet player when necessary and as such very agreeable to Toscanini, named his four daughters Norma, Isotta, Carmen and Dinora and his last child, a son, in equal treatment, Carlo Tristano?

At the time, Bologna was not starved for new music: in the 1840s, Rossini had brought Austro-German music to the music school, in the 1850s, the Accademia Filarmonica had presented concerts of the classics and the early Viennese Romantics; *L'arpa*, a periodical devoted to literature, the arts and theatre, did not limit

p. 242 | 2 giugno 1917. Manifesto per *La rondine*. Teatro Comunale di Bologna – Fondazione.

p. 242 | 2nd June, 1917. Poster for *La rondine*. Teatro Comunale in Bologna – Fondazione.

quando recensiva spettacoli, ma voleva anche comunicare e meditare (specie da quando, nel 1853, ne assunse la direzione Gustavo Sangiorgi). Nel 1860 giunse Angelo Mariani, il nemmeno quarantenne ravennate che anche sugli archi e sui fiati del Comunale avrebbe cimentato la sua fiammante arte direttoriale; e dal 1863 al 1867 fu presidente del teatro un melomane wagneriano come Camillo Casarini, che quando, nel 1868, divenne sindaco, fece scoccare la scintilla, l'anno dopo riassumendo la presidenza del teatro e cominciando a fremere finché non avesse potuto guadagnare il suo idolo alla sua cittadinanza. Fece eseguire prima al liceo e poi in teatro l'*ouverture* di *Tannhäuser*, mise in cartellone i tre *grands-opéras* di Meyerbeer, prese contatti con Wagner e qualcosa dovette spifferare se una rivista di Lipsia, nello stesso 1869, alludeva al progetto di un *Lohengrin* a Bologna.

Nell'agosto del 1871 una sorta di delegazione bolognese partì per Monaco: Casarini, Mariani, i responsabili di scene e costumi, l'editrice Giovannina Lucca (milanese, però) videro, sentirono, annotarono, fecero tesoro, si entusiasmarono. Con un *Lohengrin* di tal fatta bisognava aprire la stagione, ma si capì presto che il lavoro era tanto e per l'inaugurazione si ripiegò sul *Faust* di Gounod. A cantare Wagner si chiamarono Italo Campanini (Lohengrin), Bianca Blume (Elsa), Maria Löwe (Ortruda), Pietro Silenzi (Telramondo) e Giuseppe Galvano (Enrico l'Uccellatore), tre italiani e due tedesche che studiarono accanitamente e in un paio di settimane furono pronti. Ai coristi, dapprima allarmati da tanta difficoltà e anzi minaccianti scioperi, provvidero il maestro del coro Alessandro Moreschi ma anche Mariani in persona. Si provò per tre settimane dalle 13 alle 15 e dalle 20 alle 23, l'ultima dalle 12 con il pianoforte e dalle 20 con l'orchestra, fino a notte inoltrata e spesso alle 2. Mentore dell'evento era Casarini: aveva trovato i quattrini, se la prendeva con la stampa ostile prevenuta, non mancava a una prova, elogiava e criticava; su questioni musicali, però, dovette anche essere zittito

itself to merely recounting when it reviewed shows, instead wanting to also communicate and consider (especially starting in 1853, when Gustavo Sangiorgi took the helm as editor). In 1860, Angelo Mariani arrived, a Ravenna native not yet forty years old who tested out his fiery directorial style on the strings and winds of the Comunale, among other theatres. From 1863 to 1867, the president of the theatre was the melomaniac Wagnerian Camillo Casarini, who, when he became mayor of Bologna in 1868, set the wheels in motion and, the next year resuming his presidency of the theatre, was champing at the bit to bring his idol to the city. He brought the *ouverture* of *Tannhäuser* first to the music school and then to the theatre, put Meyerbeer's three *grands-opéras* on the playbill and got into contact with Wagner; and someone must have spilled the beans for a Leipzig periodical to allude, in 1869, to a plan for *Lohengrin* in Bologna.

In August 1871, a Bologna delegation of sorts headed out to Munich: Casarini, Mariani, the set and costume designers and the editor Giovannina Lucca (who was, however, from Milan) saw, heard, made notes, treasured and rhapsodised. A *Lohengrin* of that kind would have needed to be a season opener, but it was quickly understood that this would have been a great deal of work and the opening fell to Gounod's *Faust*. The performers called to sing Wagner included Italo Campanini (Lohengrin), Bianca Blume (Elsa), Maria Löwe (Ortrud), Pietro Silenzi (Telramund) and Giuseppe Galvano (Henry the Fowler): three Italians and two Germans who threw themselves into study and were ready in a couple of weeks. The members of the choir, at first alarmed by the difficulty of the work, even threatening to strike, were managed by the chorus master Alessandro Moreschi as well as Mariani himself. Rehearsals were held for three weeks from 1.00 PM to 3.00 PM and 8.00 PM to 11.00 PM, the last rehearsal from 12.00 PM with the piano and from 8.00 PM with the orchestra, continuing until after midnight and often until 2.00 AM. Casarini was the mentor for the production: he found the money, took on the hostile, biased press, never

dal direttore (a ciascuno il suo "ufficio", no?). Il pubblico friggeva, e se aveva bisogno di notizie poteva andarsi a leggere il giornale di Sangiorgi, che pubblicava tre articoli su *Wagner-Lohengrin*, o anche quell'«Affondatore» che non vedeva l'ora di far naufragare qualcuno o qualcosa.

Il giorno del 1° novembre rischiò di trovare un posto per un altro santo, nella pubblicistica cittadina, nazionale, estera: il teatro era un alveare, molti spettatori avevano lo spartito fra le mani, le signore chiacchieravano meno del solito, una polifonia di sussurri scorreva da una fila di poltrone a un ordine di palchi e viceversa, qualche urletto mandava viva a Rossini e a Verdi. Ma i due preludi e la marcia nuziale furono bissati, la comparsa del protagonista guidato dal cigno conquistò anche gli oppositori, un uragano di applausi accolse il canto autobiografico di Lohengrin, i cori piacquero sommamente, Mariani era al settimo cielo di bravura e di gioia anche se non poté concedere alcun *tris* (o *ter* che dir si voglia o debba). Finito lo spettacolo e vuotato il teatro, i più intendenti sciamarono al Caffè Cacciatori per commentare e confrontare, ma Arrigo Boito andò alla posta e scrisse un telegramma a Wagner. Che rispose il 7 novembre: agli auspicati sponsali del genio d'Italia con quello di Germania il suo *Lohengrin* poteva essere il primo celebrante. E forse dimenticava che nessuna consumazione il suo dramma aveva permesso ai due eroi.

missed a rehearsal, praised and criticised. On musical issues, however, he was silenced by the conductor (to each his 'place', no?). The public was seething and if it needed news it could read Sangiorgi's magazine, which published three articles on *Wagner-Lohengrin*, or even the *Affondatore*, anxious to scupper someone or something.

The opening on 1 November was a gamble to add another saint to the echelon through the local, national and foreign press: the theatre was a hive, many spectators clutched the score in their hands, the ladies chatted less than usual, a polyphony of whispers ran from the rows of seats below to the boxes above and vice versa, a few small cries of hurray for Rossini, hurray for Verdi rang out. But the two preludes and the wedding march were given encores, the appearance of the lead led by the swan won over even the biggest naysayers, a hurricane of applause followed Lohengrin's autobiographical song, the chorus was all in all pleasing: Mariani was in a seventh heaven of bravura and joy, even if he did not get to give any second encores. After the performance ended and the theatre emptied out, the most discerning poured into Caffè Cacciatori to talk about the show, but Arrigo Boito went to the post office to write a telegram to Wagner. The composer replied on 7 November: his Lohengrin could have been the first celebrant at the hoped for nuptials between the genius of Italy and that of Germany. And perhaps he was forgetting that his drama had denied his two heroes' consummation.

Gobatti e *I goti*

Il *Mefistofele* di Boito che cade e va rifatto, la *Carmen* di Bizet che crolla e rinasce dopo la morte dell'autore, il *Boris Godunov* di Musorgskij che fatica anni e anni prima di trovare e poi di conservare la via del palcoscenico: sono tre casi, di evidentemente diversa nazionalità, che stanno a testimoniare l'autorevolezza, e, perché no? l'autoritarismo regnante sul teatro d'opera fra gli anni Sessanta e gli anni Settanta. Wagner

Gobatti and *I goti*

Boito's *Mefistofele*, which flopped and had to be rewritten, Bizet's *Carmen* which nosedived and was revived after the composer's death, Mussorgsky's *Boris Godunov* which struggled for years first to find its way to and then to preserve its place on the stage: three cases, of three clearly different nationalities, that bear witness to the authoritativeness and, why not, authoritarianism that ruled over opera

in Germania, Verdi in Italia e Meyerbeer in Francia, difatti, sembravano quasi diffidare i giovani compositori dai bramati e legittimi allori, sebbene il primo alla fama fosse giunto tardi e il terzo fosse destinato a morire nel frattempo. Non sono poche le appendici da accodare ai tre titoli di prima, e particolarmente dolorosa risulta quella relativa a Stefano Gobatti (Bergantino [Rovigo] 1852 – Bologna 1913).

Già allievo di Giuseppe Busi a Bologna e di Lauro Rossi a Parma e a Napoli, Gobatti aveva appena poco più di vent'anni anni quando, il 30 novembre 1873, salì ai clamori della cronaca rappresentando al Comunale di Bologna *I goti*, tragedia lirica in quattro atti di Stefano Interdonato intonata in appena quattro mesi. Subito, con richieste di bis per quasi tutti i pezzi e qualcosa come 52 chiamate al proscenio, fu salutato come un coraggioso nemico della convenzione operistica, come un valente seguace italiano del mitico Wagner, come un prodigioso alfiere della musica dell'avvenire. E subito dopo, premiato con la cittadinanza onoraria, ebbe la soddisfazione di veder l'opera accolta con altrettanto successo a Milano, Torino, Genova, Parma, Padova, Firenze e Roma (anche alla presenza dei sovrani, della corte e delle ambasciate straniere). Poi basta o quasi, nonostante l'aggregazione onoraria all'Accademia Filarmonica, la nomina a cavaliere della Corona d'Italia, l'entusiasmo di Carducci, Panzacchi e Galli. Le altre due opere, la *Luce* del 1875 e la *Cordelia* del 1881, non ebbero seguito e la terza, *Massias*, non fu nemmeno messa in scena. Intanto l'indigenza pesava, le malattie galoppavano, e gli ultimi lunghi anni passarono nel silenzio di qualche squallido appartamento cittadino e di un convento sulle colline di Bologna, con la sola, modesta e breve soddisfazione dell'insegnamento di musica nelle scuole elementari.

Un caso di velleitarismo estetico? Un wa-

between the 1860s and 70s. Indeed, Wagner in Germany, Verdi in Italy and Meyerbeer in France almost seemed to warn away young composers from their longed for and legitimate laurels, although the former found fame late and the latter died in the meantime. There are more than a few appendices to line up after the three titles noted above, and a particularly sad case among them is that of Stefano Gobatti (Bergantino [Rovigo] 1852 - Bologna 1913).

A student of Giuseppe Busi in Bologna and Lauro Rossi in Parma and Naples, Gobatti was just over twenty years old when he became an overnight sensation following the 30 November 1873 opening at the Comunale of Bologna of his opera *I goti*, a lyric tragedy in four acts by Stefano Interdonato set to music in just four months. Immediately, with requests for encores for almost all of the pieces and something like fifty-two curtain calls, he was hailed as a bold enemy of opera convention, a valiant Italian follower of the legendary Wagner and a prodigious standard bearer for the music of the future. And immediately after, made an honorary citizen of Bologna, he had the satisfaction of seeing his work received with just as much success in Milan, Turin, Genoa, Parma, Padua, Florence and Rome (even in the presence of the royals, the court and the foreign ambassadors). And then that was it, or nearly so, in spite of being made an honorary member of the Accademia Filarmonica, a knighthood from the King of Italy and the enthusiasm of Carducci, Panzacchi and Galli. His other two operas, *Luce* in 1875 and *Cordelia* in 1881, were not a success, and the third, *Massias*, was not even staged. In the meantime, poverty weighed heavily, illnesses spread and the last long years of his life passed in the silence of squalid city flats and a monastery in the Bologna hills, his sole,

p. 247 | 17-25 aprile 1975. *Per Massimiliano Robespierre*. Direttore d'orchestra: Marcello Panni. Regia: Virginio Puecher. Impianto scenico: Pino Spagnuolo. Costumi: Renata Levante.

p. 247 | 17-25 April, 1975. *Per Massimiliano Robespierre*. Orchestra's conductor: Marcello Panni. Direction: Virginio Puecher. Set designer: Pino Spagnuolo. Costume designer: Renata Levante.

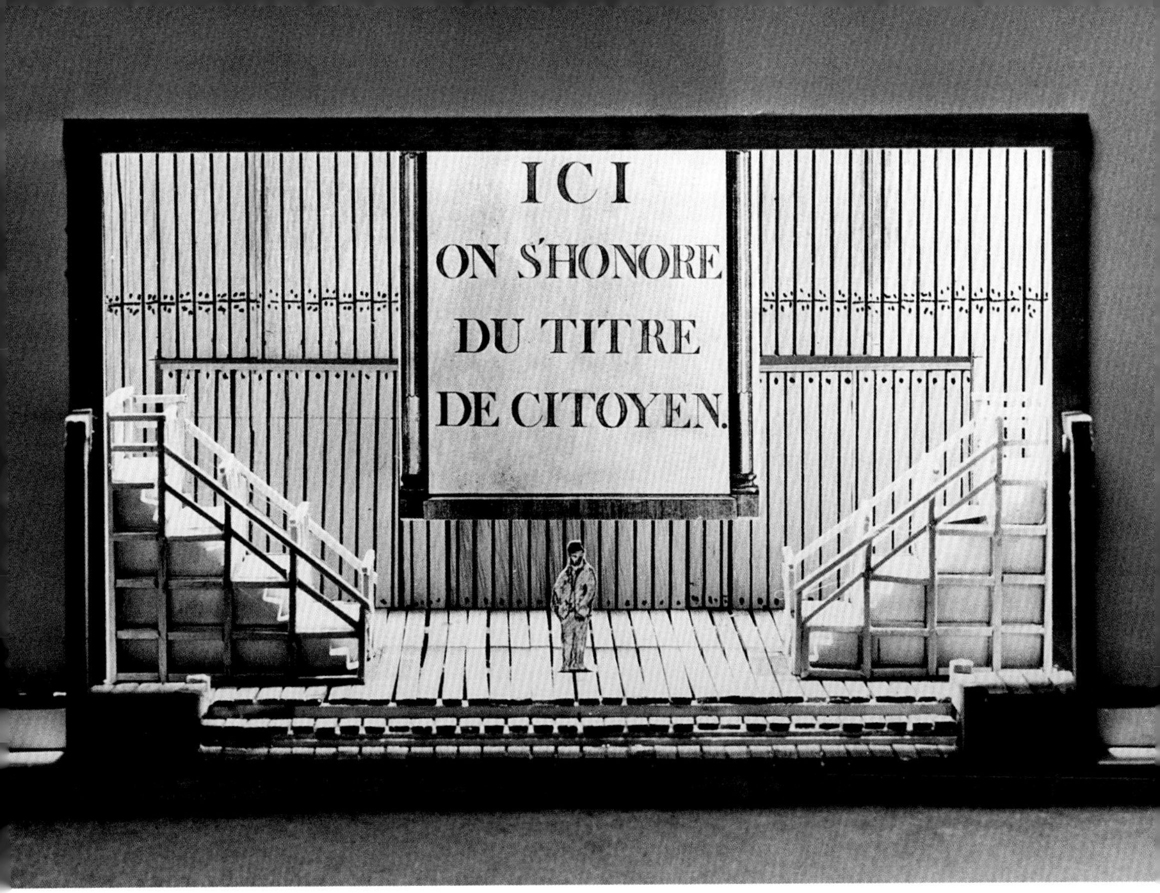

gnerismo limitato alla circolazione dei temi? Un cromatismo generico? Un'insistenza un po' assurda attorno all'accordo di settima diminuita? Ma forse Gobatti non ascoltò né lesse mai neanche una nota di Wagner, che era penetrato in Italia appena nel 1871 e nel 1872 con il *Lohengrin* e il *Tannhäuser*, a Bologna sì ma mentre lui era a Napoli; e Verdi, richiestone, espresse un parere che quanto meno denunciava troppo scarsa padronanza della tecnica compositiva. Dunque *I goti* furono una beffa, un danno, quasi un inganno per il povero giovane. Impressionante la lunga lettera inviata a Tito Ricordi il 30 aprile del 1913, poco prima della morte: un sessantenne che dimostrava molti anni di più vi menzionava antichi traffici alle sue spalle, come quando qualche detrattore gli tenne nascosto il telegramma col quale Casa Ricordi, in occasione dei *Goti*, gli proponeva un vantaggiosissimo contratto e lui, ignaro, sottoscrisse

modest and brief satisfaction teaching music in elementary schools.

A case of aesthetic wishful thinking? A Wagnerism limited to the circulation of themes? A generic chromaticism? A slightly absurd insistence on the diminished seventh chord? But perhaps Gobatti had never even heard or read a note of Wagner, who had only just penetrated Italy in 1871 and 1872 with *Tannhäuser* and *Lohengrin*, in Bologna, yes, but when Gobatti was in Naples. And Verdi, when asked, remarked that he lacked mastery of compositional technique. And so, *I goti* was a terrible joke, a detriment, almost a trap for the poor young man. The long letter that he sent to Tito Ricordi on 30 April 1913, shortly before his death, is striking: a sixty-year-old man who seemed far older talking about episodes from the past, like when a detractor hid a telegram for him in which Casa Ricordi, on the occasion of *I goti*, offered him a highly advantageous

quello assai più modesto propostogli da Casa Lucca. Da queste parole traspare un animo esacerbato, ma anche un complesso di persecuzione che ben difficilmente avrebbe potuto favorire una carriera.

Tuttavia la musica di Gobatti suona ancora abbastanza ispirata, sensibile, comunicativa, in fondo assai meno nuova di quanto si disse. Se alla sua effettiva pienezza mancò qualcosa era l'esperienza, il senso della misura, fors'anche una sufficiente dose di cinismo (del che un Wagner sarebbe stato maestro più sicuro), certo il sostegno duraturo dei primi incensatori, tutti intesi a cercar battaglia, conservatori da condannare e avanguardisti da esaltare. Alla morte, così scrisse il «Resto del Carlino»: «Il successo dei *Goti*, che gli diede la vita, onori e rinomanza per un lustro, gli tolse tutto per il resto dell'esistenza. Vi sono glorie che schiacciano: *I goti* furono una di quelle».

Respighi e *Re Enzo*

Nel 1905, ancora giovane, nella sua Bologna anche se non nel maggior Comunale bensì nel minor Corso, Respighi rappresentò un *Re Enzo* su testo dello studente (di giurisprudenza) Alberto Donini. Opera comica in tre atti, il lavoro ebbe notevole successo di pubblico (era destinato soprattutto agli studenti dell'Università) e di critica (il «Resto del Carlino» parlò di una bella vena eclettica e il «Giornale di Bologna» scrisse che nella partitura «la melodia scorre rapida e lo strumentale si mantiene sempre sobrio e corretto»), ma l'autore, quasi fiutando successi e soddisfazioni ulteriori, non tardò a vietarne la ripresa, pubblicandone solo tre piccoli stralci. Di fatto un'altra esecuzione doveva aver luogo al Comunale quasi un secolo dopo, nel 2004 a cura del Conservatorio "Gian Battista Martini".

Personaggio celeberrimo dell'antica storia bolognese, eternato dall'omonimo palazzo unito al Palazzo del Podestà, quel re Enzo che

contract, and he, unaware, instead accepted a far more modest offer from Casa Lucca. His words reveal an embittered soul, but also a persecution complex that would have made it difficult to advance a career.

Nevertheless, Gobatti's music still sounds quite inspired, sensitive, communicative, in the end quite a bit less innovative than was said. If he was missing something at his peak, it was experience, a sense of measure and perhaps also a sufficient dose of cynicism (here, Wagner would have been a more sure-footed master), certainly the lasting support of his early flatterers, all fired up looking for battle, conservatives to condemn, avant-gardes to laud. When he died, the Bologna newspaper the *Resto del Carlino* wrote: 'The success of *I goti*, which gave him life, honour and renown for a glory, deprived him of all else for the rest of his existence. Some glories destroy: *I goti* was one of them'.

Respighi and *Re Enzo*

In 1905, a still young Respighi presented his *Re Enzo*, set to a libretto by (law) student Alberto Donini in Bologna, not at the major Comunale but at the minor Corso. A comic opera in three acts, the work was a big public success (it was oriented primarily to university students) and applauded by critics (the *Resto del Carlino* noted a fine eclectic vein and the *Giornale di Bologna* remarked that the 'melody flowed quickly and the instrumentation was restrained and correct throughout'), but the composer, almost as if catching a whiff of future successes and satisfaction, was quick to prevent it from being performed again, publishing only three small extracts. Indeed, it was not staged again until nearly a century later, at the Comunale, in 2004 by the Conservatorio 'Gian Battista Martini'.

A famed figure in ancient Bologna history, immortalised by the eponymous building linked to the Palazzo del Podestà, the historical King Enzo was the bastard son of the authori-

era figlio naturale dell'autoritario imperatore Federico II, fu vittima delle lotte fra Guelfi e Ghibellini e visse a Bologna come prigioniero dal 1249 al 1272 (quando morì a poco più di cinquant'anni), è romantico protagonista di una commedia solare e sentimentale, ricca di episodi seri e brillanti, di umori cittadini e medievali (ma anche di citazioni colte, specie dantesche), che conta personaggi numerosi e storicamente spesso per nulla attendibili. Eccoli: la colta poetessa Isabella dei Menicucci, "vecchia" di 35 anni, la giovanissima popolana Lauretta, il Podestà rimbambito e sonnolento, Gigione il duce dell'esercito bolognese vincente a Fossalta contro Modena, Cucuberna e Leonzio, Adalberto e Pippo, due operai e tre ambasciatori, il Bifolco d'Anzola e sopra tutti lui stesso, il re Enzo giovane, biondo e bello che con la sua sola presenza affascinò tutte, proprio tutte le donne bolognesi (a dispetto di tutti i poveri mariti).

Vivacissima di ritmi e melodie (più che di contrappunti, i cori muovendosi all'unisono), la partitura squaderna fra l'altro un canto di goliardi e un melologo, dei *couplets* e degli stornelli, un lamento e una ballata, un intermezzo e un interludio-serenata, e assiemi e cori a non finire. In quel 1905, mentre a Dresda Strauss dava la sua espressionistica e angosciosa *Salome* (pronta a visitare l'Italia nel 1906), Respighi si dilettava ancora della commedia, della farsa, dell'operetta, dal recitativo parlato alla canzonetta leggera in uno spettacolo per beneficenza. Uno spettacolo, guardacaso, propiziato da sei patroni e 29 patronesse, tutte "signore", alcune marchese e contesse, una generica ma sicura "nobil donna".

Il 12 marzo 1905, fra gli altri, cantarono il *Re Enzo* di Respighi la Giovannoni Zacchi, Lavarello, Gaudenzi e Musi. Notissimo canzonettista dialettale, Carlo Musi (1851-1920) è ancor oggi popolare per via di *L'êra Fasôl*: tal Faccioli vi esaltava Antonietta Fricci che nel "nostro teatro" cantava a meraviglia il *Mosè* di Rossini. Qual teatro? Il Corso, perché il Comunale applaudì spesso la Fricci dalla Violetta alla Eboli di Verdi ma non nell'Anaide di Rossini. Mentre il Corso

tarian emperor Frederick II, fell victim to the clashes between Guelfs and Ghibellines and lived in Bologna as a prisoner between 1249 and 1272 (when he died at just over fifty years old). Here, he is the romantic lead of a sunny, sentimental comedy, full of serious and sparkling episodes and urban and medieval moods (but also cultured, especially Dantesque, citations), with numerous personages often utterly historically implausible. They include: the cultured poetess Isabella dei Menicucci, 'old' at thirty-five years, the young working-class Lauretta, the doddering, lazy Podestà, Gigione the duke of the Bologna army victorious in Fossalta against Modena, Cucuberna and Leonzio, Adalberto and Pippo, two workers and three ambassadors, the Bifolco d'Anzola and most importantly King Enzo young, blond and beautiful, winning hearts with his presence alone, in particular all of the women of Bologna (to the chagrin of all of their poor husbands).

Lively rhythms and melodies (more than in counterpoints, the choruses move in unison), the score includes, among other things, a university student song, a melologue, some couplets and stornelli, a lament and a ballad, an intermezzo and an interlude-serenade and endless ensembles and choruses. In 1905, while Strauss was presenting his expressionistic and anguished *Salome* in Dresden (ready for Italy in 1906), Respighi was still delighting in comedy, farce, operetta, from spoken recitative to light canzonetta in a charity show. A show with no fewer than six patrons and twenty-nine patronesses, all 'ladies', some marquises and countesses, a generic but certain 'noblewoman'.

On 12 March 1905, Respighi's *Re Enzo* was sung by Giovannoni Zacchi, Lavarello, Gaudenzi and Musi, among others. A renowned dialect crooner, Carlo Musi (1851-1920) is still popular today for *L'êra Fasôl* in which a certain Faccioli sings the praises of Antonietta Fricci, who sang to perfection at 'our theatre' in Rossini's *Mosè*. Which theatre? The Corso, since the Comunale often applauded Fricci from Verdi's Violetta to his Eboli, but not Rossini's Anaide. While the

rappresentava Respighi, il Comunale, stranamente, non dava opere: solo, in aprile, quattro concerti sinfonici o sinfonico-vocali diretti da Toscanini.

Corso was staging Respighi, the Comunale, strangely, was not presenting opera: just, in April, four symphonic or symphonic-vocal concerts conducted by Toscanini.

Mancinelli e *Paolo e Francesca*

Nacque dieci anni prima di Puccini e morì tre anni prima di lui, e fu un musicista colto, vivace, aggiornato, di tendenze e frequentazioni internazionali. Luigi Mancinelli (Orvieto 1848 - Roma 1921), già violoncellista, divenne presto uno dei più quotati rappresentanti italiani della nuova arte della direzione d'orchestra e uno dei maggiori interpreti wagneriani del tempo. Delle appena cinque opere composte, *Paolo e Francesca* nacque al Comunale l'11 novembre del 1907: il bel dramma lirico in un atto di Arturo Colautti appartiene alla lunga serie di opere ispirate al celeberrimo episodio del V canto dell'*Inferno* di Dante dopo Mercadante, Morlacchi, Cagnoni, Thomas, tanti altri e prima della *Francesca da Rimini* di Zandonai (musicata, questa, su testo dannunziano risalente al 1901 e influente sul libretto in questione). Un atto solo, in poche scene per pochi personaggi, senza antefatti (compresi invece da Zandonai) o postfatti (pretesi da Thomas, che fece addirittura vedere l'aldilà), ma così bene articolato da permettersi diversi felici momenti di cornice spazio-temporale e alcuni interessanti elementi di originalità drammatica: quelli sono l'«orto in fioritura sovra un terrazzo del castello malatestiano» in un «dolce pomeriggio di primavera, volgendo il sole all'occaso», questi sono la presenza di un personaggio speciale detto il Matto e un

Mancinelli and *Paolo e Francesca*

Born ten years before Puccini and died three years before him, a cultured, lively, modern musician with international leanings and associations. Luigi Mancinelli (Orvieto 1848 - Rome 1921), a former cellist, quickly became one of the most highly regarded exponents of the new art of orchestra conducting and one of the greatest Wagner interpreters of his time. One of his five operas, *Paolo e Francesca* opened at the Comunale on 11 November 1907: this fine one-act opera drama by Arturo Colautti is part of a long list of works inspired by the celebrated episode five in Canto V of Dante's *Inferno,* after Mercadante, Morlacchi, Cagnoni, Thomas, countless others and before Zandonai's *Francesca da Rimini* (which draws on a text by D'Annunzio dating to 1901 that was also an influence on the present libretto). Just one act, few scenes for few characters, without background (which Zandonai instead included) or an afterword (which Thomas insisted upon, even showing the afterworld), but so well formulated as to offer varied apt spatial-temporal frames and a few interesting elements of dramatic originality: the former a 'blooming garden above a terrace at the Malatesta castle' on a 'sweet spring afternoon, heading towards sunset'; the latter the inclusion of a character by the name 'Il Matto' ('madman') and a story of passion not yet resulting in adultery. The story unfolds in

pp. 250-251 | 3, 5, 6, 8, 11, 12 febbraio 1987. Teatro delle Celebrazioni di Bologna. Commissione del Teatro Comunale. *Trionfo della notte*. Direttore d'orchestra: Gianpiero Taverna. Maestro del coro: Gerd Meditz. Regia: Giorgio Marini. Scene: Lauro Crisman. Costumi: Ettora D'Ettorre.

pp. 250-251 | 3, 5, 6, 8, 11, 12 February, 1987. Teatro delle Celebrazioni in Bologna. Commission of the Teatro Comunale. *Trionfo della notte* . Orchestra's conductor: Gianpiero Taverna. Chorus master: Gerd Meditz. Direction: Giorgio Marini. Set designer: Lauro Crisman. Costume designer: Ettora D'Ettorre.

caso di passione non ancora sfociato nell'adulterio. Dodici le tappe dell'intreccio: Paolo si presenta con coro maschile giocando con il suo falcone, Francesca compare con il coro femminile lodando il «Maggio, dolce maggio» e poi rimane sola, i due duettano spiati dall'odioso Matto, da costui Gianciotto apprende di un prossimo loro appuntamento, i fratelli Gianciotto e Paolo s'incontrano e il secondo promette al primo già in sospetto di partire l'indomani, Gianciotto si convince dell'amore della moglie per il fratello e incontra e tormenta Francesca, il Matto canta un'allusiva "sirventa" di Rudello, Francesca è sola e prega, Paolo la raggiunge e dopo molte espressioni d'amore legge con lei la storia di Lancillotto e Ginevra, Gianciotto li coglie e li ferisce a morte, i due amanti duettano ancora e muoiono. Dodici tappe bell'e dirette.

Spessa e timbrata, l'orchestra di Mancinelli richiede anche il liuto per Francesca e per il Matto (qui in luogo della mandola), e dopo molte peregrinazioni cromatiche (che però non confondono mai la chiarezza definitiva della tonalità) e tante altalene lento-agitato giunge alla sospensione finale dove i morenti, che cantano gravi e sommessi, sono accompagnati solo da flauto, oboe, clarino, tromba e due viole. Largo e plastico, modellato sull'ultimo Verdi e su Wagner, il canto alza spesso l'appassionata voce di Paolo all'acuto, accomoda quella sensuale di Francesca soprattutto nel registro medio e medio-alto, estorce alcuni melismi al torbido Gianciotto e al mellifluo Matto, chiede ai protagonisti diversi passi recitati (quando leggono dal libriccino di lei). Abbastanza rari sono i passi a più voci, e gli stessi cori, che sprofondano particolarmente i contralti, hanno foggia più omoritmica che polifonica. È "dal profondo (sotto il palcoscenico)" che il coro, alla fine, canta «Amor che a cor gentil ratto s'apprende», ultima delle diverse citazioni dantesche ed elemento forse poco wagneriano in un contesto scenico, psicologico e sonoro invece wagneriano assai e anzi chiaramente tristaniano. Ma il Matto, il delatore dalla voce di tenore chiaro che canta «Alla cuna dell'Au-

twelve stages: Paolo arrives with a male chorus playing with one of his falcons, Francesca appears with a female chorus praising 'May, sweet May' and then she remains alone, the two duet while spied upon by the hateful Matto, from whom Gianciotto learns of their future plan to meet, the brothers Gianciotto and Paolo meet and the latter, already suspected, promises the former to leave the following day, Gianciotto convinces himself of his wife's love for his brother and meets and torments Francesca, Il Matto sings an allusive 'sirvente' of Rudello, Francesca is alone and prays, Paolo comes to her and after expressing his love reads the story of Lancelot and Guinevere with her, Gianciotto catches them and fatally wounds them, the two lovers duet again and die. Twelve good, solid stages.

Dense and with good timbre, Mancinelli's orchestra also required a lute for Francesca and Il Matto (here in place of the mandola), and after many chromatic wanderings (which, however, never confuse the definitive tonal clarity) and numerous slow/agitated see-saws, it arrives at the final suspension, where the dying pair, singing in low, hushed tones, are accompanied solely by flute, oboe, clarinet, trumpet and two violas. Broad and almost sculptural, modelled on Wagner and late Verdi, the singing often raises the passionate voice of Paolo to a treble, accommodates the sensual one of Francesca, especially in the middle and middle-upper register, prises a few melismas from the troubled Gianciotto and the slick Matto and requires various spoken passages (when they read her book). The passages for multiple voices are rare and the choruses, which in particular overpower the altos, have a more isorhythmic than polyphonic style. At the end, the chorus sings 'from the depths (beneath the stage)' 'Amor che a cor gentil ratto s'apprende', the last of the various Dantesque citations and an element perhaps little linked to Wagner in a theatrical, psychological and sonorous context that is instead quite Wagnerian and indeed clearly connected to Tristan. But Il Matto, the informer with the voice of a pure tenor that sings 'Alla cuna dell'Aurora' like

rora» è come il timoniere di *Tristan und Isolde* e quando viene percosso da Paolo stride sguaiatamente come il Mime del *Siegfried* di Wagner, esprimendosi spesso per enigmi e proverbi funge propriamente da narratore, alla maniera dell'oratorio barocco. Anche per questo *Paolo e Francesca* è un'opera singolare, non facile da comprendere e quindi sempre esclusa dal repertorio: contributo italiano di un capace musicista imbevuto di cultura tedesca e non a caso nata nella roccaforte wagneriana in Italia, là dove il trentaseienne *Lohengrin* faceva ancora parlare di sé.

Una recita sola, al Comunale nel 1907; ma ben tre un secolo dopo, a cura del vicino e accorto Conservatorio, il 10, 12 e 14 ottobre.

the steersman in *Tristan und Isolde* and, when struck by Paolo, squeals vulgarly like Mime in Wagner's *Siegfried*, often expressing himself in enigmas and proverbs, serves as a narrator, in the manner of Baroque oratorio. This as well makes *Paolo e Francesca* a singular work, difficult to understand and so always excluded from the repertoire: the Italian contribution of a talented musician steeped in German culture and not by chance born in Italy's Wagnerian stronghold, where the thirty-six-year-old *Lohengrin* was still causing a stir.

Just one performance, at the Comunale in 1907; but then three more a century later, thanks to the nearby and visionary Conservatorio, 10, 12 and 14 October.

Puccini e *La rondine*

Fu il 5 giugno del 1917 che *La rondine* di Puccini, nata al Théâtre du Casino di Montecarlo il 27 marzo precedente, vide la luce d'Italia al Comunale di Bologna. Il giorno dopo, la recensione del «Resto del Carlino» fu anonima ma non sommaria:

> Siamo [...] ben lontani dalla tradizione, ormai vieta ed ingenua, dell'opera buffa italiana, poiché la comicità del Puccini è il prodotto raffinato di un compositore sapiente che, colla ricchezza armonica e contrappuntistica, colla continua varietà dei ritmi raggiunge un effetto specialmente dinamico quasi sconosciuto alla giocondità degli antichi che si fondavano principalmente sul canto. Di qui l'importanza speciale che nella nuova opera acquistano i ballabili e quei movimenti di walzer che forniscono al Puccini le pagine più attraenti, trasformate e nobilitate come sono dall'impiego delle forme artistiche più elaborate: di qui ancora una nuova originalità e ricchezza di effetto e di struttura, che rendono questa *Rondine* particolarmente inte-

Puccini and *La rondine*

On 5 June 1917, Puccini's *La rondine*, premiered at the Théâtre du Casino in Montecarlo 27 March that same year, debuted in Italy at the Comunale of Bologna. The next day, an anonymous but long review appeared in the *Resto del Carlino*:

> We are [...] far from the tradition, by now outdated and naive, of Italian comic opera, the comic character of Puccini being the sophisticated product of a skilful composer who, with rich harmony and counterpoint and constantly changing rhythms, achieves a uniquely dynamic effect almost unknown to the jollity of the composers of the past, who were primarily focused on the singing. Thus the special importance acquired by the new opera's dances and the waltz movements that stand as Puccini's most appealing passages, transformed and ennobled as they are by the use of highly complex artistic forms: hence its fresh originality and richness of structure and effect, which render this *Rondine* particularly interesting for those who study its

ressante per chi ne studi a fondo la tecnica e la condotta, sia nel modo di concepire il pezzo nel suo insieme e di svilupparlo, sia nell'impiego di mezzi istrumentali. All'elemento comico poi fa riscontro con savia proporzione quello sentimentale, dove il Puccini è maestro insuperabile, ed al quale ha voluto dedicare quasi interamente il terzo atto dell'opera, seguendo quella che è la maggiore caratteristica del suo ingegno e questa volta con una abilità e leggerezza di mano così felice da reggere al confronto coi migliori modelli francesi che si possono dire i creatori del genere, primo di tutti il Massenet.

technique, costumes and props in depth, in terms of both the overall conception of the piece and its development and its employment of musical instruments. The sentimental component is matched with the comic one in judicious proportion, Puccini being the peerless master of the former, to which he devoted almost the entire third act of the opera, in adherence to the primary characteristic of his brilliance, exercised here with a skill and lightness of hand so effective as to stand up to comparison with the greatest French models, they being the inventors of the genre, first and foremost Massenet.

Protagonista era Linda Cannetti, «una figurina intellettuale e aristocratica», si scrisse, capace di «virtuosità raffinata»; fra gli altri interpreti si facevano notare per bene il giovane Aureliano Pertile, già capace di «accenti pieni di intensità e di calore», e la giovanissima Toti Dal Monte, dalla voce «squillante ed intonata» e dal «gioco di scena sempre grazioso ed intelligente». Il direttore Ettore Panizza, da parte sua, «concertando ammirabilmente questa *Rondine* così complessa ed ardua nella sua apparente semplicità, è stato per Puccini un vero collaboratore e fu meritatamente chiamato più volte dal pubblico a dividere coll'autore e cogli artisti gli onori del proscenio».

Ora, alla recensione, qualche chiosa. Da buona "commedia lirica", *La rondine* non era intesa come opera seria (il sagace Boito aveva definito così il suo *Falstaff* per Verdi, ma il sempre suo e verdiano *Otello* l'aveva detto "dramma lirico"), e brillava di un nuova comicità fatta di tessitura armonica, ritmica, sinfonica nonché di passi di danza. L'espressione sentimentale, inoltre, era tipica di Puccini, ma in quell'occasione fu più sorvegliata, più lieve e quindi più paragonabile a quella francese che vi aveva tanto contribuito, specie all'autore di *Manon* e di *Werther*. Benissimo poi l'evocazione di Parigi (a dispetto di ogni prevedibile residuo italiano, vecchio o nuovo), scontata l'assenza di evocazioni austro-tedesche (sia per

The lead was the 'intellectual and aristocratic' Linda Cannetti, capable of 'refined virtuosity'. Among the other performers, special note was made of the young Aurelianus Pertile, already capable of 'notes full of intensity and warmth', and the very young Toti Dal Monte, 'with a ringing, harmonious voice' and 'always graceful, intelligent acting'. The conductor, Ettore Panizza, 'admirably orchestrating this *Rondine*, so complex and challenging in its apparent simplicity', was a true collaborator for Puccini and was rightly called by the audience multiple times to the stage to share its applause and admiration with the composer and performers'.

And now, a few annotations to the review. As a good 'comic opera', *La rondine* was not intended as serious opera (the wise Boito had thus defined his *Falstaff* for Verdi, but called his *Otello* for the same composer 'dramma lirico'), and it shone with a new comicality, a harmonic, rhythmic and symphonic weave that also included passages of dance. The sentimental expression, moreover, was typical of Puccini, but on this occasion more guarded, lighter, and so more comparable to the French model that had been such an influence, especially that of the composer of *Manon* and *Werther*. The evocation of Paris (to the detriment of any predictable Italian residue, old or new) was quite right, the absence of Austro-German evocations forgone (both due to the war under-

la grande guerra in corso, pochi mesi prima di Caporetto, che per il primigenio e poi fallito progetto di dar l'opera o meglio operetta a Vienna), e curiosa la precisazione di quell'occasione, quella «volta» di maggior «abilità e leggerezza» rispetto ad altro Puccini. Il riferimento poteva forse andare alla *Fanciulla del West*, l'opera precedente nel catalogo e non priva di effusioni sentimentali ma certo anche piuttosto robusta e vibrante di suono; però la settenne *Fanciulla del West* non s'era ancora sentita, a Bologna, e forse l'anonimo e pur preparato recensore pensava alla *Tosca* che il Comunale aveva rappresentato pochi mesi prima, nove volte dal 30 novembre 1916 con la direzione di Leopoldo Mugnone (protagonista Tina Poli Randaccio, deuteragonista già Pertile, antagonista sia José Segura Tallién che Eugenio Giraldoni).

Infine, non può passare inosservata la noncuranza della menzione dell'autore: citato quasi per caso, Puccini era infatti presente, nella sala del Bibiena, e ricevette gli stessi applausi dei cantanti e di un direttore che non era suo semplice esecutore o interprete ma addirittura suo «vero collaboratore».

Manzoni e *Per Massimiliano Robespierre*

Gran parlare si fece in Bologna e attorno al Comunale nella primavera del 1975, quando per cinque recite dal 17 aprile andò in scena la prima della nuova opera di Manzoni: non opera, invero, ma ardite "scene musicali" per nove cantanti (fra cui Liliana Poli, Clara Foti, Claudio Desderi, Alfredo Giacomotti, Gabriella Ravazzi), otto attori, piccolo coro parlato, coro, orchestra, nastro magnetico (direttore Marcello Panni). Docente di Conservatorio, Giacomo Manzoni (1932) ha allattato e svezzato diverse covate di giovani compositori con i tesori di una tecnica di prim'ordine, essendo lui stesso partito da ragionate esperienze seriali per approdare a un benefico sincretismo. In linea con

way at the time, a few months prior to Caporetto, as well as the initial and then abandoned plan to premiere the opera, or better, operetta, in Vienna), and curious the qualification of the performance as exhibiting greater 'skill and lightness' than other Puccini. The reference might have been to *Fanciulla del West*, Puccini's previous opera, which was not lacking in sentimental effusion but was also possessed of quite robust, vibrant sound; but the seven-year-old *Fanciulla del West* had not yet been heard in Bologna, and perhaps the anonymous and yet clearly knowledgeable reviewer was thinking of the *Tosca* that had been staged at the Comunale a few months earlier, nine performances starting 30 November 1916 and conducted by Leopoldo Mugnone (lead, Tina Poli Randaccio, deuteragonist, Pertile, antagonists, José Segura Tallién and Eugenio Giraldoni).

Finally, the casual mention of the composer should not pass unobserved: noted almost by chance, Puccini was in fact present in the auditorium of the Bibiena, and was applauded by the singers and the conductor described as not a simple executor or interpreter but the composer's 'true collaborator'.

Manzoni and *Per Massimiliano Robespierre*

Bologna and the Comunale were abuzz in the spring of 1975, when the new opera by Manzoni opened on 17 April, continuing for five performances: not an opera, actually, but rather original 'musical scenes' for nine singers (including Liliana Poli, Clara Foti, Claudio Desderi, Alfredo Giacomotti and Gabriella Ravazzi), eight actors, a small spoken chorus, chorus, electronic keyboard (conductor Marcello Panni). A teacher at the Conservatorio, Giacomo Manzoni (1932) had nursed and weaned broods of young composers on the treasures of his first-class technique, himself having rationally, methodically explored various forms to then arrive at their synthesis. In line with leftist ideology, he

l'ideologia di sinistra, ha prodotto opere di grande impegno civile come *Per Massimiliano Robespierre*, sebbene senza negarsi ai pronunciamenti estetici di un *Doktor Faustus* o di un *Pontormo*.

L'anonimato dei personaggi, strisciante in parecchio teatro del primo Novecento (per esempio nello *Straniero* di Pizzetti) e lampante in quello del secondo (in tutta la *Morte dell'aria* di Petrassi), aveva conquistato *Atomtod* e solo in apparenza avrebbe risparmiato l'opera successiva di Manzoni. *Per Massimiliano Robespierre*, due tempi e un intermezzo critico su testi di Manzoni stesso da testi di Robespierre stesso e altri rappresentati al Comunale nel 1975, fa campeggiare nel titolo un personaggio, un protagonista addirittura con nome e cognome come in tanto melodramma ottocentesco, ma il testo evita con cura ogni lusinga biografica e si svolge come alternanza di "percorsi" di carattere documentario e "scene" rievocative di episodi della Rivoluzione francese. Del resto la breve vita di Maximilien-François-Isidore Robespierre (1758-1794) fu, come dire?, molto diretta e precipitosa: fiero avversario di una guerra pericolosa e nemico giurato dei moderati girondini, il giacobino della prim'ora e poi montagnardo votò decisamente la condanna a morte di Luigi XVI; personaggio centrale del Comitato di Salute pubblica, nel giugno-luglio del 1794 instaurò il famigerato regime del Terrore durante il quale mandò a morte legioni di avversari (e anche amici e collaboratori divenuti sospetti), e infine, venuta meno la frenesia dell'emergenza dopo la vittoriosa battaglia di Fleurus, fu condannato a morte e ghigliottinato.

Antinarrativo e antirappresentativo, esigente un fattivo lavoro di gruppo (ancora Puecher, dal progetto al montaggio, in compagnia di Pino Spagnulo scenografo e Luigi Pestalozza musicologo) e addirittura il contributo del pubblico (trattasi dell'intermezzo critico, sorta di intervallo-discussione di qua e di là dal palcoscenico), *Per Massimiliano Robespierre* è un autentico, moderno, concreto teatro di idee. Concreto a cominciare

composed operas marked by strong civil engagement, like *Per Massimiliano Robespierre*, but not without the aesthetic pronouncements of works like *Doktor Faustus* and *Pontormo*.

The anonymity of the characters, pervasive if not conspicuous in much theatre during the first part of the twentieth century (for example, Pizzetti's *Straniero*) and glaring in that of the second (throughout Petrassi's *Morte dell'aria*), had conquered *Atomtod* and Manzoni's subsequent opera was only in appearance spared. *Per Massimiliano Robespierre*, two movements and a critical intermezzo with a libretto by Manzoni himself compiled from the writings of Robespierre himself and others, performed at the Comunale in 1975, showcases a character in the title, actually a protagonist, with name and surname as in so much nineteenth-century melodrama, but the text carefully avoids all biographical flattery and unfolds as an alternation of documentary "paths" and "scenes" evoking episodes from the French Revolution. The short life of Maximilien-François-Isidore Robespierre (1758-1794) was, in any case, how shall we put it, very straightforward and impetuous: fiery adversary of a dangerous war and sworn enemy of the moderate Girondins, the first-wave Jacobin and then Montagnard voted resolutely to condemn Louis XVI to death, key figure in the Committee of Public Safety, which, in June-July 1794 instituted the notorious Reign of Terror during which legions of adversaries (and also friends and collaborators) were sent to their death, and, finally, after the frenzy of the emergency waning after victorious Battle of Fleurus, condemned to death and guillotined.

Anti-narrative and anti-representational, demanding an efficient group effort (again Puecher, from plan to installation, accompanied by set designer Pino Spagnulo and musicologist Luigi Pestalozza) and even audience participation (the critical intermezzo, a kind of intermission/discussion between the audience and the stage), *Per Massimiliano Robespierre* is a true, modern, concrete theatre of ideas. Concrete starting from the instrumentation: decisive and

dall'organico: rocciosa e complessa, particolarmente innovativa con i fiati (valga il passo per fagotto e nastro del percorso C), sempre controllata con mirabile perizia, l'orchestra risulta ben maturata sull'espressionistico materismo di quegli anni, nel senso, semplicemente, che vive di una certezza e positività materiale e sonora nemica di ogni rinuncia, ascesi o negatività d'astratto purismo e formalismo avanguardistico. Sopra quel robusto organico strumentale si muovono poi diversi personaggi e un protagonista che canta con quattro voci (soprano, mezzo, baritono, basso). Se la voce che recita risulta chiarissima, giusta la strenua volontà di comunicazione, efficacissima è la voce che canta (da sola o in coro), pronuncia, articola le parole e le sillabe, ricorrendo a modi diversi di fonazione e a sovrapposizioni, intrecci, sfasamenti di tasselli circolanti nella partitura (donde spiccano anche citazioni di un canto popolare tedesco su parole di Büchner e dell'*Hymne à l'Être suprême* di Gossec).

Gran parlare; e ripresa nell'aprile del 1976 tra *Le nozze di Figaro* di Mozart e *Il mondo della luna* di Haydn.

Guarnieri e *Il trionfo della notte*

Il trionfo della notte è un'azione lirica in un preludio e un atto che Adriano Guarnieri e Francesco Leonetti hanno tratto da una poco conosciuta raccolta in prosa e versi di Pier Paolo Pasolini, *La religione del mio tempo* (1961), e il Teatro delle Celebrazioni ha messo in scena il 3 febbraio 1987 con cinque repliche (esito un premio Abbiati) come parte della programmazione del Teatro Comunale. Direttore d'orchestra Gianpiero Taverna e

pp. 258-259 | 23, 24, 26, 27, 30, 31 gennaio, 1 febbraio 1990. *Il viaggio*. Una storia di Tonino Guerra. Direttore d'orchestra: Gianpiero Taverna. Maestro del coro: Piero Monti. Regia: Lorenza Codignola. Scene e costumi: Gabriele Amadori. Luci: Guido Levi. Regia del suono: Fabio Vacchi. Fotografie: Maurizio Buscarino.

complex, particularly innovative in the parts for winds (including the passage for bassoon and electronic keyboard in path C), always controlled with admirable expertise, the orchestra matured in the context of the expressionistic matter-centred experimentation of those years: in the sense, simply put, that it lives on a form of material and sonorous certainty and positivity enemy of all rejection, ascesis or negativity of abstract purism and avant-garde formalism. That robust instrumentation is accompanied by various characters and a lead that sings with four voices (soprano, mezzo, baritone, bass). If the speaking voice is extremely clear, the strenuous will to communicate correct, the singing voice (on its own or in chorus) is extremely effective, pronouncing, articulating the words and syllables, drawing on different modes of phonation and on overlapping, intertwining, mismatched elements circulating in the score (in which citations of a popular German song with lyrics by Büchner and Gossec's *Hymne à l'Être suprême* also stand out).

Much talked about, and back on the stage again in April 1976, between Mozart's *The Marriage of Figaro* and Haydn's *Il mondo della luna*.

Guarnieri and *Il trionfo della notte*

Il trionfo della notte is what has been defined as a 'lyric action', comprising a prelude and one act that Adriano Guarnieri and Francesco Leonetti drew from a little-known collection of prose and poetry by Pier Paolo Pasolini, *La religione del mio tempo* (1961). It opened at the Teatro delle Celebrazioni on 3 February 1987 and continued for a total of five performances (winning the Premio Abbiati) as part of the Teatro Comunale programme. Conductor

pp. 258-259 | 23, 24, 26, 27, 30, 31 January and 1st February, 1990. *Il viaggio*. A story by Tonino Guerra. Orchestra's conductor: Gianpiero Taverna. Chorus master: Piero Monti. Direction: Lorenza Codignola. Set and costume designer: Gabriele Amadori. Lights: Guido Levi. Sound direction: Fabio Vacchi. Photographs: Maurizio Buscarino.

maestro del coro Gerd Meditz, firmavano regia, scenografia e costumistica Giorgio Martini, Lauro Crisman ed Ettora D'Ettorre.

Dal poemetto intitolato *Ricchezza*, Guarnieri ha prelevato quanto gli interessava, senza preoccuparsi degli eventuali nessi possibili come non s'è preoccupato di conferire al testo uno sviluppo tradizionalmente narrativo: nonostante questo, e forse anche per questo la struttura musicale dell'opera s'innerva su microstrutture esattamente calibrate, come una grande sfera che si forma dallo scientifico incontro-confronto di sfere più piccole e rapportabili. Nei quattro quadri dell'atto, *Nostalgia della vita*, *Ad un ragazzo*, *Trionfo della notte* e *La religione del mio tempo*, cantano e suonano diverse voci: due soprani, un tenore, un coro madrigalistico a cinque parti femminili si impegnano nella cosiddetta "cantabilità materica", che è tesa e vibrante, che fa corpo unico con la parola, il verso, le schegge verbali e poetiche, il loro senso o meglio il loro lirismo; due flauti, due clarinetti, un corno, una tromba, un trombone e gli archi contrappuntano le voci, sopra una tela polifonica robusta ma non massiccia; e mentre parecchie percussioni svolgono mansioni di concerto, le tastiere di un pianoforte e di una celesta riverberano, sfumano e alonano la scrittura dei compagni con particolare efficacia nelle pause fra le varie sezioni.

Due parole sull'autore, fra i massimi dell'epoca. Adriano Guarnieri (Sustinente [Mantova] 1947) ha studiato a Bologna con Manzoni e dopo aver insegnato a Milano è passato al Conservatorio di Bologna, docente di fuga e composizione nonché di *live electronics* (in collaborazione con Alvise Vidolin). Vanta un catalogo molto ricco e suggestivo (fin dalla scelta dei titoli), di alta qualità e grande varietà, dal *Mystère* per 7 strumenti del 1978 alla scenica *Medea* lungamente coltivata, cimentata e infine stabilita nella versione veneziana del 2002 (Premio Abbiati 2002 come novità assoluta). Le tante esperienze svolte con il pianoforte e l'orchestra, il violino e le percussioni, il canto e la recitazione, il più libero polistrumentalismo e la tecnologia

Teatro Comunale programme. Conductor Gianpiero Taverna and chorus master Gerd Meditz, with Giorgio Martini, Lauro Crisman and Ettora D'Ettorre as director, set designer and costume designer.

Guarnieri took what interested him from the short poem *Ricchezza*, without worrying about possible contingent links or concerning himself with giving the text a traditionally narrative development: in spite of this, and perhaps also because of it, the musical structure of the opera builds on precisely calibrated microstructures, like a large sphere composed through the scientific meeting of smaller, relatable spheres. Various voices and instruments sing and play in the act's four scenes, *Nostalgia della vita*, *Ad un ragazzo*, *Trionfo della notte* and *La religione del mio tempo*: two sopranos, a tenor, a five-part female madrigal chorus are devoted to what has been described as Guarnieri's 'cantabilità materica' (a cantabile character that emerges 'within the galaxy of sound'), which creates a single body with the word, verse, verbal and poetic fragments, their meaning or better their lyricism; two flutes, two clarinets, a horn, a trumpet, a trombone and the strings counterpoint the voices, over a robust but not massive polyphonic canvas; and while a variety of percussion instruments are engaged in concerto duties, the keyboards of a piano and a celesta reverberate, soften and halo the notes of their companions with particular effectiveness in the pauses between the sections.

A few words on the composer, one of the greatest of our time. Adriano Guarnieri was born in Sustinente, in the Province of Mantua, in 1947. He studied in Bologna with Manzoni and after teaching in Milan moved to the Conservatorio of Bologna to teach fugue, composition and live electronics (in collaboration with Alvise Vidolin). His body of work is rich, evocative (even in his choice of titles), fine in quality and highly varied, from *Mystère* for seven instruments (1978) to the theatrical *Medea*, which he cultivated and tested over a long period before establishing the definitive version in Venice in 2002 (winning the Premio Abbiati 2002 for new music). His long experience with the piano and orchestra, violin and percussion, singing and recitation,

elettroacustica sono sfociate nella viva passione per poeti come Pasolini e Poliziano per produrre alcuni momenti fondamentali della scena musicale di oggi, sulla base di un'estetica di sonorità piuttosto che di intervallistica e di teatro non d'azione ma di musica: sette anni dopo questo *Trionfo della notte*, ecco *Orfeo cantando... tolse*.

Vacchi e *Il viaggio*

Educato alla solida scuola di Manzoni e Donatoni, negli anni '70 Fabio Vacchi (Bologna, 1949) ha vinto alcuni premi di prestigio e ha avviato un'attività didattica e compositiva di prim'ordine. Insegnante nei Conservatori di Vicenza e Milano, nel 1979 e nel 1981 è stato omaggiato dalla Biennale di Venezia, e ha continuato la folta carriera tra la Fenice e la Scala, tra l'Italia e la Francia e anche su testi francesi. Pur lavorando attivamente in ambito sinfonico e cameristico (fino all'ottetto), dà ampio spazio al teatro, e con il *Girotondo* tratto da Schnitzler, il *Viaggio*, la *Station thermale*, *Les oiseaux de passage* e *Il letto della storia* ha scritto pagine fondamentali nel libro dell'opera di fine secolo, grazie fra l'altro alla sapiente mescidanza stilistica (recitazione, declamazione, *Sprechgesang*, recitativo, arioso, cantabile) e senz'ombra di sudditanza rispetto alle avanguardie imperanti all'epoca della sua formazione.

Dopo tanta drammaturgia di umano squallore, Vacchi si è preso una rivincita di sensibilità romantico-realistica in un'opera in due atti di Tonino Guerra, *Il viaggio*, data a Bologna nel 1990 e fondata appena su quattro personaggi (Zaira, Rico, il prete, l'attore) e un piccolo coro in funzione narrante (due anni dopo, *The voyage* di Philip Glass celebrava al Metropolitan di New York il mezzo millennio dall'impresa di Cristoforo Colombo). È un viaggio reale, questo dei due anziani contadini di Romagna che cercano di raggiungere e finalmente conoscere il mare, cioè il pur vicino Adriatico, e alla fine di cinque tappe

freer multi-instrumentalism and electro-acoustic technology culminated in an intense passion for poets like Pasolini and Poliziano, producing some of the fundamental works of today's music scene, on the basis of an aesthetic founded on acoustics rather than intervals and theatre founded on music rather than action: and seven years after this *Trionfo della notte* came *Orfeo cantando... tolse*.

Vacchi and *Il viaggio*

Educated at the reputable school of Manzoni and Donatoni, in the 1970s Fabio Vacchi (Bologna, 1949) won a few prestigious awards and began a distinguished teaching and composition career. A teacher at the conservatories of Vicenza and Milan, in 1979 and 1981 the Venice Biennale devoted single-composer concerts to his work and he continued his dense career between La Fenice and La Scala, Italy and France, including work on French texts. While working actively in the realm of symphonic and chamber music (up to the octet), he has also devoted himself to theatre, making fundamental contributions to the story of opera at the end of the twenty-first century with *Il girotondo* (drawn from Schnitzler), *Il viaggio*, *La station thermale*, *Les oiseaux de passage* and *Il letto della storia*, thanks in part to his skilled stylistic mix (recitation, declamation, *Sprechgesang*, recitative, arioso, cantabile) and without the slightest hint of subjection to the avant-gardes rampant during his period of training.

After so much dramaturgy of human desolation, Vacchi responded with a romantic-realistic sensibility in a two-act opera with a libretto by Tonino Guerra, *Il viaggio*. Premiered in Bologna in 1990, it has just four characters (Zaira, Rico, the priest and the actor) and a small chorus with a narrating function (two years later, at the Metropolitan Opera in New York, Philip Glass's *The Voyage* celebrated the 500th Anniversary of Christopher Colombus's discovery of the Americas). It is a real journey, that of two elderly people from the Romagna countryside who are trying to reach and finally know the sea, the actu-

(per cinque scene, tre nel primo atto e due nel secondo) non lo vedranno, causa la fittissima nebbia, ma lo sentiranno inequivocabilmente sotto i piedi stanchi; è un viaggio della memoria, ché ogni cosa vista, ogni spunto subito, un certo violino simbolicamente mezzo rotto diventano vivi pretesti autobiografici. Lo stesso fa la musica, che all'occorrenza cita altre musiche di Vacchi, ricalca il canto popolare, sfuma in certa cantabilità, adopera il suono del violino in senso umile e straniante (com'era alle origini, nel Cinquecento), schizza e sfrutta una cinquina di suoni (spesso accampata sulla semplicissima quarta giusta e sulla scomoda seconda minore) nella maniera che adotterà anche l'opera seguente.

Sette volte *Il viaggio* s'è presentato al pubblico del Comunale, fra il 23 gennaio e il primo febbraio. In una locandina che rispetto alla media dell'opera contemporanea è quasi spartana, oltre ai solisti (Esti Kenan Ofri, Armando Ariostini, Giovanni Savoiardo, Sergio Bertocchi), spiccano il concertatore Gianpiero Taverna e la regista Lorenza Codignola. Particolarmente significative le scene di Gabriele Amadori, sospese fra scure tettoie incombenti e romantici spazi e cieli aperti (questi con appena un ingombro, esile arbusto o lontano caseggiato che sia).

Ferrero e *Risorgimento!*

Dopo essersi diplomato in composizione e laureato in Lettere (con una tesi su Cage), il torinese Lorenzo Ferrero (1951) ha poi operato anche in Germania e in Italia fra Torre del Lago, Torino, Venezia, Verona e Milano come direttore artistico (in maniera condivisa da Tutino, compositore di scuola milanese ma dall'orientamento similare anche nel senso dell'impegno organizzativo). E da inappuntabili premesse avanguardistiche è passato a un linguaggio postmoderno non meno forbito ma più vario, fresco e ricco di *humor*, spesso arioso e intensamente espressivo. Fecondo autore della musica più diversa e sempre at-

ally quite nearby Adriatic. At the end of five stages (in five scenes: three in the first act, two in the second), they do not see it, due to thick fog, but they clearly feel it beneath their tired feet. It is a journey of memory, where everything seen, every experience, a certain symbolically half-broken violin, becomes intense autobiographical pretext. The music does the same, drawing as needed on other works by Vacchi, imitating popular song, softening into something assuredly singable, adopting the sound of the violin in a humble, alienating sense (as it was originally, in the sixteenth century), sketching and using a quintuplet of sounds (often advanced on the simple perfect fourth or on the difficult second minor) in a manner also adopted in his subsequent opera.

Il viaggio was performed for audiences at the Comunale seven times between 23 January and 1 February. In a bill almost spartan compared to the average in contemporary opera, standing out besides the soloists (Esti Kenan Ofri, Armando Ariostini, Giovanni Savoiardo and Sergio Bertocchi) are the conductor Gianpiero Taverna and director Lorenza Codignola. The sets by Gabriele Amadori are particularly meaningful, suspended between dark looming roofs and romantic spaces and open skies (the latter with just one encumbrance, whether slender shrub or distant cluster of buildings).

Ferrero and *Risorgimento!*

After graduating with a diploma in composition and a degree in Letters (with a thesis on Cage), the Turin-born Lorenzo Ferrero (1951) worked in Germany, Torre del Lago, Turin, Venice, Verona and Milan as an artistic director (sharing the same approach as Tutino, a composer from the Milan school but with a similar orientation, including in terms of organisation. And from irreproachable avant-garde premises he shifted to a postmodern language no less refined but more varied, fresh and full of humour, often light and intensely expressive. A productive composer of a wide range of music and always

tento ai valori dell'orchestra, Ferrero ha brillato con opere di sicuro impianto teatrale e raro potere di comunicativa: in bella serie sette-ottocentesca, ecco *Rimbaud, ou le Fils du soleil, Marilyn, La figlia del mago, Mare nostro, Night, La fuga di Foscolo, Salvatore Giuliano, Charlotte Corday, Le bleu-blanc-rouge et le noir, La nascita d'Orfeo, The conquest* non senza balletti, il completamento dell'orchestrazione occorrente alla terza versione della *Rondine* di Puccini (1994) e, fra gli altri generi praticati con altrettanta frequenza e specie nella prima parte della carriera, varie *Canzoni d'amore* su testi suoi, di Marco Ravasini e di Pietro Metastasio. La voce femminile di queste canzoni è accompagnata dal pianoforte, certo, ma anche da due flauti, due clarinetti, clarinetto basso, tromba, contrabbasso e percussioni, quasi non si trattasse di musiche da camera, e del resto la composizione data al periodo di maggior creatività, anche teatrale, dell'autore.

Un secolo e mezzo dopo l'unità d'Italia la musa di Ferrero si doveva scoprire verdiana: *Risorgimento!*, opera in un atto di Dario Olivieri (da un'idea del compositore stesso maturata in lui fin dal 2007 in conversazione con Marco Tutino) rappresentata al Comunale di Bologna il 5 aprile del 2011, mette in scena le lontane prove di *Nabucco*: il maestro sostituto è basso-baritono, l'impresario Bartolomeo Merelli baritono, il nobile e liberale Luigi Barbiano di Belgioioso tenore, e mentre le cantanti Giovannina Bellinzaghi e Giuseppina Strepponi sono soprani, il povero musicista, cioè Giuseppe Verdi in persona, è solo un attore che ovviamente non canta. In una scrittura musicale ricca di cambi ritmici e cromatismi, tra preludi e vocalizzi, nel corso di otto scene si canta del nuovo e del vecchio, e lo stesso coro (con lo stesso «Va' pensiero») va cantato ma anche parlato. Forte il senso del tempo che passa: nella quarta scena la Strepponi canta «Quando il mio caldo genio», dalla *Saffo* di Cammarano e Pacini, ma poi si secca, smette, preferisce attaccare «Io t'amava» (l'inizio del terzetto con Fenena e Ismaele) certo alludendo all'affascinante maestrino; e alla fine, cinquant'anni dopo

sensitive to orchestra strengths, Ferrero has stood out for solidly theatrical works with rare communicative power: in a series from the seventeen/eighteen century, we find *Rimbaud, ou le Fils du soleil, Marilyn, La figlia del mago, Mare nostro, Night, La fuga di Foscolo, Salvatore Giuliano, Charlotte Corday, Le bleu-blanc-rouge et le noir, La nascita d'Orfeo, The conquest*, rich with dance, completion of the orchestration of the third version of Puccini's *La rondine* (1994) and, among the other genres frequently explored in his oeuvre, particularly in the beginning of his career, various *Canzoni d'amore* with texts by himself, Marco Ravasini and Pietro Metastasio. The female voice in the love songs is naturally accompanied by the piano, but also by two flutes, two clarinets, bass clarinet, trumpet, double bass and percussion, almost as if it were not chamber music at all, and for that matter they were composed during his period of greatest creativity, including in the theatre realm.

A century and a half after Italian Unity, Ferrero revealed himself to be Verdian: *Risorgimento!*, a one-act opera with a libretto by Dario Olivieri (based on an idea developed by the composer in conversation with Marco Tutino in 2007), premiered at the Comunale of Bologna on 5 April 2011, stages the long-ago rehearsals for the premiere of *Nabucco*: the assistant conductor is bass-baritone, the impresario Bartolomeo Merelli baritone, the aristocratic and liberal Luigi Barbiano di Belgioioso tenor and, while the singers Giovannina Bellinzaghi and Giuseppina Strepponi are sopranos, the poor musician, Giuseppe Verdi himself, is just an actor who obviously does not sing at all. In a score rich in chromaticism and rhythmic changes, between preludes and vocalisations, the performers sing of the old and the new in eight scenes, and the same chorus (with the same 'Va' pensiero') is sung as well as spoken. There is a strong sense of passing time: in the fourth scene, Strepponi sings 'Quando il mio caldo genio' from Cammarano and Pacini's *Saffo*, but then she gets bored, stops and switches to "Io t'amava" (the beginning of the terzetto with Fenena and Ismaele), clearly alluding

quel fatidico 1842 di Risorgimento, Verdi compare, anziano, come un sopravvissuto, a discettare dell'incerto futuro che aspetta lui, il mondo dell'opera, il paese tutto. Però un coro aveva "bisbigliato" così: «Nuova musica. Gelida notte. Grande coro. Tricolore, Mazzini, Va', pensiero. Prigione. Questa musica. Popolo. Libertà. Straniero. Giovane. Italia. Piazza. Gloria. Popolo. Grande musica...». A capo dopo ogni punto, anche tra «giovane» e «Italia».

to the fascinating little maestro; and in the end, after the fateful year 1842, that of the Risorgimento, Verdi appears, aged, like a survivor, to debate the uncertain future that awaits him, the opera world, the whole country. But a chorus had 'whispered' thus: 'New music. Frigid night. Grand chorus. Tricolour, Mazzini, Va', pensiero. Prison. This music. Populace. Liberty. Foreigner. Young. Italy. Piazza. Glory. Populace. Grand music ...'. Carriage return after every full stop, even between 'young' and 'Italy'.

Divi e Personaggi

Leads and Luminaries

Testa e mano

Nella seconda metà del Novecento due figure di operatori teatrali spiccano all'ombra musicale delle Due Torri verso porta S. Donato, Cappelli e Badini. Carlo Alberto Cappelli (1907-1982) era romagnolo, figlio di un librario ed editore, e fu editore lui stesso oltre che versatile uomo di spettacolo. Nel 1931 divenne presidente della Filodrammatica di Bologna, nel 1938 inaugurò il Luglio musicale nella piazza del Baraccano, nel 1951 elaborò la Sagra Musicale Malatestiana e il Festival della Prosa, nel 1954 fondò il Festival Shakespeariano di Verona, nel 1971 divenne sovrintendente dell'Arena di Verona. Ma dal 1942 al 1944 e dal 1956 al 1964/65 resse le sorti del Comunale, con ogni esperienza e sagacia, con una saggezza olimpica rara e sottilmente venata di ironia. Furono anni notevoli, quelli, quando Bologna poté acquisire alcuni dei maggiori cantanti disponibili ovverossia Di Stefano (scoperta quasi personale), Tebaldi, Simionato (mai la Callas, tuttavia), diversi altri giovani e promettenti. Il volume della voce? Non certo a discapito della qualità. E tanti sono gli episodi memorabili della sua reggenza, da quando calmò gli orchestrali pronti a sollevarsi a quando bacchettò Bacchelli. Fu al Baraccano, però: il grande scrittore e oratore bolognese doveva

p. 266 | 16 febbraio 1987. Sergiu Celibidache, Direttore principale dal 1956 al 1973, dirige i Münchner Philharmoniker.

Head and Hand

In the second half of the twentieth century, two figures in the theatre world stand out in the musical shadow of the Due Torri in the direction of Porta S. Donato: Cappelli and Badini. Carlo Alberto Cappelli (1907-1982) was from Romagna, son of a bookseller and editor, and an editor himself as well as a versatile man of the theatre. In 1931, he became president of the Filodrammatica of Bologna, in 1938, he opened Luglio Musicale in Piazza del Baraccano, in 1951, he developed the Sagra Musicale Malatestiana and the Festival della Prosa, in 1954, he founded the Festival Shakespeariano of Verona, in 1971, he became the head of the Arena of Verona. But from 1942 to 1944 and from 1956 to 1964/65, he held the key to the Comunale, bringing his deep experience and perspicacity and a rare Olympian wisdom subtly laced with irony. Those were remarkable years, when Bologna could draw some of the best singers around, including Di Stefano (an almost personal discovery), Tebaldi, Simionato (never Callas, however), and many others who were young and promising. Vocal volume? Certainly not to the disadvantage of quality. And there are numerous memorable episodes from his tenure, from when he calmed the orchestra musicians ready to rise up in revolt to when he rapped Bacchelli across the knuckles. But that was at

p. 266 | 16 February, 1987. Sergiu Celibidache, main Conductor from 1956 to 1973, he manages the Münchner Philharmoniker.

preludere a un'opera, probabilmente l'*Aída* di Verdi, e cominciò e proseguì con tale fervore da dare l'idea di non voler smettere più. Un sonoro «bravo!» e applauso di Cappelli suscitò l'entusiasmo pubblico e l'autore del *Mulino del Po* si fermò e lasciò il posto al concertatore.

Diceva di essere nato il giorno della Repubblica, il 2 giugno; diceva e scherzava, ché nel 1925 la repubblica italiana chissà dov'era. Ma l'anacronistica coincidenza doveva divertirlo: nella sua vita, nella sua attività, nel suo impegno diuturno Carlo Maria Badini ha tanto lavorato e lottato che al divertimento deve aver lasciato ben poco spazio. Bolognese, come insisteva, del popolare quartiere detto

the Baraccano: the great Bologna writer and speaker was introducing an opera, probably Verdi's *Aída*, and he began and continued with such fervour that it seemed he would never stop. A sonorous 'bravo!' and applause from Cappelli roused the audience's enthusiasm and the author of the *Mulino del Po* stopped and left the podium to the conductor.

Carlo Maria Badini used to say that he was born on Republic Day, 2 June; he liked to say and joke 'who knows where the Italian Republic was in 1925'. But he must have found the anachronistic coincidence amusing: Badini, in his life, his work, his constancy, worked and struggled so much that he must have had little time for

p. 268 | Gennaio 1974. Francesco Molinari Pradelli, durante le prove de *La Favorita*, con Mario Rinaudo, Renato Bruson, Luciano Pavarotti, Pietro Zuffi e Bruna Baglioni.

p. 268 | January, 1974. Francesco Molinari Pradelli, during the proofs of *La Favorita*, with Mario Rinaudo, Renato Bruson, Luciano Pavarotti, Pietro Zuffi and Bruna Baglioni.

Cirenaica, e scomparso a Bologna nel 2007, nel 1964 Badini, già assessore alla Provincia, assunse la sovrintendenza del Comunale. Subito il suo sguardo chiaro, razionale, indagatore vide che se la poltrona su cui sedere c'era, alcuni allori da esaltare erano frusterelli, così sbiaditi da non sembrare più allori. L'orchestra, recente, era stabile per forza, nel vero senso della parola e cioè costituita per accanita volontà dei suoi componenti. Se il coro era amatoriale, il corpo di ballo era proprio inesistente. E la stagione era una vera stagione, una manciata di mesi d'apertura contro la chiusura degli altri.

Dunque bisognava aggiornare, rifondare, ideare; e intanto si poteva sparpagliare e allacciare: le opere e i balletti stessero pure

entertainment. A Bologna native, as he stressed, from the working-class quarter Cirenaica and who died in Bologna in 2007, Badini, already provincial councillor, took the helm at the Comunale in 1964. Immediately, his clear, rational, probing eye saw that while the seat was there, the laurels were long worn, so faded as to no longer seem like laurels. The orchestra, new, was permanent by force, in the true sense of the word, since established by the dogged will of its members. While the chorus was amateur, the ballet corps was non-existent. And the season was really just a season: a handful of months open against the rest of the year closed.

And so it was time to modernise, to get re-established, to plan. And in the meantime, one could spread out and link up: the operas and

p. 269 | Zoltán Peskó, Direttore principale dal 1974 al 1976.

p. 269 | Zoltán Peskó, main Conductor from 1974 to 1976.

dentro al Bibiena, ma i concerti e i concertini avrebbero figurato bene anche altrove, sotto le volte delle chiese o nelle sale di quartiere, anche nei comuni confinanti; e con le province confinanti, quelle affiliate all'ATER, si scambiassero progetti e allestimenti, in buona armonia ed economia. Da parte sua la stagione diventasse una quattrostagioni, vivaldiana o meno, pullulante di cento, duecento, trecento serate l'anno. L'estate: ecco le "Feste musicali", un tripudio di musiche antiche, singolari, inedite. A suonare: ecco i novissimi "Filarmonici del Comunale", specialisti dello strumentalismo barocco specialmente veneziano. Fuori dal classico: ecco il Festival del jazz, bravissimo a farsi visitare e complimentare da appassionati e critici d'ogni dove. Parole d'ordine: se piazza Verdi rimaneva il centro, tutto il resto era decentramento. Furono 13 anni che da allora restano gli occhi di tutti. Ma il 1° marzo del 1977 Badini lasciava il Comunale, la Scala acquisiva Badini.

ballets remained in the Bibiena, but the concerts and concertinos could also do quite well elsewhere, in the churches and local halls, even in the neighbouring towns. And projects and productions were exchanged with the bordering provinces, the ones affiliated with ATER (the Associazione Teatrale Emilia Romagna), for good harmonics and good economics. Under his lead, the season became a four-season season, Vivaldian or not, teeming with one hundred, two hundred, three hundred evenings a year. Summer: a time of 'Feste musicali', a triumph of old, new and singular music. Performed by: the freshly-minted 'Filarmonici del Comunale', specialists in Baroque, particularly Venetian, instrumental music. Outside the classical realm: the Festival del Jazz, a big draw for and beloved by fans and critics from all over. Mantra: while Piazza Verdi remained the centre, all the rest was decentralisation. All eyes were upon him for thirteen years. But on 1 March 1977, Badini left the Comunale, headed to La Scala.

Primo quartetto di bacchette

Nel notevole mosaico di maestri concertatori e direttori che ha colorato il Comunale con particolare lustro, spiccano forse quattro e quattro nomi. Dopo Mariani il pioniere, dopo Toscanini il sommo, ecco il romeno Sergiu Celibidache (1912-1996): a capo anche dei *Berliner Philharmoniker*, musicista ma anche filosofo ed esteta della musica, nemico giurato del disco e purtroppo anche dell'opera, è stato esecutore sempre fedele alla lettera delle grandi partiture classico-romantiche e ha lasciato solo registrazioni dal vivo. Al Comunale ha diretto quasi ogni anno dal 1953 al 1973 (in pianta stabile dal 1956): il prediletto Beethoven, poi Schubert, Brahms, Debussy, Mozart (poco), fino a Ravel, Falla, Respighi, Hindemith, Casella, Milhaud, Dallapiccola,

First Quartet of Batons

In the noteworthy mosaic of conductors who have lent lustre to the Comunale, two groups of four seem to stand out in particular. After Mariani the pioneer, after Toscanini the supreme, the Romanian Sergiu Celibidache (1912-1996): also in charge of the *Berliner Philharmoniker*, a musician as well as a music philosopher and aesthete, sworn enemy of the record and also unfortunately opera, he was always faithful to the letter in his execution of the great classical-romantic scores and left only live recordings. At the Comunale, he conducted almost every year from 1953 to 1973 (his position became permanent in 1956): his favourite, Beethoven, then Schubert, Brahms, Debussy, Mozart (very little), as well as Ravel, Falla, Respighi, Hindemith, Casella, Milhaud,

p. 271 | Vladimir Delman, Direttore stabile dal 1980 al 1983.

p. 271 | Vladimir Delman, permanent Conductor from 1980 to 1983.

Šostakovič. Opere no, sinfonie d'opera sì: *La forza del destino* e *Guglielmo Tell*, perfino *L'assedio di Corinto* e *Linda di Chamounix*. Nel 1956 il suo contributo alla formazione di un'orchestra stabile è stato fondamentale.

Più giovane di una generazione, come direttore principale ha sostituito Celibidache Peskó Zoltán (1937), in carica dal 1974 al 1976 ma in verità presente dal 1973 al 2000. Ungherese naturalizzato tedesco, perfezionato in Italia e a Basilea anche come compositore, prima era stato direttore principale all'Opera di Berlino, poi lo sarebbe stato a Venezia, alla RAI, a Torino. Si è segnalato soprattutto nel Novecento, per esempio affrontando il *Gran macabro* di Ligeti in prima nazionale a Bologna, dal 5 al 18 maggio del 1980 con la regia di Giorgio Pressburger. Ma aveva esordito con il *Billy Budd* di Britten e avrebbe chiuso con *La notte di un nevrastenico* di Rota e il *Gianni Schicchi* di Puccini, spesso lavorando con Puecher alla regia.

Piccola parentesi. Mai negato al sinfonismo, della lirica il bolognese Francesco Molinari Pradelli (1911-1996) ha fatto una scelta precisa ed è stato un portavoce autorevolissimo. Diplomatosi a Roma, ha lavorato in Italia e fuori, dall'URSS agli USA, e presso la Decca ha lasciato parecchie notevoli edizioni complete di opere di repertorio, fra l'altro in compagnia di cantanti illustri. Appassionato d'arte, nella villa di Marano presso Castenaso (Bologna) ha raccolto un eccezionale museo privato di dipinti del Cinquecento-Settecento. Senza ricoprire cariche, ha lavorato al Comunale dal 1935 al 1982, prima come maestro sostituto, poi come direttore sinfonico, infine come concertatore d'opera dal *Trovatore* del 1950 alla *Turandot* del 1980, perlustrando un po' Rossini (*Guglielmo Tell*), molto Verdi (anche *Macbeth* e *Don Carlos*), Puccini (anche la *Rondine*) e Wagner: nel 1951 passò dall'idillico *Amico Fritz* di Mascagni all'epica *Walkiria*. Nonostante questo, il congedo dal teatro dove aveva

Dallapiccola and Shostakovich. Operas, no, overtures, yes: *La forza del destino* and *Guillaume Tell*, even *Le siège de Corinthe* and *Linda di Chamounix*. His contribution to the formation of a permanent orchestra in 1956 was fundamental.

Celibidache was replaced as principal conductor by Peskó Zoltán (1937), younger by a generation and in the post from 1974 but 1976 but in reality present from 1973 to 2000. A naturalised German originally from Hungary, trained in Italy and Basel as a composer as well, he began as the principal conductor at the Berlin Opera, and was subsequently active Venice, RAI and Turin. He was successful especially in the 1900s, for example conducting the Italian premiere of Ligeti's *Le Grand Macabre* in Bologna, from 5 to 18 May, 1980, directed by Giorgio Pressburger. But he had debuted with Britten's *Billy Budd* and closed with Rota's *La notte di un nevrastenico* and Puccini's *Gianni Schicchi*, often working with Puecher as director.

A small gap. Although he never rejected symphonic music, the Bologna native Francesco Molinari Pradelli (1911-1996) made a clear choice for opera and became a highly authoritative spokesman. Graduating in Rome, he worked in Italy and abroad, from the USSR to the United States, and left numerous noteworthy complete editions of operas from the repertoire at Decca, including in the company of illustrious singers. Passionate about art, he built an exceptional private collection of sixteenth and eighteenth centuries paintings at the Villa di Marano in Castenaso (Bologna). Without holding posts, he worked at the Comunale from 1935 to 1982, first as assistant conductor, then as symphonic conductor and finally as opera conductor from *Il trovatore* in 1950 to *Turandot* in 1980, exploring a little Rossini (*Guillaume Tell*), a lot of Verdi (including *Macbeth* and *Don Carlos*), Puccini (including *La rondine*) and Wagner: in 1951 he passed from Mascagni's idyllic *Amico Fritz* to the epic *Die Walküre*. In spite of this, his finale in 1982 at the theatre where he had conducted

p. 272 | Riccardo Chailly, Direttore principale dal 1985 al 1993.

p. 272 | Riccardo Chailly, main Conductor from 1985 to 1993.

diretto programmi monografici di Brahms e Respighi è avvenuto nel 1982 sotto il segno del camerismo con i *Wesendonck-Lieder* e altro.

Da due anni era direttore stabile del Comunale Vladimir Delman (1923-1994), musicista russo residente in Italia e cittadino italiano del 1974: in carica fino al 1983 (per passare poi a Parma, alla RAI, a Milano sebbene non alla Scala), persona imprevedibile e disarmante, preparatore instancabile, grande interprete di connazionali come Čajkovskij e Šostakovič ma anche di Mahler, dopo qualche concerto ha accostato il teatro nel 1978 con *Così fan tutte*, e poi ha concertato un titolo all'anno: *Otello* nel 1980 e *Aida* nel 1981 con la regia di Luciano De Vita, *Kovàncina* nel 1982 e *La dama di picche* nel 1983 con la regia di Flavio Ambrosini. Tornato nel 1991 con un *Evgenij Onegin* del quale Mirella Freni fu tanto grata al mediatore fra il canto italiano e lo stile russo, nel 1994 è stato ricordato con un commosso concerto.

Secondo quartetto sul podio

Molto più giovane, molto più versatile di Delman, nel 1985 diventava direttore principale il milanese Riccardo Chailly (1953), responsabile di un amplissimo repertorio di opere e concerti in numerose sedi internazionali fra Amsterdam, Lipsia e Milano. A Bologna è restato fino al dicembre del 1993, congedandosi con la *Terza* di Mahler: ha diretto di tutto, dai concerti di Vivaldi al *Poemetto per orchestra* di Bussotti (commissione del teatro), offrendo il Comunale all'amplesso della Decca (o viceversa) per esempio nella *Cenerentola* di Rossini. Di Rossini ha proposto anche le sonate a quattro e il repertorio sacro, di Wagner *Die Walküre* e *Die Götterdämmerung* (spettacolo di chiara fama firmato da Pier'Alli), di Verdi tanto dagli

p. 275 | Christian Thielemann, Direttore principale dal 1994 al 1996.

single-composer programmes featuring Brahms and Respighi centred on chamber music, with *Wesendonck-Lieder* and other works.

Vladimir Delman (1923-1994), a Russian musician resident in Italy and Italian citizen since 1974, was the conductor at the Comunale for two years: at the helm until 1983 (then passing to Parma, RAI and Milan, although not La Scala), he was unpredictable and disarming, tirelessly devoted to preparation, a great interpreter of fellow Russians, like Tchaikovsky and Shostakovich but also Mahler. After a few concertos, he began his association with the theatre in 1978 with *Così fan tutte*, and then conducted one title per year: *Otello* in 1980 and *Aida* 1981, directed by Luciano De Vita, *Khovanshchina* in 1982 and *The Queen of Spades* in 1983, directed by Flavio Ambrosini. He returned in 1991 with *Eugene Onegin* featuring Mirella Freni, who was grateful for his mediation between Italian singing and Russian style. In 1994, he was commemorated with a moving concerto.

Second Quartet at the Podium

Much younger and much more versatile than Delman, the Milanese Riccardo Chailly (1953), in charge of a vast repertoire of operas and concertos at numerous international venues including Amsterdam, Leipzig and Milan, became the principal conductor at the Comunale in 1985. He remained in Bologna until December 1993, taking his leave with Mahler's *Third*. He conducted a bit of everything, from Vivaldi's concertos to Bussotti's *Poemetto per orchestra* (commissioned by the theatre), offering the Comunale to Decca's embrace (or vice versa), an example being Rossini's *Cenerentola*. He also conducted Rossini's string sonatas and religious repertoire, Wagner's *Die Walküre* and *Die Götterdämmerung* (the latter directed by Pier'Alli and widely acclaimed) and a lot of Verdi, from

p. 275 | Christian Thielemann, main Conductor from 1994 to 1996.

splendidi *Vespri siciliani* del 1986 all'asciutta *Giovanna d'Arco* del 1989, regia là di Ronconi e qua di Herzog. Di Puccini ancora poco e di Verismo nulla, evidenti passioni della maturità scaligera. Nel sinfonico, il prediletto era Bruckner, diuturna presenza estesa al regime sacro. Gestualità, dice il maestro, e sguardo: questo necessario come quella, sul podio.

Non molto resta in via Zamboni Christian Thielemann, berlinese del 1959: già assistente di Karajan, è stato a Düsseldorf, a Norimberga, all'Opera di Berlino e alla Filarmonica di Monaco nel 2004. Beethoven e Strauss sono gli autori più felicemente eseguiti, con memorabili tracce al Comunale dove è stato direttore principale dal 1994 al 1996 dopo aver fulminato l'uditorio con lo straussiano *Capriccio* del 1991. Ma oltre a qualche concerto, comprensivo ancora di Bruckner, bastano *Il caso Makropulos* di Janáček, il *Rosenkavalier* di Strauss, il *Tristan und Isolde* di Wagner e l'*Otello* di Verdi a

the splendid *Vespri siciliani* of 1986 to the spare *Giovanna d'Arco* of 1989, directed by Ronconi and Herzog, respectively. Still not much Puccini and no Verismo at all, evident passions of his tenure at La Scala. In the realm of symphonic music, his favourite was Bruckner, a lasting presence extending to the religious sphere. Gestural expressiveness, says the maestro, a gaze: the one as necessary as the other at the podium.

Christian Thielemann, born in Berlin in 1959, did not remain long on Via Zamboni: former assistant to Karajan, he has been active in Düsseldorf and Nuremberg, with the Berlin Opera and, in 2004, the Munich Philharmonic. Beethoven and Strauss are the composers that he has most successfully conducted, leaving memorable traces at the Comunale, where he was principal conductor from 1994 to 1996 after having earlier electrified the audience with Strauss's *Capriccio* in 1991. But in addition a few concertos, including Bruckner, Janáček's *The Makropulos Affair*, Strauss's *Rosenkavalier*, Wagner's

fare la gloria di un maestro concertatore e dell'orchestra che l'ha seguito ammirata.

Cosa, dove, con quale colleganza, con quale incarico non abbia diretto Daniele Gatti è domanda vana. Milanese del 1961, ha esordito a Milano nel 1982 e poi ha accostato Rossini, Puccini, Bellini, Verdi, Strauss, Berg, dirigendo varie orchestre specie americane e tedesche e coltivando integrali sinfoniche per esempio di Schumann e Brahms. Dal 1997 al 2006 è stato direttore principale al Comunale, spaziando con una laboriosità e professionalità impressionante. Ha quasi sempre inaugurato le stagioni, con *Turandot*, *Dom Sébastien*, *Tosca*, *Der Fliegende Holländer*, *The Rake's Progress*, e con l'orchestra del Comunale allungandosi spesso a Pesaro. Non ha mai sbagliato un attacco, Gatti; ed è una sfida.

Sarà per via dell'origine pesarese e degli studi in quel Conservatorio, ma molto Rossini ha diretto Michele Mariotti (1979),

Tristan und Isolde and Verdi's *Otello* were enough to cement the glory of a maestro and the orchestra that admiringly followed him.

To ask what, where, with whom and under what title Daniele Gatti has not conducted is to ask in vain. Born in Milan in 1961, he debuted in his native city in 1982 and then devoted himself to Rossini, Puccini, Bellini, Verdi, Strauss and Berg, conducting various orchestras, especially American and German, and cultivating complete symphonies, for example of Schumann and Brahms. From 1997 to 2006, he was the principal conductor at the Comunale, roaming freely with astonishing professionalism and diligence. He almost always opened the seasons, with *Turandot*, *Dom Sébastien*, *Tosca*, *Der Fliegende Holländer*, *The Rake's Progress*, and, with the orchestra of the Comunale, often extending himself to Pesaro. He never missed a mark, Gatti. And it is a challenge.

It will be because he was born in Pesaro and studied at the conservatory there, but Michele

a casa sua e al Comunale dove è comparso nel 2007 sostituendo il maestro Renzetti nella *Cenerentola* e poi è diventato direttore principale nel 2008/2009. Nonostante una curiosità spinta fino a Pärt e Ferrero, fra l'*Idomeneo* di Mozart e il *Werther* di Massenet è soprattutto il Romanticismo italiano che ha conquistato il giovane e amabile concertatore, spesso in compagnia di registi audaci e dissacratori. Oltre al mentore concittadino, ecco *I puritani*, *Nabucco*, *La bohème*, *Il prigioniero* di Dallapiccola.

Mariotti (1979) has conducted a great deal of Rossini, at home and at the Comunale, where he arrived in 2007 to substitute the maestro Renzetti for *Cenerentola* and then became principal conductor in 2008/2009. In spite of a curiosity that has driven him as far as Pärt and Ferrero, between Mozart's *Idomeneo* and Massenet's *Werther*, the young, personable conductor's success has come most of all with Italian Romanticism, often in the company of bold, desecrating directors. Besides his fellow Pesaro native, *I puritani*, *Nabucco*, *La bohème* and Dallapiccola's *Il prigioniero*.

Poche voci d'Otto

Quando avvenne la fatidica inaugurazione del 1763, i due fondatori della famosa scuola di canto bolognese erano mancati da tempo, il Pistocchi dal 1726 e il Bernacchi dal 1756, ma era inevitabile che un cantante bolognese coinvolto nell'evento ne derivasse: Giuseppe Tibaldi, nato nel 1729, fu Porsenna e nel 1778 addirittura Admeto, in quell'*Alceste* che aveva creato nella prima viennese nel 1767, nel frattempo avendo cantato dell'altro in compagnia della consorte Rosa Tartaglini. Fu anche a Venezia, Napoli e Milano, quivi dando voce all'*Ascanio in Alba* di Mozart, e fu anche compositore, avendo studiato con Padre Martini. Ma quel che importa di più è che fosse tenore in un'epoca ancora tiranneggiata dai castrati, e che a tutt'oggi vada annoverato fra coloro che, magari anche grazie a Gluck, cominciarono a rappresentare una corda poi fortunatissima nell'Ottocento (a castrati fuori uso scenico).

Bolognese anche il contralto Geltrude Righetti Giorgi (1793-1862), che svolse una carriera piuttosto limitata nel tempo e nello spazio: fece in tempo tuttavia a creare *Il barbiere di Siviglia* e *La Cenerentola* di Rossini, le cui parti di Rosina e Angelina esigono tutta l'espressione del genere comico e un impegno vocale pari a quello del genere serio. Artista colta (ben

Few Nineteenth-Century Voices

When the decisive opening took place in 1763, the two founders of the famous Bologna singing school had long passed away, Pistocchi in 1726 and Bernacchi in 1756, but it was inevitable that a Bolognese singer involved in the event would hail from it: Giuseppe Tibaldi, born in 1729, was Porsenna and in 1778 even Admeto, in the *Alceste* that he had created at the Vienna premiere in 1767, in the meantime having sung other material together with his wife, Rosa Tartaglini. He was also active in Venice, Naples and Milan, performing in Mozart's *Ascanio in Alba*, and was also a composer, having studied with Father Martini. But what is most important is that he was a tenor during a period still tyrannised by castrati, and is still today counted among those who, perhaps in part thanks to Gluck, began to represent a shift that then became highly successful in the nineteenth century (castrati having fallen out of theatrical use).

Also a Bologna native, the career of the contralto Geltrude Righetti Giorgi (1793-1862), was quite limited both temporally and geographically: she was in time, however, to create Rossini's *Barber of Seville* and *Cenerentola*, the roles of Rosina and Angelina demanding all of the expression of the comic genre and vocal effort equal to that for serious opera. A

p. 276 | Daniele Gatti, Direttore principale dal 1997 al 2006.

p. 276 | Daniele Gatti, main Conductor from 1997 to 2006.

sopra la media del tempo), nel 1823 pubblicò una memoria sulla fallimentare prima romana del *Barbiere* dove difendeva il maestro amico da un articolo di Stendhal. Se al Comunale cantò *L'Italiana in Algeri* e il *Ser Marcantonio* di Pavesi, all'Argentina di Roma fu Rosina accanto al Figaro di Luigi Zamboni, buffo bolognese ancora ignaro di eleganze baritonali.

Due i tenori bolognesi della generazione seguente, Poggi e Salvi. Antonio Poggi, nato a Castel S. Pietro nel 1806 e scomparso a Bologna nel 1875, cantò con successo a Parigi, Milano e Vienna; sposò il soprano Erminia Frezzolini, per separarsene presto, e fu fatto cavaliere da Pio IX. Fu testimone del canto che passava dalla pittura donizettiana alla scultura verdiana: prima di creare il Carlo VII di *Giovanna d'Arco*, aveva interpretato con successo la tragedia romantica; e quando, nell'estate del 1844 alla Scala, dovette cantare *I lombardi alla prima crociata* creati l'anno prima dal collega Carlo Guasco, da Verdi si guadagnò nuove note sopra i versi della cabaletta «Come poteva un angelo», che avrà eseguito anche nelle recite bolognesi dell'anno dopo. Al Comunale cantò anche l'*Ernani* di Verdi, senza collere otellesche ma nemmeno più squisitezze d'Algeri o Siviglia. Forse bolognese e forse anconetano, anche Lorenzo Salvi (1810-1879) partì rossiniano e finì verdiano, partecipando a numerose prime di Donizetti e Verdi stesso: raggiunse S. Pietroburgo, Cuba e gli USA, ma al Comunale non cantò proprio mai. In una lettera Donizetti gli chiese di procurargli un «muffolino col muso nero», un cagnolino tipico del Bolognese: se non era altrove, avrà provveduto.

Stessa generazione quella di Rita Gabussi, bolognese del 1814 e scomparsa poveramente a Portici nel 1891. Nipote del compositore Vincenzo e moglie del baritono Achille De Bassini, al Comunale cantò solo *La pazza per amore* di Coppola e la *Parisina* di Donizetti, ancora molto giovane, per sviluppare poi

cultured artist (far above average for the time), in 1823 she published a memoir on the failure of the Roman premiere of *Barber*, defending her maestro friend from an article by Stendhal. While she sung *L'Italiana in Algeri* and Pavesi's *Ser Marcantonio* at the Comunale, she was Rosina at the Argentina of Rome alongside the Figaro of Luigi Zamboni, a Bolognese buffo still ignorant of baritone elegance.

Two Bolognese tenors from the following generation, Poggi and Salvi. Antonio Poggi, born in Castel S. Pietro in 1806 and died in Bologna in 1875, was a successful singer in Paris, Milan and Vienna, married and quickly separated from the soprano Erminia Frezzolini and was knighted by Pius IX. He was witness to the transition of singing from Donizettian painting to Verdian sculpture: before creating the Carlo VII of *Giovanna d'Arco*, he had been a successful interpreter of romantic tragedy. And when, in 1844 at La Scala, he found himself singing *I lombardi alla prima crociata*, created the year before by his colleague Carlo Guasco, he gained new notes from Verdi singing the verses of the cabaletta 'Come poteva un angelo', which he also sang in the Bologna performances the following year. At the Comunale, he also sang Verdi's *Ernani*, without Otelloesque rages but nor the delights of Algeri or Seville. Possibly from Bologna, possibly Ancona, Lorenzo Salvi (1810-1879) also began Rossinian and ended Verdian, performing in numerous premieres of operas by Donizetti and Verdi himself: he went to St Petersberg, Cuba and the United States, but not once did he sing at the Comunale. In a letter, Donizetti asked him to get him a 'muffolino' with a black muzzle, a little dog typical of the Bologna area: if he hadn't been elsewhere, he would have seen to it.

Rita Gabussi, born in Bologna in 1814, died poor in Portici in 1891, was from the same generation. Niece of the composer Vincenzo and wife of the baritone Achille De Bassini, at the Comunale she sang only Coppola's *La pazza per amore* and Donizetti's *Parisina*, still very young,

p. 279 | Michele Mariotti, Direttore principale e musicale dal 2008/2009 al 2018.

p. 279 | Michele Mariotti, main and musical Conductor from 2008/2009 to 2018.

una carriera rossinian-verdiana donde spicca la *Saffo* di Pacini. Moglie del tenore Michele Mamo, il soprano Adelaide Borghi nacque e morì a Bologna nel 1829 e nel 1901, ma vi stette assai poco: cantò parti sia di soprano che di contralto, come la Desdemona e la Cenerentola di Rossini; per la sua voce ampia e impavida Verdi aggiunse alla Azucena del *Trouvère* (Parigi, 1857) una cadenza estesa fino al Do acuto; al Comunale tornò solo nel 1860 con *La Favorita* e *Il profeta*. Per finire, un'altra voce così ricca da ben giostrare fra i due registri: Isabella Galletti Gianoli, propriamente Filomena Rustichelli, visse dal 1835 al 1901 e cantò da soprano, da mezzosoprano e da francese *falcon*. Presente al Comunale dal 1862 al 1876, impersonò Norma, Leonora la favorita, la Fede di Meyerbeer, la Dolores di Auteri Manzocchi; nel 1877 cantò *Il trovatore* in due spettacoli, il 31 luglio a Pesaro come Leonora e l'11 dicembre a Firenze come Azucena. Era figlia del piantone di S. Petronio, dove avrà forse ascoltato anche la buona musica sacra del tempo che fu.

Bolognesi che cantarono poco a casa? Non è questione di scarse profezie patrie, ma di una scena che forse cominciava ad allettare meno delle altre: nel secondo Ottocento la Scala fu veramente una sirena e una tiranna insieme.

Fra le troppe voci di Nove

Sono molte le voci bolognesi del Novecento, degne discendenti della scuola famosa; ma siano poche, per forza di cose, quelle che seguono. Nella rocca wagneriana d'Italia poteva mancare un *Heldentenor*? No, e Giuseppe Borgatti nacque a Cento di Ferrara nel 1871, proprio mentre al Comunale nasceva il *Lohengrin* italiano. Esordì nel 1892 ma si dovette ritirare dalle scene nel 1915, causa la sopravvenuta cecità, e visse fino al 1950. Creatore dell'*Andrea Chénier* di Giordano, chiamato alle prime italiane del

p. 280 | Giuseppe Borgatti.

then developing a career around Rossini and Verdi, in which her performance in Pacini's *Saffo* stands out. Wife of the tenor Michele Mamo, the soprano Adelaide Borghi was born in Bologna in 1829 and died in the same city in 1901, but in the meantime she did not stay there long. She sang soprano parts as well as contralto, including Rossini's Desdemona and Cenerentola. Her broad, dauntless voice inspired Verdi to add a cadenza extended to the high C to the role of Azucena in *Le trouvère* (Paris, 1857); she returned to the Comunale in 1860, for *La Favorita* and *Il profeta*. Lastly, another rich voice that roamed between the two registers: Isabella Galletti Gianoli, born Filomena Rustichelli, lived from 1835 to 1901 and sang as a soprano, mezzo soprano and French *falcon*. Performing at the Comunale between 1862 and 1876, she sang Norma, Leonora the favourite, Meyerbeer's Fede, Auteri Manzocchi's Dolores; in 1877, she sang *Il trovatore* in two shows: 31 July in Pesaro as Leonora and 11 December in Florence as Azucena. She was the daughter of the guard of S. Petronio, where she might have also heard the good church music of the time.

Bologna natives who sang little at home? It was not a matter of scarce local prospects but rather a scene that was perhaps starting to lose some of its allure: in the second half of the nineteenth century, La Scala was truly both siren and tyrant.

Among the Abundance of Twentieth-Century Voices

There were many twentieth-century Bolognese voices, worthy descendants of the renowned school; but those that follow will be, due to constraints, few. Could the Italian stronghold of Wagner have lacked a *Heldentenor*? No, and Giuseppe Borgatti was born in Cento di Ferrara in 1871, right when the Comunale was premiering the Italian *Lohengrin*. He made his debut in 1892, but he had to retire from the stage in 1915, struck by

p. 280 | Giuseppe Borgatti.

Sigfrido di Wagner e della *Salome* di Strauss, fu Lohengrin e Tannhäuser famoso anche in Germania e America ma ebbe in repertorio quasi tutto quel Wagner del quale era specialista: al Comunale, oltre a diversi concerti, cantò i due drammi di Sigfrido, Loge, Tristano, Parsifal; poi l'Osaka dell'*Iris* di Mascagni, il Merôdach della *Semirâma* di Respighi, l'Agamennone della *Cassandra* di Gnecchi. Nel 1927 pubblicò presso la Cappelli di Bologna *La mia vita d'artista*, con una prefazione dell'italianista Giuseppe Lipparini.

Cantò poco a Bologna Riccardo Stracciari, nato a Casalecchio di Reno nel 1875 (poi scomparso a Roma nel 1955). Fu uno dei baritoni più quotati e popolari del primo Novecento, in carriera dal 1899 (quattro anni dopo era già al Comunale nell'*Adriana Lecouvreur*) al 1937: aveva una voce chiara, slanciata e timbrata, grazie alla quale interpretò alla perfezione il Figaro di Rossini per circa 1.400 volte, a Bologna in due produzioni del 1914 e 1921; ma fu anche valente baritono romantico, dal nobile Wolfram di Wagner (ammirato al Comunale nel 1910) al dolente Germont di Verdi. Nel 1929 incise edizioni complete del *Barbiere di Siviglia* e di *Rigoletto*, tuttora accortamente ristampate.

Era provinciale anche Anselmo Colzani (Budrio 1918 - Bologna 2006), baritono, grande artista, quanto meno regale nella *Favorita* di Donizetti. Esordì a Bologna nel 1946, Araldo nel *Lohengrin* accanto a Lorenz e Tebaldi, e nel 1951 partecipava alla *Bohème* del Comunale e alla *Lucia di Lammermoor* della Scala; eccellente Alfio, Renato, Vargas, nel 1959 fu altero protagonista del donizettiano *Duca d'Alba* firmato da Visconti. Ma si era già presentato a S. Francisco e a Chicago, per approdare subito al Metropolitan di New York e restarvi 16 stagioni in oltre 200 recite accanto ai massimi nomi dell'epoca. Singolare il rientro al Comunale: nel 1971 come Scarpia micidiale e nel 1974 come buffissima Mamma Agata (*travestì* nelle *Convenienze e inconvenienze teatrali* di Donizetti).

Tenore di Bologna, non troppo tenore del Comunale: Gianni Raimondi (1923-2008)

unexpected blindness, and lived until 1950. Creator of Giordano's *Andrea Chénier*, called to perform in the Italian premieres of Wagner's *Sigfried* and Strauss's *Salome*, his Lohengrin and Tannhäuser were famous even in Germany and America but his repertoire included almost all of Wagner, a true specialist. At the Comunale, besides various concertos, he sang the two Sigfried dramas, Loge, Tristan, Parsifal; then, the Osaka of Mascagni's *Iris*, the Merôdach of Respighi's *Semirâma*, the Agamemnon of Gnecchi's *Cassandra*. In 1927, his *La mia vita d'artista*, was published by Cappelli in Bologna, with a preface by Italianist Giuseppe Lipparini.

Riccardo Stracciari, born Casalecchio di Reno in 1875 (died in Rome in 1955), sang little in Bologna. He was one of the most highly regarded and popular baritones of the early twentieth century, active from 1899 (four years later, he was already performing in *Adriana Lecouvreur* at the Comunale) until 1937: he had a clear, soaring voice with excellent timbre, thanks to which he sang Rossini's Figaro around 1,400 times, two of the productions in Bologna (in 1914 and 1921). But he was also a fine Romantic baritone, from Wagner's noble Wolfram (lauded at the Comunale to 1910) to Verdi's sorrowful Germont. In 1929, he recorded complete editions of the *Barber of Seville* and *Rigoletto*, still shrewdly reissued today.

Another singer from the provinces was Anselmo Colzani (Budrio 1918-Bologna 2006), a baritone and great artist, regal at the very least in Donizetti's *Favorita*. He debuted in Bologna in 1946, Herald in *Lohengrin* alongside Lorenz and Tebaldi, and in 1951 he performed in the Comunale's *La bohème* and La Scala's *Lucia di Lammermoor*; he was an excellent Alfio, Renato, Vargas, in 1959, he was the proud lead in *Duca d'Alba*, directed by Visconti. But he had already debuted in San Francisco and Chicago, and was immediately snatched up by the Metropolitan Opera in New York, where he remained for sixteen seasons, singing in more than 200 performances alongside the greatest names of the age. His return to the Comunale was a singular event: in 1971, as the deadly Scarpia and in 1974 as the hilarious Mamma Agata (*drag* in

ha cantato per oltre trent'anni prestando una voce estesa, squillante, robusta e un timbro fresco, chiaro, cristallino ai *Puritani* di Bellini, al *Guglielmo Tell* di Rossini, alla *Bohème* di Puccini (per esempio alla Scala nel 1963 sotto la direzione di Karajan). Dopo aver partecipato alla celeberrima *Anna Bolena* scaligera del 1957, ha affrontato anche altri notevoli recuperi donizettiani senza dimenticare Verdi. Aveva 38 opere in repertorio, di cui ben 28 date alla Scala (cinque in apertura) e solo due nell'amata Bologna: *Don Pasquale* nel 1948 e *La bohème* nel 1957, con uno *Stabat Mater* rossiniano nel 1952 che poche voci potevano eseguire con la sua sicurezza. Nel 2003 compiva ottant'anni, quella persona amabile e modesta, e il Comunale gli dedicava un *Elisir d'amore*.

E finalmente due soprani, una voce verista e una voce verdiana. Quanto mai affezionata alla sua città (e al suo gustoso carattere e accento), Gigliola Frazzoni (1927-2016) ha cantato al Comunale buona parte del suo repertorio postverdiano e pucciniano: fra le date estreme della sua presenza, il 1954 e il 1971 (sempre con *Cavalleria rusticana*), Franco Corelli e Giangiacomo Guelfi le furono esuberanti compagni nella *Fanciulla del West* del 1958, nell'*Andrea Chénier* del 1968, nella *Tosca* del 1960. Cantò anche la *Lucrezia* di Respighi e la *Mavra* di Šostakovič, questa opulenta voce di soprano drammatico applauditissima alla Scala in ben 18 recite di *Madama Butterfly* ma complessivamente poco sfruttata dai teatri italiani e pressoché ignorata da quelli stranieri.

Con la messa solenne di Beethoven e il *Lohengrin* di Wagner, Rita Orlandi Malaspina (1937) ha cantato nella sua Bologna due capisaldi del repertorio, *La forza del destino* e *Don Carlos*. Voce bella e potente, nel 1961 ha vinto un paio di concorsi avviando subito una carriera ventennale impostata soprattutto sul canto verdiano, dall'opera più rara a quella più popolare, dalla Scala agli USA: al Comunale è comparsa nel 1965 come Alice in *Falstaff* e nel 1967 come Lucrezia nei *Due Foscari*; alla RAI ha registrato anche *I masnadieri*, spiccando per la plastica ariosità del cantabile.

Sono un basso, un baritono e un tenore a

Donizetti's *Convenienze e inconvenienze teatrali*).

A tenor of Bologna, not so much of the Comunale: Gianni Raimondi (1923-2008) sang for more than thirty years, lending his expansive, ringing, robust voice and fresh, clear, crystalline timbre to Bellini's *I puritani*, Rossini's *Guillaume Tell*, Puccini's *La bohème* (for example at La Scala in 1963, conducted by Karajan). After having performed in the renowned *Anna Bolena* at La Scala in 1957, he took on other notable Donizetti revivals, without, however, neglecting Verdi. His repertoire included no fewer than thirty-eight operas, twenty-eight performed at La Scala (five season openers), but just two in his beloved Bologna: *Don Pasquale* in 1948 and *La bohème* in 1957, with Rossini's *Stabat Mater* in 1952, which few voices could handle with his confidence. In 2003, the amiable, modest artist turned eighty years old, and the Comunale celebrated his birth with *Elisir d'amore*.

And, finally, two sopranos, a Verist voice and a Verdian one. Deeply attached to his city (and its hearty character and accent), Gigliola Frazzoni (1927-2016) sang most of the Comunale's post-Verdi and Puccini repertoire: between the start and end dates of her association with the theatre, 1954 and 1971 (with *Cavalleria rusticana*), Franco Corelli and Giangiacomo Guelfi were her exuberant companions in *Fanciulla del West* in 1958, *Andrea Chénier* in 1968 and *Tosca* in 1960. She also sang Respighi's *Lucrezia* and Shostakovich's *Mavra*, her opulent dramatic soprano energetically applauded at La Scala in no fewer than eighteen performances of *Madama Butterfly* but overall little tapped by Italian theatres and all but overlooked abroad.

Along with Beethoven's *Missa Solemnis* and Wagner's *Lohengrin*, Bologna native Rita Orlandi Malaspina (1937) sang two cornerstones of the repertoire in her home town, *La forza del destino* and *Don Carlos*. With a beautiful, powerful voice, she won two competitions in 1961 immediately launching a twenty-year career primarily devoted to Verdi, from the rarest to the most popular operas, from La Scala to the United States. At the Comunale, she appeared in 1965 as Alice in *Falstaff* and in

chiudere questa galleria di voci bolognesi, fatta avara dalle contingenze a fronte della citata ricchezza. Ruggero Raimondi (1941) ha studiato a Roma, ha esordito nel 1964, quindi si è imposto come uno dei maggiori artisti d'opera del secondo Novecento. La bella voce, più morbida ed elegante della media vocale dei bassi, è quella del cosiddetto basso cantante e la grande versatilità dell'espressione ha raggiunto i vertici nel Giovanni di Mozart (a teatro e nel film di Losey), nel Basilio di Rossini, nel Filippo di Verdi, nel Boris di Musorgskij; poi ha acquisito anche parti decisamente baritonali. A oltre venti stagioni bolognesi ha partecipato Raimondi, dal lontano 1966 che l'ha visto impegnato nella messa di Beethoven: grande l'impressione che fece nel *Don Carlos* del 1969, cui seguirono il don Giovanni di Crivelli, il gounodiano Mefistofele di Ronconi, il Boris di Faggioni, l'Attila di Puggelli, il berlioziano Mefistofele di Cobelli, fino a opere meno frequenti come *Mosè* e *I lombardi alla prima crociata*. Con la fine degli anni '90, ecco il buffo don Pasquale, il comico Falstaff, l'espressionistico Scarpia.

Non molto diversamente ha fatto Leo Nucci, che è comparso nel 1977 dardeggiando col suo Figaro; un po' più tardo l'altro suo dardo, e cioè Rigoletto, comunque all'erta nel 1990, 1993, 2004 e 2009. Nato a Castiglione dei Pepoli nel 1942, l'erede della migliore tradizione italiana vanta una voce piena, pastosa, timbrata, che guida con assoluta sicurezza tecnica: prima si è imposto come felice esecutore del repertorio ottocentesco, specie verdiano; in seguito si è rivolto anche al protagonista di *Simon Boccanegra*, al maggiore dei *Due Foscari*, fino al buffo *Gianni Schicchi* di Puccini. Al Comunale ha cantato anche *I vespri siciliani*, *L'elisir d'amore*, *Il trovatore*; e anche concerti (spesso di beneficenza), come quello

p. 284 | Da sinistra a destra.
In alto: Ruggero Raimondi, Anselmo Colzani e Gigliola Frazzoni.
Al centro: Leo Nucci, William Matteuzzi, Gigliola Frazzoni.
In basso: Anselmo Colzani, Ruggero Raimondi.

1967 as Lucrezia in *Due Foscari*. At RAI, she also recorded *I masnadieri*, standing out for the sculptural airiness of the cantabile.

We shall close this gallery of Bolognese voices, a miserly list due to the aforementioned constraints, with a bass, a baritone and a tenor. Ruggero Raimondi (1941) studied in Rome and debuted in 1964, making him one of the greatest opera artists of the second half of the twentieth century. His beautiful voice, softer and more elegant than the average bass, is what is known as a singing bass, and with his exceptional expressive versatility he reached the highest heights with Mozart's Giovanni (in the theatre and in Losey's film), Rossini's Basilio, Verdi's Filippo and Mussorgsky's Boris; he has also sung as a baritone. Raimondi performed in more than twenty seasons in Bologna, starting in 1966 with Beethoven's mass. He made a big impression in *Don Carlos* in 1969, followed by Crivelli's Don Giovanni, Ronconi's Mefistofele (Gounod), Faggioni's Boris, Puggelli's Attila, Cobelli's Mefistofele (Berlioz), up to less frequent operas like *Mosè* and *I lombardi alla prima crociata*. At the end of the 1990s, we find the buffo Don Pasquale, the comic Falstaff, the expressionistic Scarpia.

Nucci, who blazed onto the stage in 1977 with his Figaro, did nearly the same; his other ace, Rigoletto, came a bit later in 1990, 1993, 2004 and 2009. Born in Castiglione dei Pepoli in 1942, heir of the best Italian tradition, he boasts a full, rich voice with excellent timbre, which he guides with absolute technical confidence: initially successfully devoted to the nineteenth-century repertoire, in particular Verdi, he then also turned to the lead in *Simon Boccanegra*, the elder Foscari in *Due Foscari*, and Puccini's buffo *Gianni Schicchi*. At the Comunale, he also sang *I vespri siciliani*, *L'elisir d'amore*, *Il trovatore*, as well as concerts (of-

p. 284 | From left to right.
Above: Ruggero Raimondi, Anselmo Colzani and Gigliola Frazzoni.
At the centre: Leo Nucci, William Matteuzzi, Gigliola Frazzoni.
Below: Anselmo Colzani, Ruggero Raimondi.

l'altro nell'incantevole romanza del Wolfram di Wagner.

Con un tenore finisca la panoramica cominciata con un tenore: ma William Matteuzzi (1957) è un tenore non "serio" bensì "contraltino" (come si diceva un tempo per la somiglianza con la voce di contralto, maschile o femminile che fosse). In possesso di un timbro chiaro e gentile, di una tecnica eccellente e di doti sceniche fuori dal comune, ha cantato Mozart, Donizetti e soprattutto Rossini e magari a Pesaro. Della specialità nelle parti di mezzo-carattere ha dato prova bolognese cantando personaggi come Giocondo, Lindoro, Ramiro, Tonio, Ottavio, Ferrando, anche il Prunier della *Rondine* di Puccini. Versatile? Bastino i casi dell'esordio, il 22 dicembre del 1984, con il Rossillon della *Vedova allegra* e del formidabile apporto, come Flamand, al *Capriccio* di Strauss nel 1987.

which engaged him in, among other things, the enchanting romance of Wagner's Wolfram.

And with a tenor we complete the survey begun with a tenor: but William Matteuzzi (1957) is a not a 'serious' tenor but rather a 'contraltino' (as voices such as his were once described for their resemblance to the voice of a contralto, male or female no matter). With clear, gentle timbre, excellent technique and theatrical gifts beyond the norm, he has sung Mozart, Donizetti and especially Rossini and of course in Pesaro. He has demonstrated his specialisation in half-character parts in Bologna singing Giocondo, Lindoro, Ramiro, Tonio, Ottavio, Ferrando and even the Prunier in Puccini's *La rondine*. Versatile? It is enough to consider his debut, on 22 December 1984, as Rossillon in *La vedova allegra* and his formidable contribution as Flamand to Strauss's *Capriccio* in 1987.

p. 287 | Da sinistra a destra.
In alto: Ruggero Raimondi, Gigliola Frazzoni.
In basso: Rita Orlandi Malaspina, Leo Nucci (con June Anderson).

p. 287 | From left to right.
Above: Ruggero Raimondi, Gigliola Frazzoni.
Below: Rita Orlandi Malaspina, Leo Nucci (with June Anderson).

Stampato in Italia / *Printed in Italy*